讀出歷史的內心戲

溫伯陵 著

讀歷史，總得悟出點兒什麼

看伯陵的文章經常會有新啟發，所以，他一找我寫序，我就趕緊答應，免得他反悔。

在微信公眾號裡，他有個口號，叫「歷史照進現實」。這是司馬溫公的以史為鑑，伯陵不小心暴露了自己的「野心」。但你也不要被溫公的名字嚇到，伯陵文道雖然嚴肅，文風卻很輕鬆。

人們讀歷史有兩個困境：一種是抱有標準答案，像讀中學課本那般；另一種是沒有答案，霧裡看花，古人的故事跟我沒有半毛錢關係。

因此，歷史怎麼讀，就顯得特別重要。嚴格來說，本書不是寫歷史，而是寫讀史心得。讓古代觀照現代，讓古人啟發今人。太陽底下真沒新鮮事，古人也並不古，他們的困惑與迷茫、酣暢和憋屈、升職與加薪、男歡與女愛跟我們並沒有本質的不同。每個歷史人物的行為和抉擇，都會投射到我們身上。幫讀者悟出一點心得，我想，這就夠了。

楊貴妃，在李白眼裡是「雲想衣裳花想容，春風拂檻露華濃」；在白居易眼裡，是「在天願作比翼鳥，在地願為連理枝」；在杜牧眼裡，是「一騎紅塵妃子笑，無人知是荔枝來」；而在羅隱（一作狄歸昌）眼裡，則是「泉下阿蠻應有語，這回休更怨楊妃」。

美女、寵妃、敗家娘兒們以及背鍋女俠，哪一個才是真的楊貴妃？

伯陵也很喜歡楊貴妃。他從起源於北魏的均田制說起，把漢朝舊制度崩潰之後，北魏、北周、隋和唐四個朝代建立新制度的脈絡捋清楚，抽絲剝繭，侃侃而談，最終從土地制度崩潰的角度，幫楊玉環女士甩掉那口陳年老鍋。

這又是另一個楊貴妃。

一座長安城，在漢唐，是無可取代的帝國中樞，是王維筆下的「萬國衣冠拜冕旒」，在宋朝，卻成了邊境軍鎮，而在明朝末年，又淪為饑荒遍地、易子而食的人間地獄。

在伯陵筆下，歷史不再是按時間碼放的記事簿，而是貫通時間、看清脈絡的時代演變過程。

除了從古到今，本書還喜歡從今到古，撕開歷史一個小切口，緩緩推演，解釋現在之所以為什麼是現在。

比如，從唐宋壁畫裡的女子穿衣多少、西北湖泊數量的增減，到氣候環境對經濟的影響，解釋關中地位的變化，進而落腳當下，提出連接蒙古、東北、華北、海洋和江南五大板塊的北京必然代替長安，成為下一個千年的國家中心。

人運、國運，都服從於時代的浪奔浪湧。在這樣的讀史角度下，是不是標準答案已經不再重要，重要的是同一段歷史，我們能夠看到不同的解讀，有不同的啟發。

這也是寫歷史的困難所在，既要自我代入，又要抽身自如，搞不好就會把自己弄分裂。

還好，本書做到了。

這本書另一個特點是雜。伯陵兄潛泳史海，廟堂文壇、沙場青樓，可能上一秒還在嗑著瓜子閒聊帝國大業，下一秒就不知不覺地說起古人閨房祕聞。若不看目錄，你永遠不知道下一篇寫的是什麼。

既考驗讀者的知識積累，也給讀者製造驚喜。

碎片時間，隨便翻開一頁，讀就是了。一個平行宇宙，就在你身旁緩緩展開。要是不同意他的觀點也很好辦，趕緊掏出手機，到他的微信公眾號裡去砸場子。

少年怒馬

二〇二〇年六月十八日

歷史並不遙遠

晉西北有項風俗，每年春節時，老人會把銅錢、秸稈、鞭炮和紅布縫到小孩衣服上，謂之「壓祟」。春節過後，銅錢被收集起來，年歲日久，這些銅錢就成為滿滿當當的一串。

由於父輩經由高考離開農村，我並沒有經歷過這種儀式，但屬於父親的那串銅錢他隨身帶著，成為我小時候的玩物。那串銅錢有宋朝鐵錢、順治通寶、康熙通寶、乾隆通寶……這導致我小時候最熟悉的是清朝皇帝。大人聚會時開玩笑，也會讓我把清朝十二帝背一遍。

那時候，看著滿是泥垢和包漿的銅錢，我經常會想：這些銅錢流傳幾百年，不知經歷過多少人的手，他們或許是做手工換生活的工匠，或許是賣兒賣女的農民，或許是南來北往的富商，或許還進過國庫。現在，它被放置在有暖氣和電視機的房間裡，成為一個小孩的玩具。

我突然感覺到，幾百年間來來往往的人和我有了某種莫名的聯繫，而那串銅錢就是媒介，於是，我便想瞭解過去的事情。

蔡東藩的《中國歷朝通俗演義》是我在歷史方面的啟蒙書，然後是《史記》、《資治通鑑》、《明末農民戰爭史》等專業著作。

記憶最深刻的一件事發生在我二十二歲。那時，我剛工作，住在單位宿舍，晚上讀到霍去病封狼居胥，戰士高唱戰歌凱旋，突然感覺心慌腦漲，特別想喝酒，於是跑到樓下小超市買了兩袋劣質黃酒，回家之後邊喝酒邊讀書，再抬頭望著窗外明月，感覺人生美妙，不過如此。

書，真的可以下酒，因為書中的那些人，他們的情感、奮鬥、拚搏、昂揚和落寞是和我們連在一起的。如果沒有他們做過的事，就沒有現在的我們。

掙不脫，甩不掉，這種感覺隨時隨地都會發生。

我家門口不遠處有座山，山頂就是長城。經過幾百年的風吹日曬，包裹長城的磚頭已經被人搬走蓋了房子，烽火臺上早已沒了狼煙和士兵，只留下夯實的泥土矗立在山頂，向南來北往的人訴說著曾經的故事。

長城向東幾十里，是晉王李克用的墓地。小小的沙陀部族正是從這裡起家，在唐末亂世席捲了半壁江山。只是真正帶領沙陀走向輝煌的是李存勖，李克用沒能看到這一天。這不由得讓人想起《三垂岡》裡的那兩句詩：「風雲帳下奇兒在，鼓角燈前老淚多。」

後來，我到了常州，這裡是蘇軾去世的地方。常州人特別喜歡吃紅燒肉，其起源或許就來自蘇軾。說不定常州的某個角落，就是蘇軾曾經走過的地方。當你用腳踩上去的時候，便和蘇軾產生了跨越千年的交集。這種感覺太神奇了！

宋朝史學家呂祖謙說過一段讀書法：「今人讀書全不作有用看，且如人二三十年讀聖人書，及一旦遇事，便與閭巷人無異……只緣讀書不作有用看故也。何取？觀史如身在其中，見事之利害，時之禍患，必掩卷自思，使我遇此等事，當作何處之。如此觀史，學問亦可以進，智識亦可以高，方為有益。」

其意思是，讀歷史要有用。如果讀歷史書僅是滿足於炫耀故事，那是沒什麼用的，只有把自己放在古人身處的事情裡，假想自己該如何解決當年的事情，然後再看古人的成功或失敗案例，才能以史為鑑，做到讀史增長智慧。

呂祖謙的讀書方法把古今打通了。用這種方法論來看銅錢、讀書和地理，便能形成一條穿越時空的無形紐帶，把枯燥的歷史和活色生香的現代生活緊緊串聯在一起。我們只有穿越到古人身邊，設身處地的思考，才能知道古人到底經歷過什麼，我們又該吸取怎樣的教訓。這才是讀歷史的意義。

畢竟，我們今天的一切都來源於歷史，而歷史也並不遙遠。只有知道從何處來，我們才能在面對抉擇時，明白該向何處去。唯有如此，我們就是他們，他們就是我們。

目錄

第三章　改革篇

我們的腳步，永不停歇

目錄

第四章　奮鬥篇

王侯將相，寧有種乎

第五章　氣質篇

尋找感動的力量

第六章　情感篇

女性從來不止一面

第一章 權力篇

權力可謀身，亦可謀國

如何使用權力，是當權者需要考慮的事情。

劉邦把權力分配給諸侯，於是得到了他們的幫助，在烏江邊打敗了項羽，為四百年大漢江山開基立業。

李世民為謀身而奪權，做皇帝後立刻用權力謀國，以大唐兩千萬人口為基礎，成就了征伐四海的功業。

而趙匡胤的權力，是藩鎮割據經過兩百年整合，過渡到宋朝的。

權力在哪兒，江山就在哪兒。

中國俠客消亡史

1

中國的俠客，似乎只能在金庸的小說中看到，但很久以前，俠客是真正存在的。他們沒有降龍十八掌，也不懂獨孤九劍，甚至有的人武功也不太出眾，但他們依然是俠客。

所謂俠客，不是在街頭鬥毆逞匹夫之勇，而是秉承一種自由的精神和道義。俠客以此作為人生的準則，做自己認為對的事。

西元前四五三年，晉國四卿之一的智氏被趙、魏、韓三氏族聯手所滅，土地和人口被三家瓜分。一時間，所有人都在向新主宣誓效忠，晉國也落得名存實亡。

然而，只有豫讓為智伯報仇。他改名換姓後，在宮中的廁所服役，隨身攜帶匕首，隨時準備刺殺趙襄子。儘管後來他失手被抓，也坦誠直言：「我就是要殺你。」趙襄子不忍心殺義士，便將他當場釋放。

後來，豫讓吞炭成為啞巴，渾身刷漆，變得爹娘都認不出，然後他藏在趙襄子出門的必經之路上，準備一擊殺之。

結果趙襄子經過時馬受驚了，趙襄子說：「肯定是豫讓在這裡，快搜。」果然不出所料，豫讓又被抓了。

接二連三地遭人刺殺，趙襄子決定殺掉豫讓。豫讓知道此次必死，便提出了最後的請求：「明主不掩人之美，忠臣有死名之義，我認命了。但是在死之前，請你脫下衣服，讓我刺擊，就當已經為智伯報仇。」

於是趙襄子脫下衣服，交給豫讓。豫讓拔劍狠狠一擊，以示給智伯報仇，然後橫劍自刎。他雖是趙國的公敵，但這並不妨礙他獲得趙國人民的尊重。

在現在的人看來，豫讓不是傻嗎？他為什麼想不開要去刺殺趙襄子呢？豫讓說：「士為知己者死，女為悅己者容。智伯對我有知遇之恩，如果不能為他報仇的話，我愧對自己的良心。」

這便是一種精神。君以知己待我，我也以知己回報；君以草寇待我，我則以仇寇回報。當時的俠客都以這種精神為信念，不在乎榮辱，也不在乎財富、地位，只做自己認為對的事。他們的精神和道義都是自由的。

2

草莽之俠以道義為重，一旦許諾則死不回頭。

荊軻居無定所，先後遊歷衛國、太原、邯鄲等地，最後來到燕國，和精通音律的高漸離成為朋友。他們經常在路邊小店喝酒。喝多了以後，高漸離擊筑[1]，荊軻則放聲高歌，引得周圍的人陣陣喝彩。

後來，燕太子丹想做件大事。

太子丹在趙國做過質子[2]，秦王嬴政也在趙國生活多年，大抵兩人還做過鄰居，但關係極其不好。如今嬴政已貴為秦王，秦國又如日中天，無論私仇還是國恨，太子丹都必須有所行動。

既然國力不如人，那就只好派人行刺。

1 筑是中國古代的一種擊弦樂器，形似箏，有十三根弦，弦下邊有柱。（全書註解未特別標明編按者，為作者原注。）

2 質子是指人質。古代派往敵方或他國去的人質，多為王子或世子等出身貴族的人。

他找到名士田光商量，讓田光推薦人選。正好田光和荊軻的關係比較好，他就向太子丹說：「荊軻可以。」於是，極其慘烈而又感人的一幕發生了。太子丹的行刺計畫十分隱祕，知道的人越少越好。荊軻同意後，田光拔劍自刎而死。

荊軻入秦需要投名狀，恰好秦國將軍樊於期流亡燕國，荊軻對他說：「太子丹對你好，你又和秦國有仇，不如把人頭借給我，我幫你報仇，你也能報答太子。」樊於期聽完，也自刎而死。

樊於期的人頭、燕國的地圖，再加上少年秦舞陽，這就是太子丹和荊軻為秦國準備的三件禮物。

那天，寒風呼嘯，易水冷冽。荊軻帶著三件禮物一路西行，根本沒有活著回去的打算。他要報答太子丹的知遇之恩，更要為燕國謀出路。此時，草莽和廟堂已不分彼此。

荊軻在秦宮一擊不中之後，便追著秦王繞柱子跑，直到秦王拔出長劍才扭轉戰局。

荊軻被刺了八劍，秦王卻毫髮無傷。

知道任務已經不可能完成了，荊軻靠在柱子上，面露微笑對秦王說：「本來想生擒你，可你的劍太長了……」

其實哪有什麼無敵的刺客，只有無敵的信念罷了。我認同嬴政統一天下的雄心，也尊重荊軻為家國赴死的勇氣。被人賞識就以死報之，國家危亡就捐軀報效，這便是俠客。

豫讓如此，荊軻亦如此。

3

為何春秋戰國時代的人的精神面貌如此不同？

那時帝王的統治術極其簡單粗暴，官府的組織形式也十分鬆散，各諸侯國並不能強制管理人民，這就造成了基層權力的真空。

那時很多地方幾乎是草莽之地，稍微強有力者，就能打破官府脆弱的管理。想去哪國隨時都可以走。一怒之下殺了人，也有很多可以躲藏的地方。俠客以天地為家，活得自由自在。

只有自由的生活，才能養育俠義精神。俠客們可以追求財富，但有不在乎財富的資格；可以阿諛權貴，但也有蔑視權貴的實力。

俠客可以自力更生，不必仰仗權貴的賞賜。他們能拍著胸脯說：「不管什麼富豪和權貴，我就是看不起你，如何？」這一點很重要。一旦受制於人，精神也會變得畏縮，不再有藐視一切的勇氣，只會為五斗米折腰。

俠客的腰桿子硬，所以在基層權力真空的年代，誕生了許多膾炙人口的傳奇故事，因為那時有盛產傳奇的土壤。

自由寬鬆的環境，造就了自由的身體，自由的身體才能儲存自由舒展的靈魂。環境是水，俠客是魚，他們可以在列國間遊走，做自己認為對的事，而不必為生計奔波。

4

即使基層權力真空，也需要另一種秩序。

社會不可能長期處於無秩序的狀態。既然官府不能有效地管理，那麼，民間就會逐漸填補真空。這是自然的法則，無所謂野心和對錯。

春秋戰國時代，諸侯流行養門客。為了彰顯寬廣的胸懷，也為了吸引更多人加入，他們往往來者不拒。

齊國孟嘗君號稱有門客三千。無論出身貴賤，孟嘗君都會親自與其交談，問對方家裡有哪些人，親戚住在什麼地方，而屏風後面則專門有人詳細記錄。隨後，門客的家人就會收到「豪華大禮包」。

換位思考一下，如果你遇到了這麼好的老闆，是不是會感動得熱淚盈眶，然後他交付的工作都會拚命去做？

慢慢地，孟嘗君的實力越來越強。他的門客中有齊國罪犯，也有其他諸侯的賓客。彼時的孟嘗君，跺跺腳都能讓君王顫三顫。從某種程度上講，齊國基層的勢力已經由他填補。

孟嘗君的門客在齊國各地都能橫行無阻，不論官府還是「地頭蛇」，都得給他讓路。

有一年，孟嘗君路過趙國，平原君想請他吃飯。趙國人聽說偶像來了，紛紛出門圍觀。當看到孟嘗君之後，大家都笑了：「原本以為是魁梧的精壯猛男，誰知道竟是個五短三粗的矮個子，笑死人了！」孟嘗君怒了，竟然敢揭短！隨行的門客提刀而下，砍殺數百人。

這樣的行為，現代人也許根本無法理解，但在孟嘗君的眼中，自己是齊國的「無冕君主」，操控著基層秩序的運轉，加之又是王室公子，權力覆蓋廟堂與草莽，行事何須看人眼色。

自由環境的背後，是血腥野蠻的殺戮，這是弱肉強食的「原始森林地帶」，沒有生存的秩序，也沒有死亡的規則，能倚仗的，只有實力和運氣。

劉邦年輕時想拜入信陵君門下，結果沒能如願，後來登基稱帝建立漢王朝後，還讓五戶人家給信陵君守墓，每年按時祭祀。

他本是游俠出身，不可避免地也讓漢朝沾染了游俠氣質。漢初官府的統治力量依然薄弱，而這種現象也造就了漢朝的俠客之風盛行。

和劉邦同時代的，有一個叫朱家的人。不知道此人是姓朱，還是名叫朱家，反正司馬遷就是這麼寫的。此人道德品行極好，家無餘財，也不喜歡美食和漂亮衣服，唯一的愛好就是施捨。有人吃不飽飯，他就送點錢去；有人犯事了，他就找地方把人藏起來……他做的事情和孟嘗君沒什麼區別。

但孟嘗君有財有權，朱家什麼都沒有。唯一的解釋就是，他掌握了當地的基層權力。大家都信服他，願意出錢、出力幫他辦事。

朱家以當地的勢力為基礎，向中原擴張影響。當影響力擴張到極致後，財富、權力、地位都會滾滾而來。朱家要的是權力和地位，追隨者謀的則是利。

大俠客雖然沒錢，但從來不愁錢。

自函谷關以東，人人都希望和朱家做朋友。有個叫劇孟的大俠，家無餘財，但是母親去世時有千乘車前來送葬。

所以，大俠的自由意志，其實是時代紅利。他們在官府的觸角達不到的地方，盡情地跑馬圈地。那些傳奇人物、性情故事、自由精神，都是時代紅利的體現。

長安有皇帝，各地有諸侯王，基層有俠客，在統治不發達的時期，他們共同組成朝與野的權力結構，而這些，都是歷史進程中的產物。

5

在歷史的進程中，俠客可以暫時挖官府的牆腳，可官府終究要把觸角無限向下延伸，收回那些屬於自己的東西。那些俠客都是「風口上的豬」[3]，那些自由的意志、舒展的靈魂，終究只是特定歷史時期

[3] 編按：此句出自小米創辦人雷軍的名言：「站在風口上，豬也會飛」，意思是指創業要找到趨勢，順勢而為。

的產物，不可能無休止地生存下去。就像人總要慢慢長大，不可能永遠活在年少輕狂的歲月中。

俠客的終結，從秦國開始。

秦國在商鞅變法後，大大提高了中央集權統治，君臣建立起嚴密的法律、複雜的組織，然後壟斷資源，構建起恢宏的體制。在秦國的體制下，基層社會是格子狀的。任何強有力者，都不可能無限制地突破社會壁壘，人們只能在規定的區域活動，一旦碰觸紅線，就會受到嚴厲的警告。

秦國人民的出路主要有兩條：為吏或者從軍。這是兩條主流出路，是可以出人頭地的，其他如做工、種田等只是支流，天花板很低，且永遠不可能做人上人。而為吏或者從軍的指向很明確，就是進入體制。

秦國的國家機器壟斷了所有資源，留在體制外的資源寥寥無幾，已經不足以供養龐大的俠客群體。想要實現人生價值，就只有進入體制。

打個比方吧。秦國變法相當於重新修建池塘，並且安裝了大功率的柴油發動機，把周圍池塘的水全部抽到新池塘中，魚蝦要想生存，就必須改頭換面，而新池塘的話語權屬於朝廷。這樣的社會環境，已經沒有多餘的空間給俠客馳騁，他們仰仗的基層權力，也被官府逐步奪走。

沒能進入新池塘的俠客，就像奄奄一息的魚。而沒有自由的社會環境，俠客身上自由舒展的靈魂也變得日漸局促，最後不得不向現實低頭，成為秦國大廈上的一顆螺絲釘。

既然資源都在官府手中，那麼所有人都伸手向官府討飯，所謂的尊嚴和傲骨也就逐漸消磨殆盡了。條理分明的秩序，把六百萬秦人分配到合適的崗位上，盡職盡責地做著自己的工作，其他的不要妄想。所以秦國沒有俠客，也沒有文藝。

除了國力較弱的燕、韓，其他四國皆有名聞天下的公子，而秦國沒有，國民只認秦王。

那些忠義死節、愛恨分明的傳奇故事，基本都發生在關東六國，唯獨秦國沒有。這不是偶然。

沒有自由的環境和舒展的靈魂，自然就沒有崇高的精神。那些高尚的情感、文化和藝術，也就沒有了誕生的機會。但秦國的體制，卻極為保護普通人。

孟嘗君隨便殺幾百人的事情，根本不可能在秦國發生。只要敢拔刀，馬上治你「私鬥罪」。

儒以文亂法，俠以武犯禁。在秦國的體制內，儒和俠都是不被允許的，敢冒頭就立刻削平。國家一定要對資源嚴防死守，絲毫不能外泄。

俠客沒有戰鬥力，體制才有。

6

不得不說，嬴政太厲害了，那麼多好東西，他全部收到自己囊中，連個招呼都不打，怪不得天下人都要和他拚命呢！

經過楚漢戰爭的摧殘，秦國恢宏的體制轟然崩塌，劉邦在廢墟上重建的漢朝，根本沒有實力恢復秦國對資源的掌控。漢初江山只是沙灘上的城堡，雖然足夠龐大，看似堅固，但也僅此而已。它的地基並不牢靠，因此，不得不和基層勢力合作。這又是俠客的風口。

除了上文提到的朱家、劇孟之外，還有無數占地為王的大俠。他們說句話，門人就會如實執行，殺人犯法也在所不惜。這又是漢初的武林門派作風，他們倚仗武力掌控基層權力，並以此為根本，有些時候甚至能影響天下大勢。

漢景帝時吳楚發動「七國之亂」，周亞夫帶兵平叛。他從長安出發，一路奔赴洛陽，第一個尋找的就是大俠劇孟。劇孟也熱烈歡迎王師，表達了合作的態度。從此以後周亞夫就放心了：「吳楚七國造反，居然沒有拉攏劇孟，能成功才見鬼了。」大俠的威力有多麼強大，由此可見。

可不久之後，大俠就迎來了命運的轉捩點，因為王座上的人變成了漢武帝，這是和秦王嬴政一樣的

「大殺器」。

漢朝最後一個有名的大俠是郭解，此人和前輩一樣，艱苦、樸素、不愛財，但有無數人願意為其效力。漢武帝要把各地豪強遷到茂陵，名單中就有郭解的名字。他很冤枉：「我都沒有存款，憑什麼讓我搬家啊？」於是，他找到衛青幫忙求情。

漢武帝聽衛青說完，冷笑道：「一個平民百姓居然能讓大將軍求情，說明此人不窮。」

是啊，一個平民百姓連縣令都見不到，怎麼能請到大將軍衛青呢？

只有一個解釋，郭解沒錢，但有巨大的影響力，而這種影響力可以演化為權力。對於能和朝廷抗衡的人，漢武帝絕對不會手下留情，馬上動用更大的權力讓他搬家。

郭解搬家時，有很多人前來送行。他們紛紛贈送路費盤纏，加起來差不多有一千萬錢[4]！而且郭解走後，他的門人隨手就把縣官殺掉了，原因是縣官把郭解寫入了搬家名單。

大漢不允許這種能人存在，不久後，郭解的家族被全部砍死。從此以後，漢朝再也沒有登得上檯面的大俠，俠客的黃金年代也徹底終結。

7

漢朝重新構建起恢宏的體制，把人民的生存空間再次壓縮，大部分資源都被綁架到帝國的戰車上，為南征北戰服務。歷史又回到原來的軌道。

漢武帝的命運和秦始皇是相似的。他們同樣構建起「壟斷」的體制，同樣熱衷於征服內外的敵人，

4 漢朝銅錢。

同樣在死後不可避免地出現體制的瓦解。

秦始皇死後天下大亂，漢武帝死後，豪強士族逐漸崛起，他們撕開壟斷體制的口子，和大俠一樣侵占基層權力。這樣一來，戰國和漢初的俠客權力，又轉移到了豪強、士族的手中。他們的自由精神和道德信義，也紛紛轉移到士族成員的身上。歸根結底，誰有權力誰自由。

當歷史的進程走到此時，已經沒有平民百姓什麼事情了，豫讓、荊軻的壯舉也不可複製，世間只有曹植、王羲之的文人風流，而豪強、士族又有積極進入體制的意願。這又不可避免地帶來了另一種現象：體制內也漸漸沾染了自由的精神、高尚的道德信義。

比如曹操。曹操少年時喜歡做俠客，經常快意恩仇，長大後步入仕途，又把這種任性自由的精神帶入官場，只做自己認為對的事。

曹操的人生，不就是任性豪放的俠客嗎？他以自己的精神氣質，撐起了建安風骨的半壁江山。

比如祖逖。他少年時在家鄉任俠使氣，「永嘉南渡」時帶著家族渡過長江，後來又組建軍隊，死在北伐的途中。還有桓溫、王猛、長孫無忌……他們都有少年做俠客的經歷，長大後又積極投身於家國大業。

俠客和士族合為一體，進入體制。我們經常說的「魏晉風度」、「盛唐風流」，其實也是歷史進程中的產物。體制不再是硬邦邦的機器，反而加入很多柔性的人文情懷，朝與野再也不分彼此。

進入宋朝後，中國歷史開始出現分野。由於士族門閥被徹底消滅，朝廷的統治術再次提升，官府對資源的掌控也更加自如，留給體制外的資源更加稀少。有識之士，均以進入體制為榮。「學成文武藝，貨與帝王家」，這種認知成為社會主流。但是由於自由空間的極度壓縮，宋、元、明、清的官員，再也難以出現春秋戰國、魏晉隋唐的俠客風骨。

劉邦和項羽，好老闆與壞老闆

1

區別老闆的好賴只有一個標準——能不能對員工的需求感同身受。在中國歷史上，項羽和劉邦恰恰是壞老闆和好老闆的代言人。

這麼說你可能不信。項羽力拔山兮氣蓋世，神勇的背影千古無二，這種老闆多厲害啊。而劉邦呢，不過是沛縣無賴，吃了一輩子狗肉，還和村裡的寡婦牽扯不清。這種人也配和項羽相提並論？他能得天下，不過是「時無英雄，使豎子成名」[5]而已。

可是，假如他們都來開公司的話，劉邦依然能白手起家，登上富比士中國富豪榜，項羽依然會遭遇破產。

能否滿足員工的需求，決定了他們的成敗。

2

項羽是富二代。他是含著金湯匙出生的，從小就讀貴族學校，即便楚國滅亡後家道衰落，他也還有

[5] 出自《晉書・阮籍傳》，意思是時代無英雄，使無名之輩成了豪傑。

個很厲害的叔叔當監護人。
項羽跟隨叔叔走南闖北，去咸陽見識過秦始皇的威嚴，結交過秦國官員司馬欣，最後落戶會稽，很快混成地頭蛇。雖然家族沒落，但他從來都在上層圈子裡。
二十四歲前的項羽受過委屈、吃過苦，但他從來都沒有和人民群眾打成一片，也就是不接地氣。這樣的人有一個特點：他們很容易被自己的努力所感動，卻忽略了別人的欲望。
我們經常在綜藝節目上看到某些富二代說：為了留學努力背單詞，當服務生賺學費，冬天洗衣服手好冷……然後，他們被自己的心酸往事感動得熱淚盈眶。可他們的努力對很多人來說，只是生活必備的基本技能，根本不值得拿來炫耀。
他們也特別不理解窮人的某些「怪癖」：不經常健身，不懂保持身材，為什麼捨不得吃早餐……這些富二代永遠活在自己的圈子中，從來不會對下層人民感同身受。
很不幸，項羽就是這類人。

3

秦末大亂，項羽「不接地氣」的缺點，被無限放大。他是理想主義者，他想恢復周朝的統治方式。天下被封為十八個諸侯國，每個諸侯國都能使用自己的文字，書寫自己的歷史，不必再屈從於皇帝的淫威。很美好的藍圖，對不對？
在項羽看來：「公司的前景是很好的，你們應該追求夢想，不要整天計較一點小錢，太俗了。」可在創業過程中，他是怎麼做的呢？封自己為西楚霸王，把咸陽宮的財寶、美人都帶回到彭城……升職、加薪、套現、迎娶白富美，他一個都沒錯過。

對立功的員工，他又捨不得封賞，把印信放在手中，邊角都快磨平了也捨不得給人家，只有口頭鼓勵：「表現不錯，好好幹。」

所有的利益都被他收入囊中，員工們拚死拚活卻只有死薪水，日積月累，人心散了，隊伍也不好帶了。項羽麾下的人大概都在想：「這點薪水，我很難幫您辦事啊，拜拜了吧。」

於是，韓信辭職，陳平跳槽，英布背叛，彭越觀望，就連親信呂馬童也跳槽了，最後還在垓下親手分割項羽的屍體。

不僅員工不滿意，他連客戶的需求都不知道。

當時國家的客戶只有農民，而農民的需求很簡單：生活穩定、莊稼豐收、能吃飽飯，最重要的是你別來煩我。《史記》中說：「項羽所過輒殘破。」意思是，只要他經過某個地方，本來安靜祥和的村子，就會被糟蹋得家破人亡。

想想吧！我迎著朝陽到田裡幹活，憧憬著明天的美好生活。傍晚回家時，抓隻小鳥編個花環準備帶給老婆孩子，可到家一看，家沒了。本來想和你做長久生意，你卻只想一錘子買賣。他為自己的理想奮鬥，員工、客戶卻得用青春和生命為他買單，而且還得不到回報。項羽這類老闆，能成功才見鬼了。

他在楚漢戰爭中是失敗者，即便穿越到如今來創業、做生意，也只有破產的命運。

4

劉邦就很務實，不說理想只談錢。員工只要立下功勳，不論大小，都能得到與之相應的回報：金錢、升職、股份……只有做不到，沒有得不到。

比如曹參，「以中涓從……下二國，縣一百二十二，得王二人，相三人，將軍六人。[6]」從辦事員的職位起家，最終立功無數，以一萬零六百三十戶被封為平陽侯。

比如樊噲，「從，斬首百七十六級，虜二百八十八人。破軍七，下城五，定郡六，縣五十二。」八年戰爭，居然連斬首、俘虜的資料都如此清晰，可見平時的後勤工作有多麼出色。

然而，最有代表性的是婁敬。那年，劉邦準備定都洛陽，和中原人民長相廝守。消息傳出去後，恰好被路過洛陽的士兵婁敬聽到了，他馬上請求見劉邦：「陛下，長安適合定都，洛陽不行。」一番勸諫，讓劉邦拍案叫絕，第二天就啟程前往長安，然後把士兵婁敬提拔為郎中[7]，做了後備幹部。

在劉邦的公司工作，不論起點有多低、職位多冷門，只要對公司有貢獻，他絕對會給你超值的回報。這樣的老闆，怎能不網羅天下英才？

劉邦也很大方，他可以拿出一半的股份來獎勵員工。

西元前二〇五年，五十六萬漢軍被項羽用三萬騎兵擊敗，劉邦倉皇逃到安徽後和張良說：「函谷關以東的地盤我不要了，全部用來賞賜功臣。」

好大方，用半壁江山來讓員工分紅入股。後來的事我們都知道了，韓信、彭越、英布等大功臣封王，次一等的一四三人全部封侯。

好老闆的標準就是：你努力工作，我包你富貴。

6 編按：中涓是官名，古代帝王的侍從官。這裡是說曹參立下的軍功，他攻下了兩個諸侯國、一百二十二個縣；俘獲了兩個諸侯王、三個諸侯國丞相、六個將軍。

7 郎中是帝王侍從官的通稱。其職責為護衛、陪從，隨時提建議，備顧問及差遣。

5

楚漢戰爭時，世人對兩位老闆看得很透徹。楚懷王曾對人說：「項羽為人，剽悍猾賊。」孔武有力，神勇無二，但是良心壞了。劉邦卻是「忠厚長者」。他尊重他人，讓每一份犧牲都有價值；搭建平臺，讓每一個人都看到希望；懂得讓利，把勝利果實和大家分享。

不論在任何時代、任何行業，這種老闆都是最得人心的那種。劉邦憑什麼不配被稱作「忠厚」？憑什麼不配做「長者」？他生在社會最底層，見識過無數人的酸甜苦辣，所以懂得一個道理：自己的命是命，別人的命也是命。尊重別人就是尊重自己，沒有個體又何來集體？

感同身受，說著容易做起來難，後世無數英傑都為劉邦點讚。「奴隸皇帝」石勒曾說：「若逢高皇，當北面而事之，與韓彭競鞭而爭先耳。」他若遇到劉邦，必定忠心侍奉他，與韓信、彭越等人一起替他打天下。所以啊，壞老闆讓大家都服務於自己的理想，好老闆只談錢，滿足大家的需求。

歷史的酷吏：戰友、夜壺和替罪羊

1

在中國歷史上，有種人叫作酷吏。所謂吏，是指有編制的官場人員。酷吏二字，不論是從字面意思、職業操守，還是背後邏輯來看，都可以稱之為「官場打手」。但凡有點追求的帝王，如果身邊沒有幾個酷吏，百年之後都不好意思和同行打招呼。甚至更小一點的單位和企業，老闆也會豢養「縮小版」的酷吏。

但可悲的是，不論酷吏的職業生涯多麼輝煌，績效完成得多麼優秀，他們的下場總是很淒慘。而重用酷吏的帝王，也總是會被輿論和史書狠狠地記上一筆，好大喜功、不尊重朝臣等罵名，都會和他們如影隨形。

歷史就是如此詭譎。帝王明明知道酷吏會招來罵名，酷吏也明明知道下場會很慘，但雙方依然能夠親密無間地合作數千年。歷代前任的悲慘結局都不能阻止甲方和乙方之間互拋橄欖枝，這種現象背後的邏輯，其實很值得深入思考。

2

一般來說，除了一些性情剛毅的狠人外，大部分酷吏都是窮苦人家的孩子。原生家庭的出身，決定了他們的人生選擇，畢竟當打手是苦活、累活、髒活，但凡有點資本的孩子，都不會選擇幹這一行。吃力不討好，何苦呢？

可對於有野心的窮苦孩子來說，有機會給帝王當打手，便是一條通天的路。就像漢朝酷吏寧成所說：「仕不至二千石，賈不至千萬，安可比人乎？」意思是：做官不到省部級，做生意不達到百億，活著還有什麼意思呢？

同樣的話，主父偃也曾說過：「丈夫生不五鼎食，死即五鼎烹耳！吾日暮途遠，故倒行暴施之。」這就是個人野心和追求。寧成當酷吏是為了做二千石高官，主父偃是年紀大了，已經沒時間論資排輩了，他只能走捷徑。

畢竟在正常情況下，窮孩子從小吏做起，能出頭基本靠運氣，實在是看不到希望。但投靠帝王，卻是看得見的前程。因為帝王也有政敵，他們時刻都需要一把鋒利的快刀，幫他做一些不能擺上檯面的私事。

比如武則天。原本她只是李家的媳婦，她做唐高宗李治的代理人，大家都還能接受，可她最後竟然想當皇帝，大家就不肯支持她了。於是武則天扶持起了善於告密的來俊臣，並利用他來排除異己，把不支持自己的李唐宗室、公卿貴族誅殺了幾千家。

如此一來，武則天登基的障礙就被掃清了。而來俊臣原本只是個無賴，正常情況下是不可能出任重要職務的，可做了武則天的快刀後，他竟然官至太僕卿。

比如漢武帝。遍地的諸侯王勢力極其強大，他急需一把快刀，斬掉掣肘自己的政敵。於是，一輩子不順心的主父偃看準時機，給漢武帝寫了一封信，寥寥幾句話就說中了漢武帝的心思。

史書記載：漢武帝早上收到信，晚上就召見了主父偃，並且埋怨說，這麼多年你都跑哪裡去了，咱們可是相見恨晚啊。從此以後，主父偃就替漢武帝幹髒活。

既然皇帝害怕遍地的諸侯王，那他就建議實行《推恩令》，逐步削減諸侯的實力。但《推恩令》收效實在太慢了，他就收集諸侯王犯法的證據，並且直接擔任齊國的國相，名為輔佐，實際是抓小辮子。一旦他抓到犯罪證據，就馬上報告漢武帝，然後光明正大地廢除封國，把郡縣收歸朝廷。這種事主父偃接連做了兩次。

用一人滅兩國，漢武帝去哪找這麼便宜的事。髒活幹完了，主父偃的狠辣手段讓大家感到害怕，說不定哪天就輪到自己頭上了。漢武帝也覺得差不多該收攤了，於是，主父偃被誅三族……髒活已經辦了，殺掉主父偃還能安撫人心，所謂殺一人而安天下，又是一件便宜事。

主父偃的人生路徑，可以看作酷吏的縮影。剛開始的時候，帝王要找打手，酷吏想出頭，於是君臣迅速結成親密戰友，並肩戰鬥，各取所需。事情辦成以後，帝王要繼續扮演救世主，所以酷吏就成為藏起來的夜壺，以便下次再用。如果實在是人心惶惶，為了安撫人心，酷吏不得不成為背黑鍋的。

如果沒有漢武帝的賞識，主父偃只會一輩子受人白眼，然後默默無聞地老死，根本沒人知道他是誰。可當了酷吏，他實現了「權勢富貴震天下」的野心，並且給看不起他的人一個大耳光。

而對於漢武帝來說，酷吏只是一把打擊政敵的快刀，刀壞了之後，再換一把新的就行。

3

對於朝廷來說，任何時候都需要酷吏。一個很殘酷的歷史經驗就是，能夠適當使用酷吏，往往是朝廷權威比較強盛的時候。

漢景帝時期，有一個酷吏叫郅都。此人外號蒼鷹，性格極其強悍，敢在朝堂上當眾和同事爭辯，還不給人臺階下……滿朝公卿都不敢正面看他一眼。

當時濟南一個大家族有三百多人，他們依仗家族的勢力，根本不把官府和法律放在眼裡。堂堂太守都拿他們沒辦法。漢景帝派郅都去管理，說：「郅都啊，你辦事，我放心。」

郅都去了。剛調查清楚，他就把這個家族的族長拖出來斬了，其他人一看，嚯，他真的敢殺人啊！誰能不怕死呢？大家都服氣了。

郅都在濟南當太守不到一年，就把濟南治理得路不拾遺，旁邊十餘郡都很害怕他，都把郅都當親爹一樣供著。

漢朝初年的一批酷吏更狠，他們不僅是皇帝打擊政敵的快刀，也是朝廷整治地方豪強的利刃，動不動就把地方豪強滅族，搜捕數千家。

漢朝初期，地方豪強正在野蠻生長。正因為酷吏充當朝廷的打手，做了朝廷不方便做的髒活，才能維護朝廷脆弱的權威。西漢宣帝以後，漢朝更改路線，原本「霸王道雜之」的漢家制度，被改成純正的儒家思想，酷吏的市場也就日漸縮小。而諸侯公卿又都出身於貴族、豪強，因而逐漸導致地方勢力坐大，最終王莽篡位，實現不流血的改朝換代。

同樣的例子，在明末又重演了一遍。萬曆皇帝多年不理朝政，朝廷接近癱瘓，地方大員和鄉間豪強也逐漸不尊重朝廷。除此之外，還冒出一個東林黨。他們在地方引導輿論，控制經濟，在朝中又結黨營私……不論東林黨的道德學問多麼高尚，對朝廷來說，這就是個小幫派。

於是，魏忠賢充當了酷吏的角色。他用了幾年的時間來整合資源，把敗於東林黨的楚黨、浙黨和太監勢力整合起來，組成一個強勢的朝廷。

毫無疑問，魏忠賢一眾的道德水準都極其低劣，甚至有不少人渣，絲毫不符合治國賢才的標準，但從另一個方面來看，魏忠賢扮演了強勢酷吏的角色，通過殘酷的政治鬥爭，嚴厲打擊了尾大不掉的地方勢力，讓朝廷權威重回頂峰。

不管史書怎麼評價，毫無疑問的是，魏忠賢專權的那些年，朝廷政令在各地都能通行無阻，並且不折不扣地執行，效率遠勝於萬曆年間。而崇禎皇帝誅殺魏忠賢，卻沒有重新鑄造另一把快刀，馬上就失去了推行朝廷權威的利器。

那些年眾正盈朝[8]，卻政令不出皇宮。

酷吏和文官是國家政權的一體兩面，一個代表狠辣剛猛的霸道，一個代表陽光溫暖的仁義。只有仁義會缺少底氣，只有霸道又不會長久。優秀的帝王，往往是仁義和霸道通吃。

對待老百姓和追隨者，他們會露出仁慈的微笑，拿出糖果分給大家；對待政敵和朝廷的隱患，他們又會露出猙獰的獠牙。能做到「王霸」通吃的，都是狠角色。

4

古代的和平年代，國家重要的命脈是經濟。對朝廷來說，就是保障稅收的來源，保障國庫充足和朝廷的開銷。而屬於朝廷的稅收，往往會被地主截流，他們不僅不願意交稅，還會變成趴在國家身上吸血的寄生蟲。

正常情況下，朝廷睜一隻眼，閉一隻眼就算了。可一旦遇到特殊情況，國家開銷巨大，來自耕農的賦稅不足以支撐時，朝廷就會對大地主動刀子，誰有錢就掙誰的。

這種特殊情況，讀聖賢書的文官是幹不了的。他們拉不下臉面，更不具備鬥智鬥勇的狠辣手段，只有酷吏才能解決特殊時期的危機。

漢武帝時期不斷對外用兵，龐大的軍備、馬匹、後勤需要大量的財富支撐，再加上賞賜功臣、撫恤

8 編按：明朝天啟初年的朝政有閹黨和東林黨，這裡的「眾正」一般指的是東林黨的文官，史書記載「東林勢盛，眾正盈朝」，意味著東林黨占據朝堂。

烈士，國庫很快就耗空了。錢沒了，但事情還得做。

西元前一二〇年起，桑弘羊為漢武帝策劃了一系列財政刺激計畫：算緡告緡[9]、均輸平準[10]、鹽鐵官營[11]等經濟政策。均輸平準、鹽鐵官營是國家調控，用常規的手段來增加國庫收入；算緡告緡則是漢朝的財產稅，是從富商的錢袋子裡掏錢。

如果商人老實交稅還好，一旦偷稅漏稅，就會有老百姓舉報告發。如果情況屬實，此人的財產一半分給舉報人，另一半則充國庫。

漢武帝為了鼓勵商人交稅，特意樹立榜樣。他讓主動交錢的洛陽商人卜式在短短七八年間就升為關內侯，並出任御史大夫。不過，此舉收效甚微，商人依然不願意為了國家大業出錢，寧願把財富都藏起來傳給子孫後代。

能夠把政策推行下去的，依然是酷吏。西元前一一四年，漢武帝任命楊可主持告緡，經過三年的整治，朝廷獲得上億財富、數萬奴隸，還有無數土地。當時的漢朝中產階級幾乎都破產了，朝廷財政卻得到了緩解。通過經營充公的土地，朝廷又能源源不斷地獲得收入。對朝廷而言，楊可和杜周等酷吏，實在是功不可沒。

雖然漢武帝的初衷並不是用非常手段來打擊商人，但當常規方法行不通時，財政危機只能逼他重用酷吏。這是一個無解的難題。

從朝廷的大局出發，只有酷吏才能用非常手段搜刮財富，幫助朝廷渡過財政危機的難關。此時，酷吏和朝廷是戰友。當危機解決後，他們又成為被藏起來的夜壺，而在史家的筆下，他們又被描繪成歷史

9 算緡是向商人徵收財產稅；告緡是對商人隱瞞資產、逃避稅收的懲罰措施。
10 均輸、平準是調劑運輸和平抑物價的方法。
11 鹽鐵官營，亦稱鹽鐵專賣，即朝廷壟斷鹽和鐵的經營。

的罪人。

看似脈絡清晰，實際上並沒有那麼簡單。當財政危機出現時，普通官吏並不能解決問題，事後他們卻又站在道德的制高點，指點江山，激揚文字。但對朝廷而言，事到臨頭，危機是一定要解決的。

酷吏只不過契合了國家的需求，用自己的方式做了應該做的事。設身處地地想，其實他們的行為也無可厚非，具體還得看想問題的人，屁股坐在哪張椅子上。

5

讀史書，酷吏總是讓人又愛又恨。他們冷峻的面孔，像極了電影裡冷酷的殺手，真正面對時，人們總是會不可避免地感到恐懼。

儘管酷吏有時會表現得溫文爾雅，但這並不能打消人們的恐懼和疑慮，因為他們代表著一種強勢的力量。換句話說，他們是暴力的執行者。

世人不喜歡酷吏，其實是對暴力的恐懼，害怕這種暴力什麼時候會落到自己頭上。同時，酷吏也是告密者。他們就像攝影機鏡頭一樣，緊緊盯著目標的一舉一動，一旦發現可疑資訊，馬上向上級彙報，不知不覺中，當事人的命運就會發生改變。

利益和需要，是源源不斷產生酷吏的土壤，他們從戰友變成夜壺，最後成為替罪羊。

歷史風口上的司馬懿

1

一個人的忠貞善惡不可能寫在臉上。有的人一輩子都很老實，人緣好，工作能力也強，大家都覺得此人可靠，可到入土的年紀時學會了變臉術，上演一齣《我的後半生》……沒錯，說的就是司馬懿。後世覺得司馬懿一直都是狼子野心，剛開始工作就蓄意謀反，彷彿生來就是為了顛覆曹魏江山。其實，人家哪有那麼多蓄謀已久，所有的歷史轉折都不可能是多年謀劃，尤其是以一人之力改變王朝的興衰。只是他站在了歷史的風口，不想飛也得飛，時勢使然。

2

關於司馬懿剛入官場的情況，《晉書》中有一段描述：「帝知漢運方微，不欲屈節曹氏，辭以風痹，不能起居。」意思是：司馬懿知道漢朝要完蛋了，但又不願意追隨曹操，所以就假裝中風，躺在床上動都不能動。

這段文字看看就行了，騙鬼的把戲。曹操的第一個官職是洛陽北部尉，而舉薦他做官的人恰恰是司馬懿的父親司馬防。兩家頗有淵源，不存在看不起之說。那為什麼司馬懿拒絕出仕呢？

因為舉薦他的人是魏種。此人屬於曹魏內部的兗州派，後來還背叛過曹操，本來就勢力小，還有黑歷史。而按當時的風俗，一旦接受舉薦，就和舉薦人綁定在一起，成為一輩子都會被人貼標籤的門生。他堂堂司馬氏，怎麼會甘願和魏種扯在一起呢？

多年後，曹魏文臣之首、潁川荀氏的領頭羊荀彧發出邀請，司馬懿就一溜煙去曹操辦公室報到了。很多事情也在此時埋下了伏筆。

司馬懿正式成為曹魏士族集團的一員，他一生的坎坷和榮耀，都來源於此時加入的陣營。曹操的基本盤是寒門和宗室，士族只是合夥人。在這種架構下，曹操可以輕鬆駕馭朝局。

可這種手段曹丕不行。曹丕沒有軍功和威望，他繼承了曹操的王位和官職，除了當皇帝沒有別的出路，而想當皇帝又必須得到士族的認可，於是，九品中正制火熱出爐。他承認士族的利益，又得到宗室的支持，曹魏的權力結構就變成了士族與宗室組成的兩駕馬車。

曹丕的宗室政策也很有特點。他極力防範親生兄弟，又把軍事大權交給遠方親戚。這樣一來，他們既能和皇帝立場一致，又不會對皇位造成威脅。之後一系列的輔政大臣也出自這一群體。

曹丕去世後，輔政大臣是曹真、曹休、陳群、司馬懿，曹叡去世後的輔政大臣是曹爽和司馬懿。宗室和士族，是後曹操時代的標配。此時的司馬懿，只能做曹魏忠臣，壓根兒沒機會成為下一個王朝的創始人。

3

司馬懿本來是文職幹部，平時做點整理文件、迎來送往的工作。曹丕想拉攏士族來制衡宗室，但又不能找樹大根深的士族，司馬懿正好合適。他出身於士族，又是曹丕的嫡系，關鍵是家族實力也不強，不會產生威脅。好吧，就你了。

領導說你行，不行也行。短短幾年時間，司馬懿就從太子中庶子一路升為錄尚書事，和陳群一起處理國家大事。曹丕特別信任他，自己帶兵出征時，就讓司馬懿鎮守許昌，還能順便統帥幾千軍隊。

這讓司馬懿初步接觸到了軍事。當然，此時司馬懿還遠沒有帶兵打仗的能力，但好歹是在實踐中學習了。多年的崗位歷練，鍛鍊了司馬懿的能力和資歷，他在這個階段雖然沒有軍功，但也為後來的軍事生涯打好了基礎。如果沒有一點歷練，誰會讓他帶兵打仗呢？

曹丕去世後，司馬懿正式帶兵。他擊敗諸葛瑾、擒斬孟達，用敵人的鮮血證明了自己的能力。而此時的曹魏宗室卻在日漸凋零，曹仁、夏侯惇等第一代名將就不用說了，就連曹真、曹休也接連去世。

曹氏、夏侯氏的子弟中，基本沒有能鎮守一方的大將，而西南方的諸葛亮正在厲兵秣馬，東南面的孫權又經常北上打秋風，怎麼辦？曹叡不得不重用外姓將領，軍事經驗豐富的司馬懿正是其中之一。

職業生涯走到這裡，司馬懿依然是堂堂正正地進步，並不像人們說的那樣「蓄謀已久」。還是那句話，時勢使然。

於是，司馬懿被派往長安，任務是阻止諸葛亮北伐。在戰亂年代，唯一能積累實力的只有軍功，而最大的軍功就是擊敗王權最大的敵人。

西拒諸葛、北平遼東，為司馬懿積累了巨大的威望。最重要的是，他在軍中有了門生故舊，後來的司馬氏嫡系和西晉開國元勳等一大批人都出自西北軍。再加上曹丕、曹叡都英年早逝，屢次出任輔政大臣，也讓司馬懿的資歷變得很深厚。

此時的司馬懿是什麼人呢？士族領袖、朝廷重臣、軍中大將——三重身分疊加起來，足以讓他擁有與眾不同的地位，說是國之柱石，也不為過。

4

二三九年，曹叡去世。去世前，他讓曹爽和司馬懿共同輔政，繼位者是年僅八歲的曹芳。曹氏皇帝一個比一個年輕，一代不如一代。

小學生曹芳又懂什麼呢？朝廷大事還不是輔政大臣說了算？如果曹爽足夠聰明，大家相安無事到皇帝長大成人，也就沒有後面的事了。可事實是曹爽還不夠聰明。

首先看曹爽的公事。他讓弟弟曹羲做中領軍，曹訓做武衛將軍，曹彥做散騎常侍，這基本上壟斷了京城的禁衛軍。他還讓表弟夏侯玄做中護軍，負責選拔武官。

曹氏、夏侯氏的子弟再次掌握軍權，恢復了曹操、曹丕以來的傳統，成為曹魏江山的左膀右臂。對了，夏侯玄和司馬懿又有姻親關係。然後曹爽拉攏何晏、丁謐等人參與朝廷機要，又把持了朝廷大權，當時的曹魏政令基本出自曹爽一人。

何晏是曹操的養子兼女婿，丁謐是譙縣人，他的父親是曹操起兵時的嫡系。看得出來，曹爽是在小圈子中選人，他們和曹魏有著共同的利益和命運。

不是曹爽小心眼，實在是無人可用。曹氏、夏侯氏人才凋零，各地的軍政大權又被士族滲透，曹爽也沒辦法。他想把自家人提拔起來，共同對抗士族，保衛幾十年來的勝利果實。他這麼做也沒錯，大家也都能理解。

政治鬥爭並不是非黑即白的，而是有一條大家預設的規則，只要都遵守規則做事，才能相安無事。

這就不得不說到曹爽的私情了。曹爽剛做輔政大臣時，還是很尊重司馬懿的，每當有什麼大事，都會去詢問司馬大人的意見，畢竟是老同志嘛，有經驗，有能力，又是輔政大臣和士族代表。大家一起分享權力，也共同承擔責任。

此時的宗室和士族，依然是井水不犯河水。就算司馬懿的勢力再龐大，也不會有人追隨他搞政變，更不會支持他改朝換代。可曹爽表面上尊司馬懿為太傅，實際上卻剝奪了他的兵權。這就越界了，同時也侵占了大量士族和老同事的利益。更過火的是，他還挖國家的牆腳。

由於大權在握，曹爽自我感覺良好，覺得再也沒有人能阻止他享受生活了。於是，曹爽和親信四處霸占良田、收受賄賂。貪汙腐化在任何時候都是一條紅線。

而曹爽又把禮儀、出行規格都提高到皇帝的標準，甚至把曹叡留下的妃子都帶回家去。這叫什麼？僭越、淫亂後宮……除了董卓，這可是連曹操都沒做過的事啊，曹爽就肆無忌憚地做了。其他的如偷國庫珍寶、大肆修建豪宅就不說了。

事情發展到此時，司馬懿真正的舞臺出現了。士族被剝奪了在朝廷的話語權，老幹部都靠邊站，其他大臣也都看不慣曹爽集團的做法，大家紛紛跪求司馬懿：「老太傅，您一定要出山啊。」

司馬懿不知不覺間就站在歷史的風口上……沒有一點陰謀詭計，完全是堂堂正正的陽謀。哎，都是時勢使然。

5

二四九年正月，曹爽兄弟帶著皇帝去高平陵祭拜魏明帝曹叡。裝病多年的司馬懿又活過來了。他和老幹部蔣濟、高柔合作，一起調動人馬關閉洛陽城門，又向太后請旨罷免曹爽。最絕的是，他的兒子司馬師居然養了三千死士。這就很厲害了。

追隨老幹部發動政變的，還有侍中許允、尚書陳泰等文武官員。這麼說吧，高平陵之變是滿朝文武推舉司馬懿帶頭做的。而他們的目的就是推翻曹爽，恢復到之前的利益格局，並不是改朝換代。此時的司馬懿依然是為國盡忠。他甚至許諾曹爽：「只要回來放棄權力，包你富貴終生。」蔣濟也曾寫信向曹爽做出了承諾。

曹爽信了。他把皇帝交給司馬懿，放棄兵權，孤身一人回到府中。其實他也沒辦法，滿朝文武都拋棄他了，就算到洛陽號召勤王，又有幾分勝算，何況他也不以軍事見長。

老幹部成功恢復當年的利益、官職和話語權，徹底排除了宗室的掣肘。

事情進行得很完美，只是有一個人反悔了——司馬懿。

很多年前，他就是有威望、有地位、有兵馬的朝廷重臣，除了宗室以外，基本無人抗衡。現在曹爽完了，宗室也徹底廢了。司馬懿拔劍四顧，驀然發現：「原來天下再無敵手，只要我想做就沒有做不成的事。」

既然如此，我是不是應該更進一步呢？就算以後我老了，也還是可以給子孫打好基礎，以後的事就看他們的表現了。這不就是曹操做過的事嗎？或許，司馬懿的野心就此而生。

當年的曹操也一樣，年輕時只想當征西將軍。隨著實力大增，他開始謀劃改朝換代。

所以啊，司馬懿的成功並不是蓄謀已久，甚至不是所謂的熬死其他人，而是時勢發展給了他進步的機會。風雲際會之時，那些老幹部又把他推向前臺，直到最後一刻，他有絕對的實力後才滋生出野心。

這一切，誰都沒想到，司馬懿做了一輩子別人的手中刀，人生最後三年，他要自己做操刀人。

6

讀歷史最忌諱給人畫臉譜，比如，曹操就是白臉，關羽就是紅臉，劉備的江山是哭出來的，司馬懿年輕時就打算篡位。這些都是沒有根據的。

人的一輩子看似有很多選擇，往往事到臨頭才發現，選項非常有限。尤其是司馬懿這樣的大人物，不知不覺間就被眾人推著往前走，想停下來是不可能的，除非身死或族滅，否則就得一直往前走。他們踏上了這條路，就回不了頭。

高平陵之變後，司馬懿趁機大開殺戒，清除異己。宗室、反對者、淮南派這三種人是一定要肅清的，他重用的大都是老同事和老部下。

任何人都阻擋不了司馬懿的腳步。當年蔣濟反對殺曹爽，結果被氣死了，子孫也沒有發達。反觀高柔，堅定地支持司馬懿，他的兒孫都富貴終身，二兒子官至刺史，三兒子後來出任尚書令……一念之差，這就是差距。

個人奮鬥固然重要，但也要考慮歷史進程。

做太子的潛規則

1

在中國歷史上，太子是神聖的職業。他們一旦冊封為太子後，地位就僅次於皇帝，成為帝國的備用君主，而他的其他兄弟則依然是臣子。

不僅地位高，太子還擁有獨立的官署，有朝廷大臣和學者做老師，還有一支小規模的軍隊，甚至在緊急情況下，太子還可以代理國政。放眼帝國，能有這種待遇的，除了皇帝，就是太子。

而太子的繼承制度也很神聖。從周朝起，歷代王朝都秉持「立嫡長子」的原則，再不濟也是有嫡立嫡、無嫡立長。什麼意思呢？如果皇后生了兒子，那就一定要選年紀最大的做太子，不出意外的話，其他兒子是沒有機會的。即便是晉惠帝司馬衷這種地主家的傻兒子，也必須「趕鴨子上架」。

如果皇后沒有兒子，或者都一一排除了，才能輪到皇帝的其他兒子。在「立嫡長子」的大原則下，一般情況可以保證皇位的順利繼承，但在原則之後，時刻有一股暗流洶湧的潛規則。

有時，潛規則才是決定性因素。

2

皇子們有共同的父親，卻有不同的母親，如果想爭太子位，各自的母親就是重要的加分項。而母親的背後則是家族勢力。有沒有母族勢力的支援，往往可以改變太子寶座的歸屬。

「烽火戲諸侯」的周幽王是周宣王的兒子，他的母親是齊國的公主，而齊國的國君不是外公就是舅舅，因此有了強大的母族勢力支持，他便順利成為太子並繼承王位。

可周幽王坐上王位之後忘記了初心。他的王后是申國公主，兒子姬宜臼理應做太子，繼承王位，這也是周朝的傳統和國情。王后家族都等著將來沾光呢，周幽王卻迷戀上美女褒姒。為了博取美人一笑，不惜玩了一把「烽火戲諸侯」，後來甚至廢掉了王后和太子，冊立褒姒和她的兒子。

申國國君一心想做天子的外公，族人也眼巴巴地盼著能分點紅利，可如今都便宜了褒姒母子，竹籃打水一場空啊。不能忍，絕對不能忍。申國國君聯合犬戎[12]一起攻入鎬京，在驪山腳下殺死周幽王，扶持外孫姬宜臼繼承王位。從此開啟了東周列國的時代。

在帝制時代前期，君權尚未擴張到極致，諸侯依然擁有強大的實力。為了穩固政權，君王不得不和強大的諸侯捆綁在一起。王后和太子正是其中重要的一環。這種潛規則在漢朝依然適用。

劉邦經常說：「如意和我很類似，我想立如意做太子。」可劉如意真的能做太子嗎？或者說能坐得穩嗎？

劉如意的母親是戚夫人，她只是一名普通的姬妾，沒有家族勢力。這對母子除了劉邦的寵愛，沒有任何外力援助。想做皇后和太子，這些遠遠不夠，因為他們的競爭對手是呂后和劉盈。

早在沛縣，呂后就和蕭何、曹參、夏侯嬰、周勃等開國功臣關係匪淺，猛將樊噲更是她的親妹夫。這些才是自己人。即便只論呂后的兄弟，也都是位高權重的開國功臣，遠遠超過戚夫人的家族勢力。如果劉如意做太子，繼承皇位，將來勢必要重用戚氏族人，打壓呂氏和沛縣功臣，畢竟一朝天子一朝臣。

12 古代部落名，居住於今陝、甘一帶。

史書上說，張良請來商山四皓[13]才保住劉盈。其實，劉邦不是怕商山四皓，因為他面對的是沛縣功臣和呂氏的壓力，這是他的基本盤，絲毫得罪不起。而這種局面，戚夫人又有什麼資本去爭？劉如意又有何資本做太子？

劉邦也不是在選太子，他是在兩個兒子的母族勢力之間做選擇。其實根本不用考慮，他只能選擇劉盈。這件事表面上說是嫡長子繼位，其實是劉盈母族勢力太強大。

直到三國時期，母族依然是太子寶座的決定性因素。《三國演義》中出現的劉琦、劉琮都是劉表的原配所生。原配去世後，劉表才娶了荊州的蔡夫人。他能在荊州立足，和蔡氏家族的鼎力支持有莫大關係，迎娶蔡夫人也是為了加深利益捆綁。

劉琮很聰明，他娶了蔡夫人的侄女。這樣一來，劉琮就成為蔡氏自己人，長子劉琦就是和蔡氏無關的外人。於是，劉表和蔡夫人、蔡氏家族一起立劉琮為接班人。劉琦呢，不得不向劉備和諸葛亮尋求幫助。一直以來，劉表「廢長立幼」都被看作敗亡的徵兆，可沒有母族的支持，劉琦拿什麼壓服蔡氏家族？用什麼制衡荊州的其他士族呢？他手中根本沒有幾張牌。只有蔡氏支持的劉琮，才能坐穩大位。所謂的嫡子、長子都沒什麼用，關鍵時候還得有幫手才行。

3

除了母族勢力外，特殊時期的太子還要用實力說話。有些皇子離太子寶座十萬八千里，卻能依靠自身的實力讓皇帝不得不立他做太子。這種事情在隋、唐比較盛行，比如李世民。

---

[13]「商山四皓」是秦朝末年四位信奉黃老之學的博士：東園公唐秉、夏黃公崔廣、綺里季吳實，以及甪裡先生周術。後人用「商山四皓」來泛指有名望的隱士。

唐初政局，李淵的基本策略很簡單，就是帶著李建成、朝廷大臣和李世民相抗衡。雖然李建成和李世民是一母同胞，李淵也說過：「老二啊，將來我一定會立你做太子，你要繼續加油哦。」但那僅僅是口頭承諾，李淵從來沒有當真。

於是李世民憋足了勁，親自打江山積累實力，順便收編了一大批謀臣武將。功勳只是奪取太子位的基本條件，苦心經營的勢力才是決定性因素。

論地盤，李世民在洛陽收買人心很多年，洛陽早已是在野黨的基本盤。李淵甚至說：「不如去洛陽做二皇帝吧。」論人才，南征北戰的大將、各路諸侯降臣、關東各地的官員基本上都被李世民籠絡在手。論威望，無數官員都對李世民頂禮膜拜。

玄武門事變前，李世民讓張亮帶一千人去洛陽，結交山東豪傑以防不測，結果李元吉告密，張亮被抓到監獄了。可不管如何嚴刑拷打，張亮一個字都不說。

還有李建成、李元吉謀劃暗殺李世民，東宮下屬居然親自跑到秦王府告密。這種局面下，李建成的太子位已經風雨飄搖了。

六二六年七月，李世民在玄武門狠心殺死兄弟。尉遲敬德衝進皇宮，名義上是保護李淵的安全，其實是在問：「秦王想做太子，你願意不願意啊？」李淵還能怎麼辦呢？

李建成是名正言順的皇位繼承人，既是嫡子，又是長子，天下再也沒有比他更符合規矩的太子了，可李世民硬生生走出一條血色登天路，可見名正言順也需要手中有刀。如果不能保護自己，只能讓位給持刀之人。當然，李世民並不孤單，他的曾孫李隆基同樣不是嫡長子，照樣憑藉實力成為太子。

武則天去世後，大唐是一片亂糟糟的景象。繼位的李顯沒有治理國家的能力，反而是韋皇后大權在握。安樂公主也想做皇太女，繼承武則天的女權大業。這對母女居然把皇帝李顯給毒殺了。可憐的李顯，歷史上著名的「六位帝皇丸」[14]，最終被一張大餅給毒死了。

亂世出英豪。冷眼旁觀的李隆基以嫡系皇族的身分悄悄聯絡禁軍將領，沒多久就在禁軍中組建了團隊。七一〇年，二十六歲的李隆基聯合太平公主發動政變，誅殺韋皇后黨羽，親自扶持父親李旦登上皇位。

李隆基在發動政變前，壓根兒就沒通知李旦，只是在事成之後才跟李旦說：「老爸，來當皇帝吧。」這種皇帝哪有什麼地位，不是自己掙來的，終究不是自己的。李旦上朝時只有兩句話：「太平公主是什麼意見？三郎是什麼意見？」如果二人沒什麼看法的話，照辦就是。

按照嫡長子繼承制，李成器應該是太子。可父親的皇位都是弟弟奪回來的，自己只是沾了光，又有什麼資格爭搶太子位呢？於是，李成器自覺退出競爭。

李隆基理所當然地成為太子，三年後再次發動政變，把太平公主抓了起來。李旦央求兒子：「饒你姑姑一命吧，好不好？」李隆基大手一揮：「不。」太平公主卒。

明明只是皇族的邊緣人物，卻硬生生地在亂局中火中取栗，當太子、做皇帝，還能開創大唐盛世，太厲害了。這位皇帝啊，真是個狠人。

李世民和李隆基不靠母族勢力，他們憑藉能力積蓄實力，然後一舉奪走太子寶座，最終登上皇位。這個過程的簡略版是隋煬帝楊廣，增強版則是明成祖朱棣。朱棣這傢伙已經不是爭太子位了，而是直接發兵搶皇位。

但凡能在歷史上完成此類壯舉的，都是狠人，彼此在九泉之下相見，恐怕也會惺惺相惜，痛飲三大碗。

14 李顯自己是皇帝，父親是唐高宗李治，母親是武則天，弟弟是唐睿宗李旦，兒子是唐殤帝李重茂，侄子是唐玄宗李隆基，於是很多人戲稱他為「六位帝皇丸」。

4

當然，想做太子也不一定如此血腥，這個職業還有另一條潛規則——妥協。所謂妥協就是皇子競爭太激烈，皇帝不能偏袒某一方，只能選擇一個朝野都能接受的第三者。而這個第三者屬於躺著就能贏，明明什麼都沒做，命運卻決定讓他做太子。唐高宗李治就是妥協的產物。

李世民的第一任太子是李承乾，他完全符合嫡長子的標準，況且母族勢力也很強大，朝野上下都對李承乾寄予厚望。可李承乾的性格有點問題，俗話說就是不學好，在學校調皮搗蛋，回家也不聽話，再加上腿不好，總覺得大家看不起他，心理有點問題。

六四二年，李承乾居然以父親為榜樣，勾結漢王李元昌、侯君集等人奪權，想把李世民趕下臺。這位仁兄真的傻，在李世民面前搞政變，純屬吃飽了撐的。幸運的是，雖然奪權計畫失敗，但他依然保住了性命，只是太子肯定是沒法再做了。

此時的李世民最喜歡李泰，這孩子文采風流、聰慧絕倫，年紀輕輕就主持編撰了《括地志》，眾皇子中他最得寵。李泰是個大胖子，可李世民擔心的不是高血壓、高血脂，而是這孩子上朝時不方便，於是送了他一頂轎子，這夠溺愛了吧。

李承乾被廢後，李泰感覺機會來了，他對李世民說：「如果讓我做太子，我一定會殺掉兒子，把皇位傳給李治。」他這麼說是想傳遞兄友弟恭的資訊，以此來安慰李世民的心靈創傷。可李世民是什麼人？自己就是親手殺死兄弟才上位的，對於兄弟、父子的感情順序，沒人比他體會得更明白。李泰說殺子傳弟，騙鬼去吧。最寵愛的兒子，終究靠不住。

長孫皇后的三個兒子中，只剩下年紀最小的李治了。這孩子從來不爭不搶，表現得最沒有心機，要不就他吧。李治做太子，大家都能接受。首先，他是李世民的嫡子，在法理上也能說得通，可以堵住天下人的悠悠之口。

其次，他是長孫無忌的外甥。長孫無忌不僅是母族勢力，而且是開國功臣的代言人，只要得到他的認可，就能在朝堂上站穩腳跟。

最後是李世民能接受。他一輩子殺伐果決，又在玄武門殺兄逼父，一輩子打下萬里江山，內心最缺乏的卻是家族親情。

李承乾發動政變謀反，李泰為了太子位不惜詆毀兄弟，甚至還承諾殺掉兒子，無疑是在李世民的傷口上再捅一刀。此時的李世民最需要的是溫情和孝順。雖然李治懦弱，但李世民沒有更好的選擇，只能冊立李治為太子，將來繼承大唐皇位。李承乾和李泰爭鬥多年，最終卻便宜了李治。

5

在帝制時代，太子是利益爭奪的焦點。除了表面上的嫡長子繼承制，暗流洶湧下的潛規則其實也有跡可循。強大的母族、自身實力、妥協機會，這三項基本條件符合的條數越多，越有機會做太子，將來保住皇位的機會也越大。

姬宜臼、劉盈、劉琮只有母族勢力，自身實力並不強，最終都淪為母族操控的玩物，結局都不太好。李世民則是三條盡占。他的母親出身於關隴門閥的核心家族，這條關係對於獲得關隴門閥的支持至關重要。自身實力就不必說了。至於妥協機會，李世民殺掉兄弟後，他還有其他競爭對手嗎？沒了。而李治、李隆基各只占了兩條。

話說回來，太子其實是一個危險職業。能當上太子很難，想保住太子位更難。表現優秀的，皇帝不放心；表現不好的，能力不行，皇帝和大臣更不放心，這太難了。

　　這種事情其實也得看機緣，得到了就好好做，得不到也不強求。康熙皇帝的兒子爭了一輩子，大部分都落得幽禁而死，榮華富貴如水東流。李成器知道爭不過李隆基，果斷放棄，反而終生榮寵不斷，每年過生日時，李隆基都要親自到府裡慶賀；宮裡有什麼好東西，也總有一份給李成器。他不僅生前受封寧王，死後還得到「讓皇帝」的謚號。這麼一對比，還挺有意思。如人飲水，冷暖自知吧。

李世民：統一戰線是個寶

1

劉邦能得天下，是和諸侯搞好了統一戰線；項羽失敗，是沒有搞好統一戰線。針對各方的不同需求，劉邦可以大體滿足各方的利益，想要地盤的給地盤，想要名氣的給名氣，想要錢的大把給錢。劉邦把大部分人團結到了自己身邊，最後在垓下滅了項羽。

歷來爭天下的，幾乎都是劉邦式的「寬厚長者」勝利，而只把目光聚焦在戰場上的一方，總是免不了兵敗的命運。其實在國與國的博弈中，這也是通用的道理，比如李世民。

唐朝能在立國不久後橫掃天下，除了本身國力強盛外，李世民在國際統一戰線上的手段也功不可沒。

2

李世民的主要對手是突厥。不過，對突厥實施統一戰線的，李世民不是第一人，但他是玩得最好的。

突厥原本是柔然汗國的奴隸部落，本部人口並不多，主要是做一些打鐵的工作，幾乎沒有出頭之日。五五〇年，突厥領袖阿史那土門不幹了，他扔下工具帶著族人造反。沒想到，表面強大的柔然汗國一觸即潰。接下來突厥打敗、合併了鐵勒各部五萬餘帳，迅速變得強大起來。阿史那土門帶著部落四面出擊，僅用五年時間就征服了蒙古高原，替代柔然成為新的草原大哥。

怎麼就如此快速呢？其實草原爭鋒向來如此，每個部落的人口都不多，只要在戰場上取得勝利，就能讓其他部落前來投靠。打一仗就拉一些人，慢慢地，勢力對比就越來越明顯。等到所有部落都出現從眾心理時，強大的柔然汗國也就結束了。到頭來只是換了統治部落，其他都沒變。唯一的區別就是，先入股突厥的鐵勒人，最後成為突厥本部，享受最上層的待遇和地位。

到隋文帝年間，突厥已經分裂成東、西兩部分，但實力都很強大。五八七年，東突厥都藍可汗繼位。隋文帝馬上支持前可汗之子、都藍可汗的弟弟突利造反，並且派人致以親切的問候，結果突利失敗了。隋文帝又說：「來河套吧，我養你。」於是，隋文帝封突利為啟民可汗，在水草豐美的河套建國。這就等於花錢培養鄰國的核心人物成為自己的老朋友，然後有機會再送回去掌權。

為了讓啟民可汗成為真正的老朋友，隋朝不惜親自站臺，為啟民可汗壯聲勢。比如楊素打敗突厥後，把繳獲的人口和牛羊還給啟民，甚至經常舉辦國宴，讓草原各部看到兩家的親密關係。沒過幾年，草原各部落陸續歸附到啟民可汗的麾下。從此以後，啟民可汗年年朝貢，兩家關係一直很融洽。

隋朝親手培養了一個老朋友。

那麼回頭來看，既然隋朝能對突厥搞統一戰線，突厥是不是也能對隋朝進行分化瓦解呢？還真是這樣。

啟民可汗去世後，他的兒子咄吉繼位為始畢可汗。隋煬帝想扶持他的弟弟，結果玩過火了。始畢可汗很生氣，後果很嚴重。六一五年，趁隋煬帝北巡時，始畢可汗把他圍在雁門郡一個多月。直到各路勤王兵馬趕來，始畢可汗才解圍而去。對了，當時李世民也在其中一支勤王隊伍裡。

後來，隨著中原大亂，突厥扶持起一批代理人。定楊可汗劉武周、大度可汗梁師都、平楊天子郭子和、竇建德、王世充等諸侯都向突厥低下了頭。就連李淵起兵時，也曾向突厥稱臣。

突厥的本意是讓中原諸侯內鬥不休，這樣才能分而治之，讓突厥得到最大的利益。大國博弈，都有類似的套路。只是突厥沒想到，唐朝迅速完成內部統一，然後轉頭向北，專門對付「戎狄熾強，古未有也」的突厥汗國。看來，李世民也即將登上「天可汗」之路。

3

李世民剛在玄武門殺兄逼父之後，突厥的頡利可汗就跑來打秋風，想看看能不能占點便宜。

頡利是啟民可汗的兒子，始畢可汗的弟弟。他帶著二十萬人來到渭河以北，看起來烏壓壓一大片，把四十里外的長安百姓嚇壞了。

李世民說：「不怕。」他布置一些疑兵，親自帶著幾個人到渭河南岸和頡利可汗面對面談判：「不就是要錢嘛，給你就是。如果你想進長安，不妨試試。」

一番心理戰之後，頡利可汗慌了。突厥看起來龐大，其實是眾多部落的聯合體，可汗並不能一意孤行。其他人看到有錢賺，還拚什麼命啊，千里打仗不就為錢嗎？於是，在心理戰、現實利益的作用下，李世民實施了大智大勇的「空城計」。

接下來，李世民開始推行統一戰線。還記得前邊的始畢可汗嗎？他有個兒子，由於年紀小沒能繼承汗位，後來被叔叔頡利可汗封為突利可汗，分管東北一帶。

汗二代年輕氣盛，不把屬下部落放在眼裡，到處亂收錢，於是很多部落跑到唐朝生活。人口就是資源，怎麼能讓他們隨便跑呢？叔叔讓他追回來，結果小夥子又打了敗仗，頡利可汗氣得把大侄子吊起來毒打了一頓。

突利可汗很生氣，給李世民寫信：「我認你當大哥，讓我去長安吧。」李世民回信：「來，封你為北平郡王。」就這樣，李世民輕而易舉地拉攏到了老朋友，首戰功成。

李世民的第二個老朋友來自西北。西突厥的領土內有一個部落叫薛延陀，有部眾三十多萬，實力比較強大。六二八年，西突厥的政局有點亂，薛延陀的領袖夷男帶領部眾向東遷徙，臣服於東突厥的頡利可汗。

但此時的頡利有點不順。自從做可汗以來，他經常號召部落到長城附近搶劫，搞得大家有苦難言，不僅死傷太多，而且畜牧生產也沒搞好。雖然大家都愛錢，但也不能用命去換啊。而草原經濟基本依賴牛羊，一旦遇到惡劣的氣候環境，牛羊就會大片死亡，各部落只能喝西北風。很不幸，從渭河回來的當年，突厥就經歷了大暴雪。牛羊大量死亡導致人心惶惶，再加上眾多部落不服頡利，一個火藥桶只等引爆。

所以，東歸的夷男發現，東突厥也不行啊，那就造反吧。這中間的時間差很短，基本是夷男剛剛投奔，發現突厥內部有矛盾之後就立刻造了反。

和突厥的祖先一樣，薛延陀的夷男造反事業也很順利，那些部落紛紛跑到夷男的帳下，磕頭認大哥。速度之快讓夷男有點不知所措：「我只不過想做一點微小的工作而已，完全沒想做你們大哥啊。」

此時的薛延陀已經占據漠北，大致就是貝加爾湖一帶。於是東突厥就成為夾心餅乾，被大唐和薛延陀夾在中間。

李世民的消息很靈通，他趕緊派人送信到漠北：「夷男，你很適合做草原的大哥呀，來，我封你為真珠可汗。」外來戶夷男為了震懾其他部落，就這麼做了大唐的帶路黨。

對李世民來說，六二九年是豐收的一年，突利入朝，夷男帶路，頡利政局不穩。李世民抓住機會，讓李靖帶兵北伐，第二年三月就生擒頡利可汗。經此一戰，曾經威風赫赫的東突厥煙消雲散。

4

漢武帝和匈奴打了幾十年，打到海內空虛也沒有取得完全勝利，李世民只用短短四年時間就打垮東突厥。倒不是說漢武帝不如李世民，這其中有一個時間線的問題。漢武帝的時代對世界的認識還比較淺，對匈奴情報掌握得也不充分。但漢武帝懂得統一戰線。他剛繼位不久，就派張騫出使西域，到處找匈奴的敵人做小夥伴，只是大月氏不願意打仗，才不得已硬扛。

到李世民的年代，中原已經和草原來往了幾百年，大致情況也瞭解清楚了，而關隴貴族中又有很多鮮卑人，對草原部落的習性也瞭解。再加上隋朝的暖場表演，李世民根本不必硬打突厥，而是和突厥可汗的敵人統一戰線，在一堆引路者的配合下，一招制敵。

這也是大國外交的前提。正所謂敵人的敵人就是朋友，找到敵人的主要敵人，摸准他們的需求，逐漸發展成自己的朋友，合眾人之力，往往可以事半功倍。

但是，曾經的朋友也可以是如今的敵人。

李世民滅了東突厥之後，把草原各部安置在邊境的州縣，或者設立都督府，讓他們繼續做大唐的屏障，有軍事行動時繼續做引路者。此時的草原是薛延陀獨大，於是薛延陀就繼承東突厥的地位，成為大唐的主要敵人。

六四三年，夷男想給李世民做女婿，派人來求婚。房玄齡說：「還是要準備軍事打擊，玩虛的沒用。」李世民說：「當然要打，但是不急，我們要等待有利時機。」於是，大唐定計要打仗，表面上卻依然笑呵呵地說歡迎，還約定在靈州請夷男吃飯。夷男帶著人馬經過沙漠時傷亡不小，李世民立刻收回請柬，吃飯免了。不久後，夷男的聘禮到了，由於路途艱險損失不小，李世民便趁機說：「明顯不誠心，悔婚。」

兩年之後，夷男去世，年輕的新可汗排斥老臣，搞得大家人心惶惶。李世民馬上派兵馬分道北上，並且親自到靈州給軍隊加油打氣。在唐軍的兵威之下，回紇、拔野古等部落紛紛投降，掉頭和唐軍一起向北，滅掉老大哥薛延陀。

那些看上去輕鬆取得的勝利，往往是背後精心謀劃多年的結果。而政治上的統一戰線，對軍事戰鬥來說，屬於降維打擊[15]。有的人明明在戰場上節節勝利，卻不知不覺間輸掉了一切。

打敗薛延陀之後，草原各部是心服口服，他們紛紛請求修建一條「參天至尊道」，作為朝拜天可汗的大道。

看看李世民做得多好，這就是高手。

15 編按：「降維打擊」最早出自中國小說家劉慈欣的科幻小說《三體》之中。原意指攻擊目標本身所處的空間維度，使其降低，讓目標無法在低維度空間中生存，從而毀滅目標。

社交關係是階層的遮羞布

1

縱橫魏、晉、隋、唐的門閥士族到底是怎麼消失的？很多人都說：因為有了科舉制啊。其實不是。隋唐時期依然是正經的士族社會，寒門能通過科舉制出人頭地的寥寥無幾，即便是「漏網之魚」也會被人看不起。

寫「海上生明月，天涯共此時」的張九齡，早年間考中進士，在唐玄宗時官至宰相，文壇政界兩開花，很成功吧？可有次唐玄宗和他聊天，他就把天聊死了。

唐玄宗和藹可親地問：「你什麼家庭啊？」張九齡有點慌：「臣……臣的祖父是錄事參軍，父親是縣丞，也算殷實人家。」唐玄宗說：「哎，不就是寒門嘛，你直說呀。」

然後又聊起親戚、兄弟、朋友圈……張九齡被問得一句話都說不出來，出宮後是渾身冷汗、臉色煞白。為什麼？雖然張九齡出生於中產階級，但在皇帝和門閥士族眼中，他只是寒門。士族從骨子裡就看不起他，他也自慚形穢。

就算中了進士，你也進不了人家的圈子。維繫士族門閥、上流社會和階層的紐帶就是社交關係，社交關係決定了他們的前途。

2

隋、唐的科舉制度問題很多。隋文帝當皇帝後，發現「九品中正制」都被玩壞了。幾百年來，朝廷官員基本是根據門第、關係來推薦的，魚龍混雜。

於是，他對大臣們說：「你們推薦的人到底有沒有本事，咱也不知道，那就通過考試來篩選吧。」這便是科舉制的雛形。這和明、清的科舉有很大的不同。此時的科舉是先進行推薦，然後再通過考試來過濾，所以還是在小圈子裡玩。唐朝時，參加科舉的對象擴大到學校、地方，但也有一個漏洞：不糊名。

我們考試會在卷子上填寫考號、名字、班級等，唐朝是在卷子上寫名字、住址、祖上官職……這樣的話，閱卷老師一看就明白了：自己人當然錄取，不認識的自然落榜。黃巢同學屢試不中一點兒都不冤，你一介私鹽販子，人家才不跟你一起玩兒呢。

為了進入考官的視野，唐朝人會在考試前去長安活動，把自己的詩集和家譜送給考官，以求關照。要不然，「干謁詩」[16]是怎麼來的呢？

在這種體制下，科舉只是門閥士族的調節器、篩選機，只能起到內部淨化的作用，與廣大人民群眾是無緣的。

舉個例子吧。「關隴八柱國」[17]有一個叫于謹的人，和李世民、楊廣的爺爺都是親密戰友。到了晚唐，他有一個後代叫于琮。于琮有能力、有志向，卻一直得不到重用，每天都過得很鬱悶。正好，唐宣宗要選女婿，祕書監鄭顥就說：「我知道你很棒，但是你得先進核心圈子啊。不如你先當個駙馬如何？」于琮一口答應了下來。

---

16 干謁詩是古代文人為推銷自己而寫的一種詩歌，類似於現代的自薦信。

17 編按：西魏時期受封的八位柱國大將軍。

於是，鄭顥讓他去參加科舉，然後和考官打招呼：「他以後是駙馬，多多關照啊，拜託了。」後來于琮中進士、娶公主，最後官至大唐宰相。

科舉制消滅門閥士族了嗎？沒有的事。他們在科舉的幫助下，生活得更美好了。

3

朝廷用科舉來選官，也迫使門閥士族更注重學業，畢竟詩文寫不好，家世再厲害也沒用。彼時，優質教育資源基本集中在長安和洛陽。離長安、洛陽越近的地方，越能享受到名師、教材、學風的紅利。如果出生在福建、遼東、廣西之類的地方，讀書就很吃虧了。而長安又是首都，更勝洛陽一籌。

在這樣的環境下，大家族紛紛離開故地，來到長安定居，一方面積極向權力中心靠攏，另一方面謀劃子弟的學業前程。太學、國子監、四門學等名校都在長安，就算名額有限，能交個朋友也好啊。

而此地最有名的是「五姓七家。」趙郡李氏，乍一看還以為是河北人，其實他們從唐朝中期就舉家搬到關中了，和河北趙郡沒有半點兒關係。滎陽鄭氏、清河與博陵崔氏、范陽盧氏的族人，但凡能做到高官的，也基本定居河洛地區[18]，留在家族故地的都是沒出息的。

4

長安和洛陽匯聚了大半士族。「安史之亂」後，關東逐漸進入藩鎮割據的模式。為了保護生命財產和學業前程，愈加促使門閥士族向河洛地區遷徙。到了晚唐，關東藩鎮已是平民和軍人的天下。

[18]「河」指黃河，「洛」指洛河。河洛地區是唐朝的經濟、政治和文化中心。

門閥士族集中在長安有什麼好處呢？他們早已放棄了地方的根基，把身家性命和朝廷命運捆綁在一起，讓門閥士族和朝廷成為利益共同體。

地方則是平民和軍人的樂園，所以在晚唐藩鎮割據的歲月，只有藩鎮兵變、平民造反，絕對沒有門閥士族推舉一個司馬懿出來，分一杯羹。時代不同了，保護朝廷、保護長安，就是保護士族自己。

士族的朝廷、平民的藩鎮，再加上統領禁軍的太監，組成了晚唐的鐵三角，讓大唐在「安史之亂」後繼續生存了一百五十年。

在這一百五十年中，門閥士族反而迎來了第二春。趙郡李氏出了十七個宰相，滎陽鄭氏號稱「鄭半朝」，清河崔氏有十位宰相……而在盛唐前期，朝堂沒有過他們的位置。

既然早已放棄了地方根基，門閥士族維持地位的唯一方式就是社交關係。這是保護傘，也是最後的遮羞布。在一個圈子裡，大家互相提攜、互相幫助，就算有困難也不要緊，打個招呼就能中進士，長安依然是他們的天下。只要社交關係在，他們就不會掉落階層。

可如果他們的朋友圈不存在了呢？

5

唐朝的長安歷經多次屠殺。「安史之亂」爆發，唐玄宗著急跑路，只帶了和自己親近的王爺、公主，留在長安的宗室，大多被叛軍屠戮。皇家尚且如此，何況臣子。無數大臣、豪族都沒有逃脫叛軍的屠刀，門閥士族在這場戰爭中元氣大傷。不過還好，剩下的倖存者依然可以把斷裂的朋友圈重新連接，開啟晚唐輝煌的大門。

然而真正的絕殺，來自黃巢之亂。看看《資治通鑑》的記載：「黃巢殺唐宗室在長安者無遺類……

巢復入長安，怒民之助官軍，縱兵屠殺，流血成川，謂之洗城。」大唐宗室只要留在長安的，一個不留，滿朝公卿和門閥士族也被殺得人丁大減。迎娶廣德公主的于琮，就死在此時。

這些事都被詩人韋莊寫在了《秦婦吟》中：

家家流血如泉沸，處處冤聲聲動地。
舞伎歌姬盡暗捐，嬰兒稚女皆生棄。
……
華軒繡轂皆銷散，甲第朱門無一半。
含元殿上狐兔行，花萼樓前荊棘滿。
昔時繁盛皆埋沒，舉目淒涼無故物。
內庫燒為錦繡灰，天街踏盡公卿骨！
……

當維繫社交關係的人都大半被殺之後，朋友圈也就散了。更重要的是，在一片大亂中，門閥士族的譜牒也丟了。沒有譜牒，活下來的人都成了個體。這個人到底是叔叔還是二大爺，大嬸是哪家的，親戚都有誰，完全搞不清楚。社交網路，斷得一乾二淨。

從此以後，門閥士族的倖存者再也不能恢復社交網路，重新搭建起自己在長安的平臺，只能維持生存。

九〇五年，朱溫在白馬驛殺死朝臣三十餘人，並且投入黃河，倖存下來的門閥士族骨幹也退出了歷史舞臺。

6

君以此興，必以此亡，門閥士族依靠社交關係興旺了九百年，最終又在時代的變遷中，因為社交網路斷裂而消散。從表面上看，他們是敗給了黃巢的屠刀，實際上，他們是敗給了時代的進程。

門閥士族在晚唐的社交關係，是寄生於朝廷的軀體之上，一榮俱榮，一損俱損。當社會秩序崩塌、平民崛起，他們再也不能像祖先一樣，在亂世中重振家業。這就是歷史的進程。

在唐朝立國時，他們的家族決定放棄故地、遷往長安時就已經決定了。而那時，他們還有別的選擇嗎？似乎沒有。

杯酒釋兵權：一群戲精的表演

1

九六一年七月，東京汴梁，三十五歲的趙匡胤在散朝後，單獨留下石守信、高懷德、王審琦等禁軍將領，相約一起聚聚。大家都很開心，一壇壇精釀美酒端到了桌上，老哥們回憶起激情燃燒的歲月，都不勝感慨。是啊，一群當兵的，怎麼就成了開國元勳呢？

趙匡胤端著酒杯在憧憬未來：「哎，如果有人把黃袍披在你們身上，這可怎麼辦？」完了，完了，這頓酒不好喝啊。石守信等人趕緊放下酒杯：「陛下，你說怎麼辦就怎麼辦吧。」趙匡胤趕緊說：「你們趕緊辭職吧，回老家多買點房子、囤點田，去過逍遙日子吧。」就這樣，一群死人堆裡滾出來的禁軍將領，乖乖地卸甲歸田了。

自安史之亂以來的藩鎮割據，被趙匡胤一句話就平息了。按照歷史書上的說法，這叫「杯酒釋兵權」，表達了將領的忠君愛國之心，也體現了趙匡胤的寬厚和仁愛，反正是皆大歡喜。其實呢，都是一群戲精的拙劣表演。

「杯酒釋兵權」的背後，是「安史之亂」後持續近百年的血腥暴力，才把桀驁不馴的藩鎮勢力打壓下去。這其中的門道，趙匡胤和兄弟們都清楚得很。

2

「安史之亂」後，唐朝一直在削藩。七七九年，唐德宗繼位為帝，他的母親是電視劇《大唐榮耀》中的沈珍珠。繼位初年，他雄心萬丈地想要恢復大唐榮耀，改用兩稅法、打擊宦官、平定藩鎮……大有一番中興之氣。

兩年後，成德鎮節度使李寶臣去世。按照慣例，應該由兒子李惟岳繼承節度使寶座，統治一畝三分地。可唐德宗年輕氣盛啊，他馬上喊停。

當潛規則成為一種約定俗成的秩序時，就會有一群人趴在上面吸血。如果你想要挑戰潛規則，那你就是那些既得利益者的敵人。於是，唐德宗就成了那個妄圖割據的節度使之敵。

魏博、淄青、山南節度使聯合李惟岳，準備武力對抗朝廷。經過兩年戰爭，平叛軍隊已經節節勝利。可就在此時，有野心的節度使都慌了。如果把他們都收拾完了，那下一個是不是就輪到我們了？一起反了吧。於是，盧龍、成德、淄青、魏博四鎮節度使稱王，淮西、涇原節度使稱帝，這就是晚唐的「二帝四王之亂」。

既然是平叛戰爭，那就繼續打唄！不好意思，朝廷沒錢了。「安史之亂」前，朝廷財政本就不健康，再加上中原經歷多年戰爭，財政早已空虛。沒錢、沒糧，指望誰給你賣命呢？從此之後，唐德宗徹底萎了。早年間雄心萬丈的帝王，眨眼間變成一個葛朗台式的守財奴[19]。那幾十年，想打動唐德宗只有一個方法：送錢。誰給他送的錢多，誰就是他的心頭好、小心肝，提拔做官或者魚肉百姓都沒問題。

八〇五年，唐德宗去世，八個月後，他的孫子唐憲宗李純繼位。他給孫子留下的唯一遺產，就是多

19 編按：法國小說家巴爾札克小說《歐葉妮．葛朗台》中的人物，貪婪又吝嗇。

年貪婪積攢下的財富。這筆財富，成為唐憲宗中興大唐的最大本錢。

此後多年，唐憲宗用爺爺留下的財富，重新武裝起一支軍隊，把當年羞辱爺爺的藩鎮打得丟盔棄甲。八〇六年，西川節度使劉闢叛亂，被斬首；八一七年，李愬攻破蔡州，生擒吳元濟；八一八年，四鎮兵馬討伐淄青鎮，李師道死；八一九年，宣武節度使歸順，請求留在長安。最重要的是，完全割據的「河朔三鎮」之一的魏博節度使田弘正，主動請求歸順朝廷。

大唐中興，局面一片大好。可唐憲宗努力十五年，也把爺爺留下的財富揮霍殆盡，空虛的國庫再也經不起一場戰爭了。

八二〇年，李純去世。「河朔三鎮」再次脫離朝廷，而這次朝廷沒有餘力再去討伐，只能妥協。從此以後，唐朝再也看不到統一的希望。

3

唐朝是一個貴族社會，階級界限很嚴格。無論是法律、禮儀、社交、科舉，甚至是上升管道上，唐人明顯地被分割成貴族、平民和奴隸三個階級。想想唐朝的名人——房玄齡、杜如晦、魏徵、李靖、裴行儉、杜甫、杜牧……無一不是貴族出身，不是大貴族也是小貴族。張居正這種平民百姓，在唐朝還想做宰相？做夢去吧。

在大唐盛世，想出人頭地，只有做官一條路，然而，這條路恰恰不對平民子弟開放。但「安史之亂」後，一切都不一樣了。

首先是藩鎮。北魏「六鎮起義」之後，就有很多胡人在河北[20]定居，按照傳統來說，他們是北齊的子民和官僚。但後來的北周、隋、唐都奉行「關中本位」的政策，河北作為被征服者，除了少數貴族，大部分人都不能進入朝廷。

武則天時代，契丹入侵河北，朝廷居然都不幫忙，反而說河北人是奸細，讓他們自力更生。由於歷史淵源，讓河北人對朝廷很沒有好感，再加上唐玄宗時代的稅收、兵役壓榨，導致安祿山造反能一呼百應。而藩鎮割據後，河北人生活得更好了。節度使自行收稅，大大低於朝廷的稅率，老百姓可以留存一部分錢，用來改善生活。

節度使要治理藩鎮，就要招攬本地人才。不論是從軍，還是做吏、升官，都釋放了大量的工作機會，而且藩鎮根本沒有貴族的土壤，完全是平民的樂園。再加上唐憲宗把一部分節度使的權力下放到州，雖然削弱了節度使，但也在州的層面上開拓了很多軍政機會。這是在朝廷統治下完全享受不到的福利。

在藩鎮，平民百姓有升遷做官的機會，而在朝廷上，不是貴族，就永無出頭之日。此時，藩鎮已經產生了地域保護性質的文化。唐朝的削藩戰爭，不僅是財政的較量，也是平民和貴族價值觀的戰爭。這是藩鎮可以長久存在的根本原因。

晚唐，藩鎮和五代十國的掌權者，沒有一個出身於傳統貴族，不是兵痞就是流民，甚至還有乞丐。這些人和貴族怎麼可能站在一個隊伍裡面？

其次是財政系統。西元七五八年，「安史之亂」正進行得氣勢如虹。唐肅宗為了調集資源平叛，派第五琦擔任鹽鐵使，到揚州開展鹽業專賣。只要是壟斷行業，都是賺錢的買賣。

第五琦用十錢的價格收購食鹽，然後轉手就賣了一百一十錢，中間淨賺一百錢。十倍的利潤啊！二

20 唐代設立河北道，統轄地區包括今北京市、河北省和遼寧省大部，以及河南省和山東省黃河以北地區。

十年後，鹽業專賣的收入占朝廷一半的稅收。後來，採礦、茶葉專賣也被收入囊中，再加上長江流域的收稅權，鹽鐵使的職位和權力水漲船高，鹽鐵使機構成為龐大的財政系統。

鹽鐵使的機構幾乎獨立於朝廷的任何部門，完全不受控制。這樣龐大的系統要想正常運轉，就需要懂財政的人。他們不需要懂儒學、會寫詩，只需要學習財政稅務，就能在鹽鐵使的下屬機構中找到不錯的職位。而這些學問，恰好不被主流社會所接納。在鹽鐵使的機構中，為財政官員提供了快速上升的管道，他們互相聯姻、幫扶，結成穩定的利益共同體。

最後是宦官。一般來說，正常人不會從事這種職業，但皇宮需要大量宦官，活兒總是需要有人來做的。

晚唐，宦官也是走向人生巔峰的捷徑，尤其是「甘露之變」後，宦官在朝廷作威作福，統領神策軍，並且還可以外派到地方做監軍。

宦官藉由認父子、結兄弟的方式，形成了一股遍布天下的勢力。只要肯挨一刀，就有美好前程。

總之，「安史之亂」以後，大唐再也不是單一的貴族社會，而是為平民子弟開闢了很多上升管道，平民和貴族又在相互對抗。要想重新統一，就要把所有管道整合到一起，或者兼併，或者消滅。顯然，這是一項高難度動作，大唐的血統和價值觀都不足以完成。

4

有一首詩叫《三垂岡》：[21]

21 此詩是清代嚴遂成的作品。

英雄立馬起沙陀，奈此朱梁跋扈何。
隻手難扶唐社稷，連城猶擁晉山河。
風雲帳下奇兒在，鼓角燈前老淚多。
蕭瑟三垂岡下路，至今人唱《百年歌》。

這首詩寫的是後唐的李克用、李存勖父子，讓人對英雄暮年不勝感慨。

李克用一生征戰，卻死都不能出河東。他的兒子李存勖是軍二代、霸道總裁、曲藝學者，在亂哄哄的五代十國，是最有希望完成統一的人選。可李存勖最終也身敗名裂。歐陽修在編《五代史》時，還專門寫了一篇《伶官傳序》，把李存勖狠狠黑了一把：「同志們，千萬別玩物喪志啊！」

歐陽修沒看清問題的關鍵：玩物喪志只是表面原因，李存勖失敗的根源是藩鎮對統一的反撲。彼時，宦官和神策軍早已煙消雲散，江南的財政系統也被十幾個小國瓜分，只留下總部帶著骨幹隊伍回到北方，和戶部、度支使合併為三司使，進入宋朝更是成為計相。

只要掃平藩鎮，統一大業指日可待。而藩鎮中最能鬧事的，是魏博鎮[22]。要說魏博鎮的歷史淵源，那是由來已久。七六三年，史朝義的舊部田承嗣投降朝廷，被封為魏博節度使。從此以後，雖然節度使家族更換過幾次，但魏博鎮一直都是釘子戶。歷代節度使都會招募精壯做牙兵，用來駕馭軍隊。久而久之，魏博鎮最有權力的反而是牙兵，晚唐年間就有「長安天子，魏博牙兵」的說法，可見權勢熏天。

九一五年，後梁皇帝朱友貞想把魏博鎮一分為二，這樣既可以削藩，又能加強朝廷力量。魏博鎮馬

22 魏博鎮位於今河北大名一帶，屬唐朝河北道。

上反叛，投降李存勖。

只為自己謀福利，不顧朝廷和大局的死活，這就是唐末五代的藩鎮。他們早已從平民的階梯，變成邪惡的怪獸。

出賣後梁，只是魏博鎮的常規表演。李存勖帶領魏博牙兵東征西討，八年後終於滅掉後梁，重新恢復大唐江山。

坐在皇位上，李存勖驀然發現：「不對勁啊。」當然不對勁。以前自己就是藩鎮，當然不會用戰略眼光看問題，現在做皇帝了，對隨時都能挑戰自己的藩鎮討厭得很。

後人總說：「李存勖昏頭了，派戲子做官。」可從另一個角度看，他派身邊人去地方做官，未嘗不是向藩鎮奪權，為將來建立集權朝廷做準備。

就在李存勖準備用戲子抓權的時候，魏博牙兵出來表演了。他們在大本營魏州發動兵變，又把前來平叛的大太保李嗣源擁立為帝，最終逼得李存勖縱火自焚。李存勖只是敗給歷史慣性而已。

然而，魏博牙兵也沒有什麼好下場。九二七年，後唐明宗李嗣源花重金收買牙將，把牙兵和家屬在一夜之間斬殺乾淨。史書重點記載了魏博鎮的命運，遍地藩鎮逃不過被誅殺的結局。經過一次次淘汰，大部分藩鎮在血腥屠殺中消失。

5

五代十國中，有四個朝代出自河東一脈。後唐、後晉、後漢、後周，都曾是李克用和李存勖的麾下，他們數十年征戰平定了北方，也用屠刀剷除了藩鎮。可他們自己也是藩鎮，怎麼辦呢？只能自我淨化。

首先是層出不窮的叛亂。節度使安重榮曾說：「天子，兵強馬壯者當為之，寧有種耶？」意思是，兵強馬壯就能當皇帝，哪有什麼血統。

每當心意不能得到滿足時，節度使就起兵造反。失敗不用說，兵馬、妻妾、財富全部被瓜分，藩鎮敗落。但如果成功了呢？就去洛陽和汴梁當皇帝吧。

其次，每次改朝換代的勝利者，都會把自己的精銳軍隊改編為禁軍，以強化首都的軍事力量。李存勖稱帝後，就把河東舊部升格為禁軍，還吸納了河朔藩鎮的精銳、後梁禁軍。

李嗣源稱帝，把自己的嫡系也編入禁軍。後來的石敬瑭、劉知遠、郭威等人，無不是自藩鎮入主中樞。他們進入汴梁的同時，也把嫡系帶入禁軍，順便接收前朝禁軍。

幾十年後，藩鎮的精銳部隊基本都成為朝廷禁軍，直接導致後周末年的藩鎮一個能打的都沒有。正是有這樣的禁軍基礎，才會有柴榮改造禁軍的機會，也才有趙匡胤在禁軍中爬升的平臺。

最後是成功人士都向汴梁集中。隨著歷次兵變和改朝換代，失敗者都化作黃土，勝利者則追隨皇帝進入汴梁朝廷，成為時代的佼佼者。那個時代，軍人就是社會精英。

當軍人、軍官和家屬都遷徙到汴梁後，地方上的人才也會急劇匱乏，想搞事情也拉不起隊伍。到此時，藩鎮才算是真正被馴服。

從來沒有什麼一蹴而就，都是時間的沉澱。柴榮時代的禁軍和朝廷，集合了北方的精英人才，才能成就其威名。而這一切，都讓趙匡胤繼承了。

6

終於輪到趙匡胤上場了。趙匡胤算是五代末期的典型代表。他在郭威麾下當兵，又跟隨造反大軍殺回汴梁，後來進入禁軍系統。在這個五湖四海的大家庭中，他結交了一幫當世精英。這也是當時藩鎮青年精英的人生軌跡。

既然禁軍已經成為朝廷最強大的力量，也是最核心的晉升平臺，那麼藩鎮還有什麼吸引力呢？因為此時出現了兩個問題：一，藩鎮再也沒有力量來挑戰朝廷的權威，只要敢造反，一定會被強大的朝廷禁軍撲滅；二，如果遇上軟弱的皇帝，禁軍將領很適合兵變。

柴榮去世後留下孤兒寡母，趙匡胤直接在陳橋黃袍加身。趙匡胤是一路憑軍功升遷的悍將，能打又會做人，石守信、王審琦等將領又有誰是他的對手？所以當趙匡胤「杯酒釋兵權」時，其實他們沒有選擇。況且只是離開禁軍系統，到地方工作而已，地位、待遇都給足了，一旦戰爭爆發還會被召回，也算是當時正常的工作調動。

如果換作是柴榮，應該也會成功的。所以啊，「杯酒釋兵權」看起來是趙匡胤英明神武，其實是兩百年來無數人努力換來的。這份功勞簿上，還有唐德宗、唐憲宗、朱溫、李存勖、李嗣源、石敬瑭、劉知遠、郭威、柴榮……甚至還有黃巢、魏博牙兵。而趙匡胤，只是最後一個摘桃子的人。

7

藩鎮的問題解決了，就真的天下太平了？沒有的事兒，還有一個接班人的問題。既然趙匡胤是禁軍悍將，可以在柴榮去世後鑽漏洞，把七歲的小皇帝拉下馬，那麼趙匡胤去世後會不會也有人這麼做？不是沒這種可能。

如果仔細歸納一下就會發現，黃巢起義之後，從來沒有少年天子能坐穩皇位的，他們只會被驕兵悍將拉下馬。只有接班人有自己的嫡系，他們才有活命機會。石重貴（後晉出帝）不行，劉知遠（後漢高祖）開開心心入汴梁；劉承佑（後漢隱帝）控制不了朝廷，郭威（後周太祖）就敢黃袍加身；柴宗訓（後周恭帝）年紀小，趙匡胤陳橋兵變。

對於這一切，趙匡胤非常清楚。為了保住趙氏江山，他只能選擇自己的弟弟趙光義。反正都是趙家人，肉爛了也在一個鍋裡。子虛烏有的「金匱之盟」要求趙家人兄終弟及，也是這個意思。

九六〇年，趙匡胤登基，馬上開始培養弟弟，先是封弟弟為殿前都虞侯，參與禁軍管理，又加封為宰相、開封府尹，最後封為晉王，位居宰相之上。一切都是讓弟弟培養嫡系，將來保住趙氏江山。

而他的親生兒子，卻晉升緩慢，最後被親愛的叔叔拿捏得死死的。只能說，趙匡胤對得起家族和弟弟，趙光義卻對不起哥哥。

趙光義繼位後，也是按照這條路培養兒子。十六歲時，宋真宗被封為宰相；二十七歲出任開封府尹，逐漸建立了自己的勢力；三十歲時，才能繼位稱帝。此時，宋朝已建立三十八年。從「安史之亂」開始的藩鎮割據、皇權不振、驕兵悍將等現象，此時才算正式結束。算算時間，整整用了兩百四十年。

8

「杯酒釋兵權」從來都不是單一事件。在兩百多年中，無數陰謀、背叛、殺戮、戰爭在中國大地上演，把人性之惡展現得淋漓盡致。在那個時代，沒有人敢憧憬明天。

同樣是在黑暗時代，趙匡胤卻反其道而行之。他沒有用陰謀、屠刀等手段，而是開誠布公地談判，和曾經的兄弟推心置腹，達成相互諒解。這就是一種人格魅力。

趙匡胤的溫柔，不僅是黑暗時代的亮色，也給宋朝留下一抹人性的光輝。或許，宋朝的風度也由此而來。

八旗：清朝興亡的密碼

1

電視劇《走向共和》中有句臺詞：「我大清自有國情在此。」後來，這句話也被玩壞了，什麼東西都往裡套，成了任人打扮的小姑娘。

其實，清朝最大的國情就是八旗。一六〇一年，努爾哈赤的造反事業已經小有成就。為了管理麾下的眾多人口，努爾哈赤參照祖先的猛安謀克制，以三百人為一牛錄，五牛錄為一甲喇，五甲喇為一固山，把滿人整編起來。

固山就是旗，分別以黃、紅、藍、白為標誌。每個旗都是政治、經濟、軍事的結合體，平時組織人民群眾生產物資，戰時抽調男丁出征。旗主都是努爾哈赤的親戚。

一六一五年，努爾哈赤的事業大幅度擴張，麾下軍隊已經有五、六萬，人口也有數十萬，原本的四旗正式擴編為八旗，四個純色旗，四個鑲邊旗。幾乎所有的滿洲人口、軍隊、財富都被八旗囊括。也就是說，八旗相當於滿洲的國家制度，和中原的郡縣制差不多。

努爾哈赤頗有民主精神，他怕子孫不夠英明神武，會利用強大的領袖權力禍國殃民，於是就把權力分給八旗主。

比如選舉：每個接班人都必須從旗主中選舉產生，一旦不能讓大家滿意，八個人開會投票就能把大汗選下去。

比如財富：每當繳獲戰利品，都會平均分成八份，每個旗主各領一份，回去以後再分給手下人。國家需要用錢時，也是八旗分攤。

努爾哈赤的八旗其實就是分封制。每個旗主都有絕對的權力，旗內的軍隊、官員也把旗主視為君王。他們首先忠於旗主，然後追隨旗主效忠大汗或皇帝，一旦旗主想煽動政變，旗員也只能追隨……

不過，努爾哈赤的美好幻想一天都沒有實現過。從他去世起，旗主就開始爭奪大位。他的八子皇太極征戰多年，身兼兩黃旗的主子，依靠強大的實力把其他人制得服服帖帖。等他去世後，多爾袞、多鐸、豪格、濟爾哈朗等人又來搶位子。直到一六四四年，多爾袞帶著八旗入關爭天下，巨大的成就和名望讓他的正白旗實力大漲，成為八旗中的大哥。他把正藍旗降入下五旗，升正白旗入上三旗。後來多爾袞去世，順治皇帝奪走「上三旗」的統治權，而我們熟悉的八旗也基本定型。

2

清朝能夠定鼎江山，幾乎都是八旗的功勞。八旗的組織方式，遠遠超過草率的明末各路諸侯。那些最早投降的漢人，可以編入漢軍旗。這樣一來，清朝可以把投降的漢人在內部消化。通過編牛錄、賞爵位等方式，逐漸把所有力量凝聚在一起。因為八旗的組織方式可以聚集一切資源，多爾袞才能「空國而來」，在山海關迎戰李自成。

漢人太多，消化不完怎麼辦？簡單。清朝額外設立綠色旗幟，授予大規模投降的漢人軍隊，統稱為「綠營」。八旗和綠營就是清朝的支柱。這種對資源的組織、調配方式，李自成怎麼能比得了？至於南明的江北四鎮和將領左良玉之流，都是純粹的軍閥，更沒法比。清朝能統一江山，真不是偶然。

那麼滿洲人口少，漢人為什麼要投降呢？不是漢人骨頭軟，是真的打不過啊。漢軍旗和綠營都是獨立的個體，除了八旗，沒有組織能夠把他們凝聚起來。一旦漢人「反清復明」，就變成小個體面對整個八旗，而且朝廷可以對漢軍旗進行分化瓦解，讓他們聯合不起來。內外敵人，都被八旗的車輪碾壓。

在和張獻忠義子李定國以及鄭成功打仗時，八旗都不需要親自上陣，衝鋒在前的往往是漢軍旗和綠營，滿洲八旗的任務是督戰。用團結的八旗坐鎮大營，一方面督促漢軍出戰，另一方面防止漢軍造反，這種方式和蒙古人如出一轍，再加上軍閥「能撈錢就不打仗」的本色，清朝迅速坐擁天下。

3

八旗在清朝是什麼地位？國中之國。

清朝初年，朝廷派八旗到省會、要害處駐防，形成一股遍布天下的監督力量。他們在城市中劃出一塊地方，不允許漢人出入，專供滿人居住，叫作「滿城」。再加上「跑馬圈地」和搶劫殺戮，八旗迅速建起赫赫凶名，還順便積累了大量的土地和財富。

八旗是政治、經濟、軍事合一的組織，那麼全國的滿城、旗人、土地、財富的分配權，最終都集中在了旗主之手，然後再集中於皇帝。

而滿洲傳統又有奴隸制的餘溫。理論上來說，所有滿人都是皇帝的奴隸，皇帝對八旗內的一切都有處置權，於是就形成了這樣一種局面：皇帝通過對八旗的改造樹立絕對權力，然後又把中原的財富、土地、人口納入八旗之中，讓其無限地膨脹，最後皇帝通過八旗來統治全國。

渙散的漢人在八旗面前無能為力，但同時又讓滿洲八旗充滿危機感。滿漢互相制約，達成一種微妙的平衡。強大的八旗也給予皇帝登峰造極的權力。於是，滿洲旗人匍匐在皇帝腳下口稱奴才，漢人大臣在朝堂戰戰兢兢兩百年，文字獄也搞得熱熱烈烈。

明朝的正德皇帝出北京都要被罵，萬曆皇帝更是一輩子蝸居在皇宮。在清朝，這些都是不存在的。康熙爺帶著軍隊全國跑，經常微服私訪。乾隆爺六下江南，花費了無數銀子，賞了大明湖畔的旖旎風光，非但沒有留下罵名，還莫名其妙地成了無數小吃的代言人。這些事放在其他王朝，想都不敢想。

在清朝前兩年裡，皇帝是八旗的主子，然後才是君王；清朝是滿洲的天下，然後才是中原的王朝，所以，清朝的結構相當於把八旗的範本鑲嵌在了中原的框架內。

4

康熙末年的「九子奪嫡」讓八旗元氣大傷。雍正勝出後，曾經的傷心往事讓他心有餘悸。為什麼皇子能迅速集結起小團體？原因依然在於八旗的祖制。努爾哈赤留下的分封制，讓八旗旗主共同治國，也讓旗內各級官員擁有巨大的權力。皇太極能做的，只是用武力制伏其他人，順便把旗主替換為兒子和親信，於是打破了旗主世襲制。

到順治、康熙時期，皇帝逐漸擁有旗主和官員的任命權，但也只是任命而已，祖制的慣例依舊。在旗人的潛意識中，旗主依然是主子，為主子賣命是天經地義的事情。

旗主往往由皇族擔任。康熙的皇子中，有的是親自擔任旗主，有的是旗內官員投靠，他們紛紛組建團隊爭奪皇位，鬧得沸沸揚揚。

雍正上位後發動改革。他發布一系列命令，斷絕旗員和旗主之間的隸屬關係，並把八旗人事大權收為己有，然後以中原儒學為理論，對抗滿洲傳統。從此以後，八旗不再擁有獨立勢力，而是成為管理滿人的八個部門。也就是說，分封制進化成了郡縣制。

可能是當年受傷很深，雍正對八旗有了一點抵觸心理，於是他又提升了漢臣在朝中的地位，用漢臣來制衡滿洲八旗。漢臣領袖張廷玉，曾經被許諾可以配享太廟。

在雍正年間，漢臣的地位大幅度提高，可這也傷害了八旗的利益。江山是八旗的，漢臣憑什麼分蛋糕？所以，乾隆一輩子都在號召旗人：「不要忘記傳統啊，要保持旗人的獨立性啊，不要和漢人同流合汙啊。」他的目的，就是維持八旗國中之國的地位。

可一旦大力號召某件事，恰恰說明這也是目前最缺乏的。

八旗的力量來源於獨立和團結。獨立可以聚集資源，團結則可以碾壓分散的敵人。而清朝歷代皇帝對八旗的改革，集大成於雍正之手。沒有武力和財力的支持，旗主不再有獨立性，餘下的只是一個部門官職而已。唯一具有獨立性的，只有皇帝和上三旗。這也是乾隆時代君權強大的根源。

可八旗一旦失去獨立性，成為滿洲的八個部門，這和漢人的三省六部又有什麼區別呢？從人口和品質來說，八旗沒有絲毫競爭力，被漢人吞噬只是遲早的事。乾隆盛世，已經是八旗沒落的餘暉。

5

一八五一年，洪秀全在金田起義。由於廣西窮困又有本地人與客家人的土客之爭，太平軍不能立足，於是他一路轉戰湖南、安徽，兩年後攻破南京，建立太平天國。

此時，八旗入關已經兩百多年。多年的養尊處優，讓八旗子弟早已喪失戰鬥力。可以聚集優勢資源的八旗制度，也在改革中喪失了活力。八旗已經不能靈活地調動人口和財富，也沒有多餘的空間去招降納叛。軍隊腐化，使之完全沒有實力充當督戰隊。歷史的慣性，終於讓他們迎來當頭棒喝。

在太平軍的刀鋒之下，八旗和綠營紛紛落荒而逃。朝廷不得不下放權力，讓大臣和士紳組建團練，對抗太平軍。

一八五三年，曾國藩在湖南組建湘軍，拉開近代軍閥的大幕，也為清朝滅亡吹響號角。十一年後，湘軍攻破南京，太平天國滅亡。

雖然在慈禧太后的壓迫下，曾國藩把大部分湘軍解散，但依然培養出了李鴻章、左宗棠、郭嵩燾、彭玉麟等一大批名臣。他們出任總督、巡撫，足足有四十多人。這些名臣成為晚清舞臺上的主角。而由湘軍分化出來的淮軍、楚軍以及北洋新軍，成為清朝的正規軍，也是朝廷統治的支柱。

曾經的八旗呢？他們早已放下屠刀，立地成佛，在街頭提籠架鳥，享受美好人生。八旗的國中之國依然盤踞，但它和清朝一樣，已經殘破得千瘡百孔，只需要一陣風，就會散落一地。

國中之國以外，新秩序正在建立。

曾國藩、李鴻章興起洋務運動，借用外國的機器和科技，在晚清積累了龐大的財富，也成為漢臣的聚寶盆。後來，出國留學也風起雲湧，漢人學子漂洋過海，到德國、英國、美國等發達國家，學習陸軍、海軍、工商等新技能，漢族人才庫日益強壯，他們不斷蠶食八旗領地，逐漸組建了新王國。

一八六七年，曾國藩和幕僚趙烈文聊天。曾國藩說：「現在京城中治安很差，明火執仗的搶劫案件經常發生，遍地都是乞丐，民窮財盡，可能有大事發生啊。」趙烈文淡定地分析：「天下合久必分，但清朝皇權極重……我估計，將來肯定是中樞先爛，然後各地無主，形成軍閥割據的局面。」

辛亥革命之後可不就是如此嘛。清朝依靠八旗得天下，八旗被閹割後，清朝的根基也就喪失殆盡。可八旗的強勢威脅到皇權時，皇太極、雍正的改革也勢在必行，因為他們都沒有選擇。

第二章　轉折篇

歷史的洪流，起於細小的塵埃

浩浩蕩蕩的歷史洪流，往往來自於不太起眼的瞬間。

長安是千年古都，只因氣候變化導致經濟中心向東南移動，曾經的漢唐輝煌只能埋葬於黃土之下。

大唐的開元盛世讓無數人嚮往不已，可惜被安史之亂攔腰斬斷。追溯源頭，其實是繼承自北魏的國有土地制度崩潰了。

猛烈轉折只是一瞬間，蓄勢卻用了幾百年。

天子守國門的經濟規律

1

說起明朝，常有句話：「天子守國門。」這話沒錯，但是除了宋朝以外，歷代王朝幾乎都是天子守國門。所以，這句話其實怎麼說都沒錯。

這個故事，我們從頭說起。自從「商鞅變法」之後，關中經濟實力迅速提升，曾經戎狄雜居的牧場，被改造成沃野千里的天府之國。

秦漢時期帝國的首都，其實是經濟中心、政治中心、軍事中心、地緣板塊的集大成者。朝廷只要定都咸陽或長安，就可以憑藉發達的經濟，以及優質的地理環境來制衡天下，不怕任何來自關東的挑戰，除非堡壘從內部被攻破。

但是「守國門」的意思是防備外患，秦、漢的外患在哪裡呢？西方和北方。匈奴經常從北地郡、上郡侵略漢朝，漢軍也經常從上郡出塞，這兩個郡就在如今的陝北。

彼時的陝北是水草豐美的草原，具有十分重要的經濟地位，不論匈奴還是秦、漢帝國，誰得到它就能養活龐大的騎兵。所以，秦始皇在統一天下後，修建了咸陽直達河套的馳道，確保能快速運送兵員和物資到達前線。蒙恬可以「逐匈奴七百里」，這條重要的後勤路線功不可沒。

匈奴強大以後，勢力一度延伸至河西走廊，原本自由自在的部落，被納入匈奴管轄。西方也不安全了。

定都長安的漢朝，是不是天子守國門呢？

後來霍去病向西出擊，占領河西走廊，衛青也屢次向北出塞，他和匈奴爭奪的高闕、河南都在長安正北方向。從這裡就可以看出來，秦、漢帝國的經濟、政治、軍事中心都在關中，逐水草而居的匈奴王庭也在河套以北。從長安到王庭，可以畫一條垂直線。

也就是說，當時的經濟中心靠近西邊。游牧民族紛紛在經濟中心建都，或者說只有處於經濟中心的勢力，才能獲得建都的機會。這也可以解釋一個問題，為什麼李廣總是二線部隊，他經常坐鎮北平和漁陽，明顯不重要嘛。

這個經濟規律是不會受英雄意志改變的。白山黑水間的東胡不行了，關東六國也被幹趴下了，就連百戰百勝的西楚霸王也扛不住劉邦恐怖的後勤投送。這種看似偶然的巧合，其實大有脈絡可循。

2

草原民族沒有農業和手工業，唯一的資產是牛羊，比農業還靠天吃飯。哪裡的河流多，哪裡的草茂盛，各個部落就向哪裡匯聚。為了爭奪水草，戰爭不可避免。水草的變遷，又決定了游牧部落的實力消長。經過千年的與天鬥、與地鬥、與人鬥之後，草原終於角逐出了最強大的勝利者：匈奴。

匈奴發跡於何處，已無跡可考，但匈奴祭祀的地方在鄂爾多斯，說明王庭也不會太遠。雖然王庭的游牧經濟發達，但自然資源極度匱乏。套馬大哥每天吃著烤全羊，就算沒有孜然，也得撒點鹽吧。不好意思，草原不帶這項技能。

他們不會煉鐵，導致烤羊的叉子、捕獵打仗的箭頭都沒有，於是他們只好把野獸骨磨鋒利點，湊合著用吧。

一旦漢朝搞貿易戰，匈奴就得喝西北風。
匈奴單于想改善牧民的生活，於是號召大家去搶劫——向南，越過長城，搶錢、搶糧、搶鐵、搶鹽。陝北是草原，實在沒什麼可以搶的，所以搶劫的地點集中在山西，比如雁門關、大同等地。至於河北，只是捎帶，不算重點照顧對象。
可漢武帝認真以後，把匈奴搶劫的路給斷了。怎麼辦呢？匈奴不能搶劫，還可以跟漢朝做生意。於是，匈奴用牛、羊、馬、皮做資本，和漢朝交換鹽、鐵等物資。
總體來說，這條貿易線路是順暢的。除了交戰時期會暫時關閉以外，平時都是官方貿易和民間走私同步進行。
既然是做生意，總要有交易地點吧。陝北是草原，城鎮不多，不適合商人存放貨物和擺攤。河北又太遠。於是，最佳貿易路線就設在了山西。漢朝商人帶著貨物匯聚到太原，然後繼續向北參與貿易。漢朝和匈奴雙方各取所需，維持了很多年的和平。
那時的山西是農牧交流的通道，數不清的財富沿著汾河流過，成就了太原千年的輝煌。這點和新加坡、香港很像。只要有大量資金經過，就能吸引各方人才到山西定居。而人才和資金的結合，又能帶動本地的全方位發展。
史書中山西名人很多，但處於第一梯隊的幾乎都來自第一個千年。宋朝以後，再也沒有響噹噹的山西人。比如漢朝的衛青和霍去病，三國的張遼，唐朝的王勃、王維、郭子儀、薛仁貴、狄仁傑……宋朝以後還有誰？
這些人傑的出現，其實是貿易路線的產物。錢在哪兒，事就在哪兒，人才也容易在哪兒聚集。繁榮的貿易成就實力強大的地區，所以北魏建都大同，高歡在太原成立霸府，李淵和李世民也在太原起家。與其說是英雄成就地域，不如說是地域經濟造就英雄。

當李世民蕩平突厥後，這條貿易路線在唐朝變得更加繁榮，南北方的物資在太原交換，西域的葡萄酒在山西紮根。太原也和長安、洛陽一起，進入大唐的核心城市群，幾乎所有的故事都發生在這裡。

正因如此，只有兩三萬人的沙陀部落在占據山西後，足以橫行黃河南北幾十年。五代十國中的四個王朝，都是沙陀勢力建立的。從根本上來說，趙匡胤是沙陀勢力出身，但趙光義親手終結了太原的輝煌。而在此之前，長安已經失去了首都的地位。

風流總被雨打風吹去。

3

恐怕再也沒有比長安更輝煌的城市了。主要是關中的地緣板塊太優秀了。北方是茂盛的草原，南方是四川糧倉，西方又是隴西大山，秦、漢帝國只要堅守潼關，就可以成就萬世基業。

當張騫開闢絲綢之路後，長安則是中原和西域貿易的中轉站，銅錢唱著歌、跳著舞就跑到了皇帝的兜裡。漢唐時期的長安不僅是最優秀的地緣板塊，也是連接四面八方的樞紐。如果在地圖上畫一個十字的話，你會發現長安處於最中間。這是漢、唐帝國的天賜王座。

而渭河灌溉的關中平原，又是王座的天然基石。那些樸實的農民是最強戰士；擁有萬畝良田的豪強，則是累世勳貴的軍功地主。經濟和軍事，一起撐起了漢、唐帝國的統治。

但是話說回來，成也地緣，敗也地緣。隨著定都長安的時間越長，關中越來越難以承載巨大的壓力。無數良田被貴族改造成宅基地，水利設施也荒廢日久。西漢時還沒什麼，到唐朝就出事了。曾經能灌溉秦漢帝國四點五萬頃田的水利系統，到唐朝時，只能灌溉六千頃。富裕的關中已經不能養活大唐的長安。

陝北草原也逐漸退化成黃土高坡，不僅沒有畜牧產品供應，而且不足以馴養騎兵的戰馬。

到了安史之亂以後，繁榮的河西走廊被吐蕃霸占，長安又失去了坐地收租的資格。從此以後，長安的經濟來源只有東、南兩個方向。可事實證明，東面的路也被堵死了。

說到這件事，就不得不說說隋煬帝。隋煬帝為了促進內需，大力修建了京杭大運河。這條運河北起涿郡，南抵餘杭，中間還能連通洛陽，基本把河北、江南、中原都連接了起來。所以，隋煬帝剛剛登基就遷都洛陽，目的就是要占據交通樞紐，能夠快速消化河北和江南的資源。

後來李淵為了獲取關隴門閥的信任，一定要表現得撥亂反正，於是重新定都長安，實行關中本位政策。難道就不能把運河修到長安嗎？說實話，還真不行。長安和洛陽之間是崇山峻嶺，根本沒法挖河道，而且其中的一段必經之路全是石頭。雖然僅僅幾公里，但直到唐玄宗時代都沒能鑿通。

當長安的物資不足時，唐朝皇帝只能巡幸洛陽，到物資豐富的地方「就食」[23]。李世民、李治、武則天、李隆基都做過這件事。「安史之亂」後，河北的資源徹底斷絕了，洛陽又離敵占區太近，大唐朝廷只能仰仗江南運來的糧食吃飯。有一次，江南運糧船晚點，唐德宗差點被餓死。由於戰亂和河道改遷，從江南運來的糧食和物資只能匯聚在開封，然後再到洛陽，最後才能運送到長安。

僅僅依靠四川，不足以支撐長安復興。於是，一座新興的開封城，出現在世人面前。

既然開封成為交通樞紐和經濟中心，就足以解釋歷史上的很多事情：朱溫占據開封，就能做實力最強大的節度使，並且把唐朝皇帝拉下馬；除了以復興唐朝為己任的後唐，其他四個王朝都定都開封，為的就是在經濟中心重建軍政中心；繼承後周的宋朝，也定都開封，甚至當趙匡胤想遷都洛陽時，卻被滿朝文武批評得無話可說，只好閉嘴。

也就是說，經濟中心向東移動了，西邊不再是財富匯聚的經濟中心，長安也永遠失去成為都城的條

23 指到有糧食吃的地方去。

件，只能做地域性質的省會。因此，依附於長安的太原貿易線，就不可避免地沒落了。只有洛陽離開封近，才能延續繁華。

所以我們會看到，北宋的很多宰相、將軍都來自河南，雖然不是全部，但是比例相當大，北宋末年還有岳飛出頭。還是那句話：錢在哪兒，事就在哪兒，人才也容易在哪兒聚集。

4

伴隨中原經濟中心東移，草原的經濟中心也向東移動。還記得匈奴王庭在哪裡嗎？河套和陰山附近。而比北宋早幾十年崛起的契丹，則處於內蒙古東部，離遼東和北平郡都不是太遙遠，畫一條不太垂直的線，正好可以連接開封。

游牧經濟中心的東移，再加上燕雲十六州的農業區，兩大經濟區的結合讓契丹如虎添翼。他們經常南下欺負北宋。北宋直說：「我太難了。」

北宋沒法用天子守國門，所以不得不在河北和陝西地帶屯駐重兵，以防禦契丹和西夏。大量的軍費和資源流向不同的方向，讓本來就不再富裕的朝廷更是雪上加霜，財政永遠是無底洞一般地投入。糟糕的財政，最終拖垮了富裕的北宋。

其實，苗頭在唐朝已經出現了。武則天經常和契丹開戰，唐玄宗時代更是瘋狂地在東北、西北打仗，最終發展出河西、范陽兩大軍事集團。安祿山出自東北，其他將領如哥舒翰、李嗣業、高仙芝出自西北。後來，安祿山造反，負責平叛的主力就是西北軍隊。歷史兜兜轉轉，又在北宋回到了原點。

宋朝沒有建立新的秩序，卻延續了舊王朝的包袱，並且孕育出下一個時代的核心。

北宋亡於靖康之變。雖然契丹的實力強大，但是他們被更東邊、更野蠻的女真所滅。女真又沿著河北平原南下，一路攻入開封。這個時間點也很巧合。先是定都於東蒙的契丹，後是定都於開封的北宋，相隔僅僅幾年，都被白山黑水之間的女真一下子滅了。女真先是繼承了契丹的胡漢政策，後期又繼承了北宋的制度建設，還沒消化完，就和南宋一起被生猛的蒙古收拾了。

既然是經濟中心東移，那麼以長安為中心的農業經濟結束後，即將開啟的就是東部沿海經濟。北宋和契丹不東不西，明顯是個過渡。元朝定都北京以後，中國的經濟、軍政、地緣格局基本定型。

北京這座城市，曾經是燕國都城，已經存在兩千多年了。但北京從來都是地域型城市，在元朝以前的歷史舞臺上存在感不強，自從元朝定都以後，瞬間變得高級起來。

從地緣來看，北京是東北、蒙古、華北、海洋的交會點，定都北京有利於控制海陸的萬里江山。而且江南成為新的經濟中心後，資源可以通過重修的京杭大運河直通帝國的首都。這樣一來，定都北京的朝廷擁有東北、蒙古、華北、江南的資源，收錢方便，花錢也方便。

但是元朝的統治術太差了，不到百年就被朱元璋趕回了老家。新崛起的明朝也不能改變經濟規律，即便是朱元璋也得照章辦事。朱元璋的朝廷定都南京，獲得江南財富的養分，但北方的地緣板塊和對外防禦不能放棄啊。除了遍布各地的衛所屯軍，朱元璋又把兒子分封出去。朱家軍和子弟兵一起上，雙保險。沿著長城，朱元璋分封了遼王、寧王、燕王、代王、晉王、秦王，向南的中原有齊王、周王、魯王，再往南則是湘王、楚王等。

這些藩王不僅有地位，還有兵馬。一旦發生戰爭，藩王可以調動親兵出征，也可以做各地軍隊的統帥，保衛大明江山。裡三層、外三層的藩王防禦線，是朱元璋留給孫子的遺產，也是經濟中心的都城應對地緣板塊的對策。

這套制度好嗎？好，但只有朱元璋能玩得來，反正都是親生兒子，自己又是創立江山的開國皇帝，誰敢跟他找麻煩呢？

傳到朱允炆手中就玩不起來了。外地藩王都是手握重兵的叔叔，年輕小夥子心虛啊，於是開始削藩。一不留神，燕王朱棣就起兵了，這就有了靖難之役。

這場戰爭有很多懸念和巧合，沒有太多的理所當然。問題在於，朱棣勝利之後，依然要面對藩王和蒙古的威脅。既然朱老四能起兵造反，那麼別的藩王也有這樣的機會。所以對朱棣來說，藩王制度不能留了。他用了二十年的時間，把自己曾經反對的事情又做了一遍。

蒙古的威脅依然存在，如何保衛大明江山的安穩呢？藩王不能分封了，衛所大將又有變成安祿山的風險，朱棣只好遷都北京，自己的事情自己做。這，就是天子守國門。

所謂的南京沒有王氣，根本原因在於經濟中心和地緣板塊的割裂。想要經濟中心，必然要放棄地緣板塊；而擁有地緣板塊，則可以把經濟中心收入囊中。秦漢不存在的問題，明清以後是大問題。

5

天子守國門是很划算的買賣，除了直接管理、方便分配資源、不容易出安祿山之外，更重要的是可以利用首都的地位，匯聚全國資源用於外戰。

國家什麼地方最尊貴？當然是首都。全國的資源必然會匯聚首都，如果首都不在地緣板塊的交匯點，來回運送、分配的成本實在太大。建都北京的明朝，可以及時給九邊重鎮援助，節省來回運送的成本。而且外敵來襲時，可以利用首都的地位凝聚人心，更容易保住重要的城市，畢竟沒人希望首都陷落。

如果明朝一直定都南京，會發生什麼？北京恐怕會成為蒙古的後花園，還有山西、河北也將成為搶劫的最佳地點，就算圍城也不會有大軍援救。勤王？嘿嘿，王在南京呢。

6

根據經濟中心東移的規律，王朝選擇北京做首都幾乎是勢在必行的事情。新的經濟中心有新的貿易線。長安、洛陽、太原是漢、唐帝國的鐵三角，經過宋朝的開封、泉州過渡之後，明、清帝國形成了更大的鐵三角。

北京作為軍政中心，當然是最重要的地方。揚州和蘇杭逐漸形成長三角經濟區，曾經的貿易城市廣州也一步步做大做強。雖然個別城市有所變化，但基本上是北上廣[24]的格局。這些城市都在沿海，根據我之前的說法，錢在沿海，很多事情也必然發生在沿海。

明朝的倭寇發生在江浙，鄭芝龍的霸業在福建和日本，葡萄牙人到了澳門，太平天國起自兩廣……明朝後期的法定貨幣是白銀，而白銀也自大海而來。

當然，沿海的不止東南，還有東北。

中原的經濟中心轉移到江南，草原的經濟中心也轉移到東北，此時的蒙古已經落伍了。滿洲是漁獵民族，但水草豐美的地方總是有更多資源，比如人參、貂皮、麅子等，蒙古壓根兒沒有，可這些東西是稀缺品，這也是滿洲超越蒙古的重要經濟原因。

滿洲用東北特產和朝鮮、晉商開展貿易，賺了很大一筆錢。他們用這些錢來武裝軍隊，然後和蒙古、明朝打仗。晉商有錢很好理解，他們的錢來自販鹽和貿易。那麼朝鮮的錢從哪裡來的呢？其實是從海上來的。西班牙發現特大銀礦，其中很大一部分流入了明朝，還有一部分流入了朝鮮。

當時的世界已經形成了巨大的貿易線，滿洲也不可避免地參與了。他們用貿易賺到的錢搶劫中原，

24 編按：北京、上海、廣州三個城市的簡稱。

越搶越開心，越開心越搶，最後搶到了整個中國。東北就不用說了，人家就是從那裡來的；蒙古也全部歸順，並且尊滿洲可汗為蒙古可汗；還有，一六四四年清軍入關後迅速吞併華北。

三大板塊被滿洲牢牢地握在手裡，分散的漢人怎麼鬥啊？從事後諸葛亮的角度來看，經濟中心東移的最終目的，並不是由關中到江南這麼簡單，而是脫離大陸轉移到海洋。但是明、清兩朝違背了經濟規律，止步於海岸線。既然沒有深度參與世界貿易線，那麼衰落則是必然的。只不過曾經衰落的是山西和關中，如今衰落的是整個中國。

那些深度參與世界貿易的國家，後來都成了強國。所以，天子再也守不住國門了！

7

經濟中心東移的原因是氣候和環境。秦、漢的關中非常適合農業耕作，周圍的地理環境也特別好，就連河西走廊也很宜居，可以農耕，可以放牧，簡直是開局的好地方。

唐朝的環境也很好。長安周圍有很多湖泊和魚塘，和現在的江南沒什麼分別。別看現在的山西自然環境不太好，可漢唐時期的太原，南邊有一個湖，和如今的太湖差不多大。

我們從流傳下來的壁畫、侍女圖中可以看出，唐人的衣服雍容大方，根本不是嚴嚴實實的。除了風氣開放，主要是溫度高啊。也正是從唐朝開始，中國的環境和氣候開始逐漸惡化。山西和關中的湖泊消失了，甘肅和陝北的草原逐漸沙化，氣溫越來越冷。在農業時代，這是很要命的。

田裡不長莊稼，人吃什麼呢？所以大家不得不向東南轉移，尋求更適合生存的地方。這種氣候變化也影響著草原。看看現在遍地沙漠的西內蒙古，怎麼都不像草原的經濟中心，所以東方的游牧民族勢必崛起。

氣溫在一六四四年達到歷史最低點，也正是在那年，北京城鼠疫盛行，李自成兵不血刃地進入北京，一個月後，江山再次易主。

那麼順著思路歸納下去，既然西邊不適宜生存，那就向東遷徙。大力開發東部沿海的土地後，可不就是面臨大海嗎？

那些王侯將相的傳奇，無不屈服於歷史和經濟的規律，而歷史和經濟規律又受制於環境的變幻莫測。說什麼人定勝天，雞湯而已。

帝國的豪門、階層和分裂

1

二二七年，諸葛亮揮師北上，誓要一統中原。臨行前他給劉禪寫了封信，名叫《出師表》。其中有幾句：「親賢臣，遠小人，此先漢所以興隆也；親小人，遠賢臣，此後漢所以傾頹也。先帝在時，每與臣論此事，未嘗不歎息痛恨於桓、靈也。」

諸葛亮向西漢脫帽致敬，又向東漢吐口唾沫。他和劉備把東漢的滅亡歸咎於「小人」，而給東漢準備好棺材板的，是桓、靈兩位末代皇帝。一個千古名相，一個創業皇帝，真的這麼想嗎？恐怕未必吧。

東漢滅亡、三國興起的祕密他們都了然於胸，只是諸葛亮、劉備都不敢說而已。有些事可以做，但絕對不能說出口。曹操、劉備互稱對方為英雄，就是因為他們都知道東漢滅亡的祕密，從而掌握了拯救亂世的鑰匙。

2

時間回到兩百年前。西元三十九年六月，光武帝劉秀在宮中來回踱步，盛夏的蟬鳴和燥熱的空氣也驅趕不走他心中的陰霾。復興漢朝十五年，他終於要面對那個龐然大物。作為帝國皇帝，劉秀有一項重要工作——收稅。稅收主要來自土地和人口。經過多年的崗位鍛鍊，他突然發現：「檔案和真實情況不符合。」

帝國內的人口和土地是有限的，登記多少就能收多少稅，可是在檔案之外有很多黑戶和黑田，游離在稅收之外。種老劉家的地又不想交錢，世上哪有這等便宜事兒？劉秀一道詔書發下，命令各地開展人口普查和土地普查，可他萬萬沒想到，自己一刀下去竟把帝國的膿包捅破了。

天下各地聞詔而動，紛紛揭竿而起，對抗朝廷。到第二年九月，山東、河北、江蘇、河南全亂了，彷彿又回到當年諸侯割據的亂世。

只不過普查人口而已，至於造反嗎？還真的至於。

帝國境內遍布大大小小的豪族，他們占據廣袤良田，卻只登記一小部分，剩下的都是隱藏起來不用交稅的黑田。老百姓為了免稅，就把戶口和土地都掛靠在豪族名下，然後租地耕種，這樣每年能省不少錢。豪族和百姓都得了利，只是坑了朝廷。現在劉秀搞普查，要奪回自己的乳酪，卻也動了天下人的蛋糕。於是，就出現了「盛世造反」的奇觀。

不久後，軍隊開赴各地，大肆鎮壓。劉秀依靠皇帝的權威贏得戰爭，暫時把普查開展得很成功，還增加了不少稅收。可是又怎麼樣呢？豪族依舊占據萬畝良田，百姓不管願不願意，都會向豪族麾下匯聚，而皇帝依然在繁花錦簇般的空中樓閣。

劉秀的命運不如劉邦。劉邦的江山雖然殘破，但殘酷的戰爭摧毀了大部分豪族，只要積蓄力量，漢武帝就可以輕易建立直接管理型國家[25]。而劉秀要面對龐大的豪族階層。他們為了保住家業，可以讓王莽當皇帝，當王莽不能滿足他們的需求時，再一腳踢開，轉而扶持各路諸侯。光武帝劉秀，也不過是他們抬出來的代言人。

25 指朝廷直接管理人民，不必經過中間的階層，比如豪族。

劉秀起兵三年就能稱帝，並繼承了祖宗的合法性、國號、領土和制度，但同時也繼承了祖宗身體裡的痼疾。

可以說，東漢帝國建立之初就是六十歲的老人。三國亂世，只不過是老人去世後的靈堂輓歌，司馬懿家族也只是把屍體拿出來披在身上，假裝復活。

3

東漢豪族，淵源已久。西元前一三四年，董仲舒上書漢武帝「罷黜百家，獨尊儒術」，從此拉開了千年門閥的大幕。從那以後，漢人的個性簽名改成「遺子千金，不如饋子一經」，常用的表情包是苦讀、加油、打氣。什麼意思呢？就是即便你富甲天下，也要給孩子最好的教育。只要儒經讀得好，就有機會入朝做官，這樣才能光耀門楣、延續家業。

本來漢武帝的初心是好的，是給老百姓指明讀書方向，好好學習，老實做人，然後在他的領導下好好幹活。可「獨尊儒術」還有一個小夥伴，兩人一搭夥，就出事了。

這位朋友叫「察舉制」。朝廷讓地方官員選拔人才送到朝廷做後備幹部。那年頭又沒有考試制度，才華不好判斷，而比才華隱藏更深的是品德。都是一個腦袋兩條胳膊，誰知道你的人品好壞，於是評判標準就到了地方官手中。

制度實施之初，確實為朝廷選拔了不少人才。可漸漸地，情況就變了。既然是地方官說了算，那為什麼不選拔自己人呢？我照顧了朋友的孩子，他將來也會照顧我的孩子。

於是，朝廷選才制度就成了官僚的玩物。百年間，他們早已盤根錯節，互相鋪路，互相扶持。做官之後，家族又借其名望買良田，建豪宅，稱霸地方，再加上軍功侯爵、皇親國戚，一個巨大的食利階層橫空出世。

從朝廷到鄉野，他們占據所有的空間，隔絕了朝廷和百姓。就像骨骼和皮膚之間，夾雜著一層厚厚的脂肪。他們支持王莽篡漢，是希望將利益合法化。當王莽的屠刀揮下後，他們又毫不猶豫地起兵造反，揮舞著「擁漢」大旗，尋找各地的劉姓皇族。

劉秀稱帝後，除了站隊錯誤和亂世族滅的人，其他家族都憑藉擁護劉秀的功績，實現了利益合法化。面對如此龐然大物，劉秀的一紙詔書又有什麼用呢？他是開國皇帝，有威望、有手段、有能力，尚且只能維持局面，而他的子孫就只能拖著病弱軀體，走一步，算一步。

4

從呂太后起，漢帝國的女人就很強大。劉邦把權力分給妻子，讓她來制衡功臣。從此以後，皇后家族就是帝國重要的政治力量。竇漪房、衛子夫、王政君……這些女人和自己的兄弟，撐起了帝國的半邊天。

百年後，劉秀抑制的外戚、后權，又被子孫撿起。大臣很凶悍，皇帝很弱小。漢章帝死後，新繼位的漢和帝只有十歲，指望他擺弄朝政，還是算了吧。

可他有個舅舅，叫竇憲。沒錯，就是「燕然勒功」[26]的那位爺，他有個朋友叫班固。竇憲除了是一代名將，還是東漢權勢熏天的外戚。他姊姊是當朝太后，姊弟倆長年把持朝政。

竇憲有功勞、有爵位、有權勢，自我感覺良好。他和王莽一樣，做起了當皇帝的美夢。結果只是黃

26 東漢大將竇憲追擊北匈奴，出塞三千餘里，至燕然山刻石記功。

梁一夢。西元九二年，漢和帝聯合太監封鎖洛陽城門，羽林軍四處抓捕竇憲黨羽，又收其大將軍印綬，竇憲被逼自殺。

此後漢帝國的權力中心發生轉移。為對抗豪族，皇后培養外戚，皇帝則扶持太監，東漢的局面就此進入了「二人轉」時代——皇帝幼小，太后扶持娘家人執政；皇帝長大後聯合太監，重新奪回政權。

豪族作為朝廷的捧哏，大部分時間和雙方都可以合作。

東漢帝國為什麼會有外戚和太監掌權呢？因為豪族階層太強大，脆弱的皇權必須尋找盟友和代理人，才能達到權力的平衡。外戚、太監、大臣，又是一個鐵三角。此後百年，東漢就在脆弱的平衡中維持生命，直到歷史中走來了袁紹和董卓，才結束這一切。可當這一切結束後，漢朝也完了。

5

好了，歷史背景介紹完畢，下面開始講道理。

整個東漢帝國，都是不正常的狀態：龐大的豪族瓜分了帝國，大部分土地也都被他們收入囊中，朝廷官職也可以變相世襲。

袁紹、楊修的「四世三公」之家，是帝國頂層豪族，他們可以利用家族財富、社會關係來影響帝國的運轉。而在州、郡、縣中，也都盤踞著縮小版的袁紹家族。

整個帝國的社會格局被割裂成碎片，每個碎片都是完整的個體，要想重新統一起來，必須把每個碎片都打破。這也是曹操一生都不能統一天下的原因。豪族一旦得到司馬懿共用利益的承諾，西晉很快統一了。

表面上是統一了，可實際上呢？豪族占據社會上游，老百姓就只能受壓迫。之前掛靠的契約早已作廢，他們的土地和身體都被豪族霸占，所有老百姓都成了豪族的奴隸。他們不能勤勞致富，不能讀書做官，祖祖輩輩都看不到半點希望。有些不堪忍受的好漢嘯聚山林，然而最終還是難逃被剿滅。

百姓難過，皇帝更難過。土地和人口都在豪族莊園內，這讓朝廷沒有足夠的自耕農來保證稅收，也沒有足夠的人口來徵兵、選官。帝國有五六百萬人口，可屬於皇帝的沒多少。要人沒人，要錢沒錢，皇帝家也沒餘糧啊。

所以，諸葛亮痛罵賣官的「桓、靈二帝」，尤其是漢靈帝。他是古代有名的賣官皇帝，從三公到太守明碼標價。如果不是朝廷沒錢，誰願意做這種缺德事？畢竟他們手中唯一的資源就是官職，能賣的也只有它了。東漢帝國走到這一步，神仙也沒招。

一八四年，黃巾起義爆發，五年後，董卓進京，天下大亂。荒唐的世道逼皇帝賣官、逼百姓造反，只留下一幫豪族在亂世的舞臺上，演繹著英雄的神話。

6

黃巾起義後，囚籠中的帝國終於露出一絲縫隙，陽光灑下，讓心懷希望的人看到光明。曹操招募流民，耕種無主田地，開始「屯田」。他還扶持寒門出身的官員，比如張遼、徐晃、滿寵。

劉備流浪多年，身邊也都是寒門子弟。關羽、張飛、趙雲、黃忠……都沒有強大的家族依仗。馬超倒是西北豪族，可早已家破人亡，階層掉落了好幾個等級。

諸葛亮治蜀，法令極嚴。重用的也不是四川豪族，而是從荊州跟過來的外地人。可英雄付出一生心血，也只是讓歷史拐了一個彎。

晚年的曹操驀然回首，親手扶持的寒門子弟有了豪族化傾向，最終他也失去雄心壯志，留下「分香賣履」[27]的遺言。

夷陵之戰的一把火，燒掉劉備的全部希望。而在五丈原，諸葛亮只留下仰天長嘯的背影，便匆匆撒手人寰。對面的司馬懿，終將接過袁紹的夢想，讓歷史回到原本的位置。三國這場悲劇，卻是幾百年間唯一的暖色。曹操、劉備逆天改命的姿態，猶如向人間播種希望的盜火者，雖然火光漸漸熄滅，卻留給世人一個衝鋒的背影。

天下英雄誰敵手？曹、劉。

27 曹操《遺令》中的典故，後以「分香賣履」比喻臨死不忘妻妾。

創業黃金時代的終結

1

六二四年，是創業黃金時代終結的一年。杜伏威暴卒於長安，輔公祏兵敗江淮，天下再沒有能與李唐相抗衡的力量。再往前推幾年的話，畫面會更精彩：竇建德、王世充被李世民一朝擊破；宇文化及、劉武周、羅藝[28]終究是在沙灘上裸泳；還有無數的英雄豪傑，成為時代的炮灰。

時代大潮風起雲湧，無數創業者白手起家，紛紛「敲鐘上市」，稱王稱帝。當風雲急轉直下，創富神話就露出馬腳。真是「眼看他起朱樓，眼看他宴賓客，眼看他樓塌了」，「好一似食盡鳥投林，落了片白茫茫大地真乾淨」。

時代造就英雄，也把草根創業的列車停在了六二四年。

2

彼時創業的風口開始自十四年前。六一一年，隋煬帝帶領百萬大軍東征朝鮮。我們平時幾十人的春遊都會折騰得雞飛狗跳，不是水壺沒帶就是乾糧不夠，更何況百萬人的武裝大遊行。官員為了拉人頭、

28 編按：杜伏威、輔公祏、竇建德、王世充、宇文化及、劉武周和羅藝等人，都是隋末唐初割據的群雄。

攢糧食、交任務，把無數農民兄弟折騰得傾家蕩產。大家心裡都憋著一把火。

舊的秩序鬆動，往往蘊藏著無限的可能。

山東人王薄是最早看到機會的人。他號稱「知世郎」，舉起反抗朝廷的大旗，無意中擁抱時代，吃了第一隻大螃蟹。緊接著是河南人翟讓創建「瓦崗集團」，河北人竇建德在高雞泊成立了「小作坊」。兩年後，杜伏威和輔公祏也輟學創業。

在時代大潮的激蕩下，沒有人能抵擋得住誘惑。有能力的拉隊伍當老大，能力不足的就瞅准機會加入一個有潛力的創業團隊，爭取拿到原始股，將來上市後好變現。這是最壞的時代，也是最好的時代。

3

開始的幾年，流量很充足。和秦末起義的陳勝、吳廣一樣，王薄也沒什麼大本事，但就靠著風口的機遇和《無向遼東浪死歌》[29]的噱頭概念，第一年，他的產品（地盤）就擁有數萬付費用戶（軍隊）。這在舊秩序時代是不可想像的奇跡。

發展最迅猛的是瓦崗集團，因為它的地理位置實在是好。眾所周知，河南人口眾多，意味著流量充足。而驅動這些流量的，是一種全新的模式——社交。翟讓、王伯當、單雄信、徐世勣等人，不是朋友就是老鄉，瓦崗集團的成員也基本上都沾親帶故。其凝聚力顯然不是其他團隊可比的，瓦崗很快就一枝獨秀。

「社交＋流量」的模式，讓「瓦崗」成為最響亮的品牌、最閃耀的團隊，因此，常年霸占創業風雲榜

29 王薄用詩的形式告訴民眾已經沒有活路了，號召民眾一起造反。

的第一名。

而竇建德和杜伏威走的是另一條路子。他們身處河北和江淮，人口紅利不足，自己又出身貧苦，沒有社交資源，怎麼辦呢？他們只有靠自己的不懈努力才能白手起家，所以在他們的思維裡有一條定律：想要得到，唯有用力去拚。

於是，我們就看到了一些不同於其他創業者的畫面：竇建德用寬宏大量的作風起步，杜伏威用親自上陣來號召三軍。他們的團隊成員和用戶基本沒有社交關係，而是靠領袖魅力，硬生生闖出了一番天地。

當創業者奔跑起來，兩耳生風的時候，他們覺得世界都是屬於他們的。

4

很多創業者的背後都有一個投資人——突厥。寧夏的白楡妄，山西的魏刀兒、劉武周、梁師都，甘肅的薛舉、李軌，東北的高開道，都是拿到突厥的「天使投資」才發展起步的。

在那個年頭，創業公司如果沒有得到突厥的投資，都不好意思出門跟人打招呼。一時間，北方遍布「突厥系」。

在這種形勢下，那些站在風口浪尖的大哥也必須得到突厥的投資，最起碼也要掛靠在突厥的名下，畢竟，背靠大樹好乘涼嘛！

竇建德、王世充、李淵……他們都是本土的創業者，如果不加入「突厥系」的大家庭，就會面臨腹背受敵。除了來自突厥的直接打擊，還會遭到小弟的圍攻。在強大的國際資本面前，本土的豪傑生存艱難。在那個大時代，誰都沒有選擇的權利，只能走一步，看一步。

5

六一八年前後，創業者集中上市，收穫的季節到了。竇建德的小作坊長大了，隨著響亮的敲鐘聲，「大夏集團」掛牌上市。眼看著股票走勢上揚，投資者紛紛跟進。沒多久，竇建德的身價就達到了幾百億。瓦崗集團穩坐第一把交椅，問鼎天下指日可待。杜伏威沒有獨立上市，而是掛靠在大隋的名下，被封為楚王。

曾經的鄉下人，趕上風口就上天了，短短幾年時間，從一無所有走上人生巔峰。成功的欲望讓無數人蠢蠢欲動。

六一七年，太原的一對父子決定創業。這時候的天下，經過幾年的風起雲湧，紅利基本被瓜分殆盡。不過，他們好像不太著急，畢竟他們有自己的獨門祕笈。這父子仨就是李淵和李建成、李世民。

五十年前，宇文泰帶著一幫內蒙古人到關中創業，成功以後就設立了八個柱國大將軍，他們連同地方上的門閥一起壟斷了所有資源。這就是陳寅恪先生所說的「關隴集團」。

李淵的爺爺李虎，就是八柱國之一。他們相互聯姻、交友、做官，幾十年來他們都是親戚套親戚、朋友加朋友。現在，他們決定重出江湖，統一中國。這就是李淵父子的第一個背景——深度社交。

可如果只有社交的話，還不足以和瓦崗集團競爭，人家的新任CEO李密也是「關隴集團」的人，憑什麼聽你的？

李淵的第二個絕活叫「線上＋線下」。他經過實地考察和聽取報告，發現了其他人的致命弱點：口號喊得震天響，可根本不能落到實處。

比如竇建德說「為農民謀福利」，可他常年在打仗，根本沒有精力考慮農民兄弟。比如瓦崗集團，「社交＋流量」的路子很順利，卻偏偏要打造名人效應，把貴公子李密推上前臺。堂堂的瓦崗集團成了貴公子的獨角戲，普通群眾說一萬句都不如人家一句響，心都涼透了。比如杜伏威在戰場上很厲害，但格局小。

這樣一看，問題就比較簡單了。李淵出身高貴，手中掌握著大量優質的社交關係，加上摸清了時代脈搏，知道用戶想要的是什麼，要做的就是盡力滿足他們。他還有一個「撒手鐧」李世民，為他開拓市場。在別人看來紅利消失的時候，創業者李淵卻已經立於不敗之地。

真正讓李淵勝利的是第三個祕笈——買買買。

大家出來創業，都是為了混口飯吃，能和氣生財，絕對不會打打殺殺。於是李淵開了一場發布會：「我們是統一天下的團隊，大家快來加入啊。」於是，周文舉、楊士林、王薄、周法明等都來投降了。對李淵來說，雖然他不認識這些人，但也不影響雙方的交易。你信任我，我信任你，就可以達成共識。想要官職的，可以入朝也可以在地方；想要股份的，看實力給爵位。

在李氏「三板斧」的威力下，僅僅八年時間，大唐集團就一統天下。

6

六二四年，草莽英雄的時代結束了。

杜伏威投降後，坐上了大唐的第四把交椅，其地位僅在李元吉之下。在他的心目中，三十五歲前退休的夢想實現了。偏偏此時他的好兄弟輔公祏在江淮扯旗造反。唐軍派來討伐輔公祏的是李靖。跟「托塔天王」打架，你以為你是孫悟空啊？不到半年，輔公祏就被傳首長安，杜伏威也被賜死。再加上幾年前竇建德、王世充、劉武周兵敗被殺，大唐基本一統天下。

草根創業時代的結束，首先來自流量紅利的徹底消失。十年前隨便跑馬圈地，都會有大把的流量供創業者揮霍。而各地的人們驚奇於時代的變革，對一切都充滿好奇，於是一拍即合，全天下有幾百支創業團隊。經過十年的大浪淘沙，創業者經過優勝劣汰，角逐出最適合人們的產品——大唐集團。

留下有留下的道理，消失有消失的理由，最重要的是，人口沒有增長，也就意味著沒有新的流量湧入。而現有流量全被大唐霸占，新的創業者就沒有了開始的土壤。在這樣的局面下，投資人——突厥集團，也束手無策。

創業時代結束了，但新的時代正在開啟，機會的大門永遠不會關閉，也許只差一個轉身。

7

新的時代有新的玩法，不同的人做出不同的選擇。

徐世勣是瓦崗集團的核心骨幹，在瓦崗敗落、大唐崛起的關鍵時刻，他投身到大唐的陣營中來。這個華麗的轉身，讓他拿到了原始股。從此以後，他就安心在大唐集團努力奮鬥，最終成為「凌煙閣二十四功臣」之一，被封為英國公，官拜宰相。因為功勞大而被賜李姓，後來也叫李勣。

他的新玩法屬於創業變現。

那麼不屬於大唐朋友圈的人該怎麼辦呢?「五姓七家」[30]的選擇是閉門讀書。他們是關東的士族門閥，當初支持過竇建德，和大唐不是一個陣營的，現在索性就留在老家種田、讀書、考科舉，等待新的機會。

一百三十年後，「安史之亂」爆發。這時的大唐急於尋找新的合作者，於是經過百年積累的關東門

[30] 即五姓七望。隋唐時代，在所有尊貴的世家大族中有五支最為尊貴，即隴西李氏、趙郡李氏、博陵崔氏、清河崔氏、范陽盧氏、滎陽鄭氏、太原王氏。其中李氏與崔氏各有兩個郡望，所以稱之為五姓七望。

閥就趁勢而起，成為大唐新的支柱。此後的一百五十年，是屬於「五姓七家」的時代。

「滎陽鄭氏」連出宰相，號稱「鄭半朝」；「清河崔氏」有十位宰相；「趙郡李氏」連出十七位宰相；「范陽盧氏」中進士者超過百人，「八相佐唐」傳為佳話。

關東門閥的選擇是等待機會。既然時代變化已成定局，那就只能調整自己的節奏來順應時代。適者生存，要學會做個聰明人。

唯一不變的宗旨是活下去。只要活下去，就會有無限可能。每個時代都不缺少機會，缺的是發現機會的眼睛。

安史之亂：大唐盛世的一顆毒瘤

1

大唐天寶三載，天下太平無事。李白被唐玄宗取消關注，落寞地離開長安，然後在洛陽巧遇杜甫。兩雙溫暖的大手緊緊握在一起，碰撞出一段佳話。他們一起在河南求仙訪道，秋天又遇到了高適，三個人每天除了喝酒閒逛，就剩下作詩了。

為大唐工作五十年的賀知章，也騎著小毛驢回浙江老家了。此時，離生命的最後時刻不過半年。

大明宮中住著李隆基，太真觀裡有楊玉環。一年後，他們將走完世界上最遙遠的旅程，向天下宣布他們的愛情。楊玉環的哥哥楊國忠仍然默默無聞，但後來他踩上了一條光彩大道，走向了自己也不清楚的未來。

右相李林甫在朝堂隻手遮天，每次發朋友圈都能收獲上萬點讚，然而，他都懶得看一眼。幽州的安祿山春風得意，他剛剛接替裴寬擔任范陽節度使，再加上已有的平盧節度使、河北採訪使等職，大唐東北王即將加冕。

日後攪動風雲的人物都已各就各位，只是他們都不知道，自己將要面臨的是什麼。

大唐天寶三載，天下太平無事，所有人都在揮灑自己的青春和汗水。他們堅信，如日中天的大唐將永遠存在下去。然而，長安地下早已埋下了無數伏火雷，只等一絲火星。

2

天寶元年，長安城外的廣運潭熱鬧非凡。從渭河而來的三百多艘船在廣運潭一字排開，首尾連接數十里，每艘船上都寫著大唐州郡的名稱，還有各地的土特產。

乍一看，彷彿是來長安趕集的。

唐玄宗在觀禮臺上就座後，三百多艘船依次從臺前經過，接受皇帝的檢閱。潭中心有一艘船突然鑼鼓喧天，陝縣縣尉崔成甫扯開八十分貝的嗓門，唱著唐玄宗親自寫的《得寶歌》：

得寶弘農野，弘農得寶耶！
潭裡船車鬧，揚州銅器多。
三郎當殿坐，看唱《得寶歌》。

看看這詞，多感人，多喜慶，一股「啊，五環，你比四環多一環」的畫風，猝不及防地撲面而來。

李隆基確實很開心，因為終於能吃飽飯了。

堂堂大唐皇帝不應該用金鋤頭種地嗎？怎麼會吃不飽飯？我跟你說，這都是真的。

開國初年，朝廷愛惜民力，再加上長安城人口少，一年只需要消耗二十萬石糧食。可在太平歲月，人們總是嚮往首都生活，當年在長安找機會的人，和如今的北漂[31]沒什麼區別。

人口多，糧食需求就大。而造福秦漢的水利灌溉系統早已殘破，曾經接受灌溉的四點五萬頃田，縮

31 編按：北漂是指從其他地方到北京生活和工作，卻沒有北京戶口的人。

減到只有六千頃。唐朝的關中，早已不是經濟重心。

知道為什麼唐高宗、武則天都喜歡去洛陽嗎？人家不是去搞團隊建設，也不是去旅遊，只是單純為了吃大米、烙餅、燴麵、胡辣湯……沒辦法，長安實在是沒糧食吃啊。

就在天寶元年，廣運潭把之前修建的運河連通起來，江南的大米可以直抵長安，並且當年就運來四百萬石糧食，李隆基能不高興嗎？

長安城解決了溫飽，可大唐依然是爛攤子。《舊唐書．玄宗紀》說：「天寶十三載，戶九八一萬，三八八萬不課，五三〇萬課。口五二八八萬，四五二一萬不課，七六六萬課。」

然而，這串數字已經成為歷史學界的一段公案。從字面上來看，大意是：唐朝的財政稅收方式是租庸調制[32]，納入這套稅收系統的人口叫課口，有課口的家庭叫課戶。

大唐登記在冊的人口中，四〇％是免稅的，剩餘六〇％人口交的稅要用在朝廷開支、宮廷用度、洪澇旱災上面，再加上在北、西、南三個方向同時開戰，軍費需求龐大。即便如此，正常的稅收管道都不一定通暢，往往需要朝廷派轉運使之類的官員，去地方上臨時疏通、壓榨，才能把錢糧運往長安。

大唐盛世如繁花錦繡，可朝廷只有兩個字：沒錢。因為國有土地制度崩潰了。

3

時間回到三百年前，北魏。

「五胡十六國」時代，北方混亂了一百多年，直至草原上的拓跋鮮卑南下，他們騎駿馬、挎彎刀，

32 租庸調制規定，凡是均田人戶，均按人口數量交納賦稅並服一定的徭役。租庸調的制定和實施須均田制的配合，一旦均田被破壞，租庸調法則會隨之失敗。

很快就征服了黃河流域。雖然北方統一了，可是有個問題：北魏朝廷沒有正規的稅收管道，官員也不發工資，大部分財政收入都來自於搶劫、賄賂或高利貸。

北魏太武帝年間，有一個朝廷官員到山西、河南一帶出差，從大同出發時，只有一匹馬，返程時卻帶了一百多輛車。這種行為我們叫吃、拿、卡、要[33]。

四八四年，執掌北魏朝廷的馮太后在開會時說：「各位，有一好一壞兩個消息要告訴你們，好消息是，朝廷以後給你們發工資了；壞消息是，有工資以後，你們就不能隨便搶劫了。」大臣們不知道該說什麼。

那麼問題來了，朝廷也是靠搶劫為生的，倉庫中沒有餘糧，拿什麼給全體官員發工資？

不要急，有辦法。從西晉的「八王之亂」開始，北方的戰爭就沒有停止過。為了躲避戰爭，父老鄉親不得已到處流竄，這就有很多無主荒地和失業農民。馮太后把無主荒地全部收歸國有，按照一定比例分給失業農民，他們每年向朝廷交稅。這就是隋唐「均田制」的起源。

在這套系統下，門閥和貴族是免稅戶，只有接受國有土地分配的農民，才是國家的固定稅基。那麼，怎麼才能管理好國有土地和農民呢？

四八六年，馮太后的「男朋友」李沖建議：「可以在農村建立基層組織，一步到位。」於是，「三長制」華麗出爐。朝廷分五戶為一鄰，二十五戶為一里，一百二十五戶為一黨，分別設立了鄰長、里長、黨長。這一套改革，歷史書上叫「太和改制」。

馮太后以國有土地為基礎，安頓了流離失所的農民，國家有了穩定的稅收，並且加強了基層組織的管理，在亂世中重新建立起一套新秩序。

33 編按：吃，指要人請吃飯、吃回扣；拿，指拿錢或拿好處；卡，指故意刁難；要，指要好處。形容貪汙。

五十年後，北魏早已分裂為東魏、西魏。西魏丞相宇文泰又在均田制的基礎上建立了配套的「府兵制」，讓朝廷有了固定的兵員和軍隊。均田制、三長制、府兵制，就是接下來的隋唐帝國強盛的密碼。

4

這套制度有一個核心問題：朝廷必須持有大量土地用來分配。

我們且用初唐農民老王來舉例。當老王年滿十八歲時，就會有一百畝土地分配給他，其中二十畝是永業田，可以世代傳承；八十畝是口分田，去世後要還給國家。接受這塊土地，老王就是國家的納稅人了。

他一年四季勤懇勞作，然後按照「租庸調」的方式向國家納稅。每年交公糧兩石，給官府幹活二十天，還需要上交三丈布。這就是老王每年需要繳納的全部賦稅。

冬天到了，他也不能窩在炕頭上喝燒酒、看雪花，而是必須去指定的軍府參加集訓，以防將來可能上戰場。閒時為農，戰時為兵，兵農合一。

過了幾年，朝廷突然傳來命令：「聖人要和突厥開戰啦，你們跟我走。」於是，老王自備馬匹、刀槍等裝備，為國打仗。如果立功授勳，朝廷用勳田獎勵他；如果升官了，也有和級別匹配的職分田。

在這樣的體制下，老王和所有農民一樣，可以靠努力得到土地，朝廷可以用土地來讓百姓積極進取。可在老王去世後，土地要還給官府，能傳給兒子的只有二十畝永業田，相當於下一代重新開始。拚命一輩子，卻什麼都攢不下來，憑什麼？

對土地的渴望和人心的私欲，讓老王藏匿土地、註銷戶口、私下買賣……總而言之，有太多方法讓他從國家納稅人變成套現之後的黑戶。再加上皇室、貴族、官僚繼續兼併土地，建立莊園別墅，所以有一天朝廷驀然發現——帳本上的土地不夠用了，於是，問題出現了。

新生人口沒有足夠的土地可以分配，於是只能浪跡江湖或者到城市謀生。農民上戰場打仗立功了，卻沒有土地獎勵，只能用自殘來逃避兵役，但是他們的戶口落在本地，租庸調的賦稅也不會放過他。立功不獎勵，沒田還收稅，農民會怎麼做？他們紛紛遠走他鄉，私下買一塊土地重新開始。因為只要不是國家分配的土地，就不會納入府兵和租庸調的體系中。

當時的大唐有種怪現象：農民都在辛勤勞作，但是很多都不用交稅，不用服兵役。天下富庶，朝廷卻始終缺錢花。這種現象，在李世民時代就已經出現，在武則天時代成為社會的主流，直到李隆基時代，由於國家沒有充足的土地用來分配，建立在「均田制」之上的社會秩序完全崩潰。

前面說，天寶十三年依然有六十％的人口是納稅戶，但這是帳面數字，實際上遠遠達不到。國家沒有穩定的稅基，沒有穩定的兵員，甚至連基層組織都混亂不堪，因為農民四處流竄，管理起來難度太大。這就是盛唐的隱憂。

5

七一三年，李隆基改年號為開元。二十九歲的皇帝雄心勃勃，夢想建立起能和李世民媲美的功業。可現實給他澆了一盆冷水：國家稅基不足，導致財政吃緊，立功後無田獎勵，導致府兵逃亡。

與此同時，大唐的局勢也不安穩。北方的突厥一直蠢蠢欲動，圖謀恢復祖先的霸業和榮光。突厥被打壓後，又冒出回紇來騷擾。東北方有契丹在謀求地域霸權。青藏高原上的吐蕃也正值鼎盛時期，他們走下雪山，積極探索四川、新疆的新世界。

為了守護疆土，大唐必須維持龐大的常備軍。然而，崩潰的府兵早已不能為國爭光，甚至連保衛長安都做不到，於是，延續兩百年的府兵制被徹底拋棄，大唐實行募兵制。這其中就有一個問題，府兵制下，裝備需要士兵自己準備，國家是不管的，但是募兵制就不同了，國家需要準備好刀槍、馬匹、糧食來供養士兵。

然而，唐朝可憐的財政收入，根本不足以維持龐大的常備軍。怎麼辦？李隆基靈光一閃，想出一個辦法：沒有錢，我可以給政策啊！於是，他在開元、天寶年間，先後設立了十個節度使。節度使相當於軍區司令，朝廷沒有多餘的軍費，只能允許節度使在轄區內收稅。為了保障軍隊的管理權和財政權，朝廷又把地方監察權賦予節度使。軍權、財權、監察權逐漸集於一身，節度使已經是土皇帝了。

後人都說李隆基老糊塗了，其實他也沒辦法。舊秩序已經崩潰，李隆基又沒有能力建立新秩序，只能對破損的舊秩序修修補補，節度使就是一塊大補丁。

要想讓長安擺脫飢餓，就必須重新疏通水利，讓江南的糧食運到關中，而這個無底洞需要很多錢。皇帝親軍、中原駐軍雖然打仗不行，但也是一群「吞金獸」。李隆基和楊玉環長年累月的恩愛，不得要錢？再加上奢靡的宮廷、腐敗的朝堂、紙醉金迷的社會，繁花似錦的盛世中總是飄蕩著一股子霉味兒。而維持這一切的，只有日漸縮小的稅基。

為什麼李林甫能專權十九年？為什麼楊國忠可以爬到宰相這樣的高位？絕不僅僅是搞鬥爭和裙帶關係換來的，只有一個原因：他們能從老百姓身上壓榨到錢財。從這點來看，所有奸臣都是相似的。李林甫、楊國忠、嚴嵩、和珅……都是在舊秩序崩壞時能用特殊手段解決燃眉之急的人。

有時候壞人不是骨子裡壞，而是局勢讓他不得不壞。李林甫、楊國忠是如此，安祿山也是如此。

6

七五五年十二月，安祿山起兵造反。他的父親是西域胡人，母親是突厥巫婆，父母給他起了一個響亮的名字——軋犖山，意思是「戰鬥」。

一直以來，安祿山都特別能戰鬥，他在幽州軍中作戰勇猛，僅用了十年就從一個新兵升到了平盧節度使，駐紮在遼寧。此時的安祿山，是大唐成功「菜鳥」的典範。按照一般劇本，他將成為大唐所有落魄青年的楷模，但是局勢不允許他做一個好人。

大唐一直都有「出將入相」的傳統。在外領兵的將軍打了勝仗，一定會回到朝中擔任宰相，如果再有戰爭，宰相也可以披掛上陣。

作為皇帝的影子，李林甫在朝中全心全意賺錢，如果有將軍入朝為相，勢必會分走他的權力。而嚴峻的財政壓力，也讓李隆基不能破壞現有的撈錢模式，於是君臣二人發明了一項潛規則：「將軍儘量用沒文化的胡人，這樣一來，他們就不能入朝當宰相了。」

和其他將軍不同，安祿山的情商很高。他不僅作戰勇猛，還特別喜歡找碴兒。搜刮的軍費、戰利品經常送入朝中，上至皇帝、宰相，下至中層官員，基本都收過安祿山的好處。

有能力、高情商，又有政策紅利，安祿山成為「風口上的豬」。直到西元七五五年，安祿山已經是平盧、范陽、河東三鎮節度使，全方位負責大唐東北方的戰爭。而大唐一共才十個節度使，也就是說，安祿山麾下有大唐三分之一的兵馬。歷史到這裡已經很明朗了。

國有土地制度崩潰，導致國家財政體系永遠不健康，兵役制度也渙散了。為了應付複雜的邊境戰爭，李隆基不得不把軍事、財政、監察權力賦予節度使，培養了一堆土皇帝。朝廷為了挽救財政危機，不得不讓李林甫、楊國忠獨掌相權，這樣才能集中力量撈錢。

李隆基的本意是讓宰相和節度使相互制衡，自己高高在上充當裁判。可這樣的模式，崩盤是遲早的事兒，因為人一旦嘗到權力的甜頭，就很難放下。

李林甫死得早，算是得了善終。楊國忠就不一樣了，他僅僅做了三年宰相，迫切需要建立功勳來證明自己，而安祿山就是塊最大的肥肉。

安祿山坐擁東北，早已培養了嫡系小弟。李林甫手腕高超、資歷深厚，足以讓他感到恐懼。可楊國忠算什麼東西，想拿我當墊腳石？做夢呢！於是，安史之亂爆發了。

7

安史之亂，讓那個後人只敢談復興、不敢說超越的大唐盛世永遠留在歷史的刻痕中，越來越夢幻。千年來，楊玉環一直是替罪羊。還有人說，是因為李林甫奸詐、楊國忠誤國、李隆基昏庸、安祿山狂妄……總之，把所有帽子都扣到一個人頭上。然而，時代的巨變哪裡是一個人能決定的。

國有土地制度在北魏呱呱墜地，經過北周、北齊的發育，終於在隋唐大放光彩，然而又在天寶十四載壽終正寢。它成就了李世民，也埋葬了李隆基。

安史之亂，只是幾百年社會矛盾的總爆發，用千萬人民的血與淚，結成一朵妖豔的罌粟花。

岳飛為什麼必須死

1

一一四〇年，註定是載入史冊的年份。這一年，金國權臣完顏兀朮撕毀和議，統帥大軍經過開封，直撲江淮而來。宋高宗趙構不得不派兵迎戰。朝廷任命韓世忠、張俊、岳飛為河南、河北諸路招討使，並加封為太保、少師、少保的榮耀官銜，勉勵他們好好幹。

岳飛的任務是救援順昌[34]，不過，他還沒有到順昌時，大將劉錡已經大敗金軍，完顏兀朮退回開封。此時宋朝已經取得主動權，只要集中兵力北上決戰，不是沒有收復中原的機會。但是，趙構的詔書到了，他派司農少卿李若虛到岳飛軍營，宣讀詔書：「兵不可輕動，宜且班師。」

大好局面，岳飛實在捨不得放棄，怎麼辦呢？恰好李若虛也是主戰派，於是岳飛和他商量一番，決定不管朝廷詔命，以收復中原為主。

這種事是矯詔，放在平時是要殺頭的。國家的百年基業在此一搏，哥兒倆也不怕殺頭，於是岳飛提兵北上，李若虛回朝承擔矯詔的罪名。岳飛站在德安府[35]的城頭北望中原，長鬚飄飄，目光堅定：「十三年廝殺只為今日，放手幹吧！」

34 今安徽阜陽。
35 今湖北安陸。

2

岳飛是河南農家子弟，八代貧農，小時候沒能力上學，自學成才，長大以後，早早娶了老婆生了娃，未成年就充滿「上有老，下有小」的危機。

家裡沒錢、讀書不多，除了當兵和種田，岳飛沒有別的出路。他先後在河北、山西、河南入伍當兵，憑藉「一縣無敵」的武藝，從敢死隊隊長一路高歌猛進，在一一三四年做到清遠軍節度使，此時岳飛才三十二歲。

宋朝的節度使是榮譽官銜，沒有唐末五代的實際權力，但是地位非常高，大概相當於省部級。雖然宋朝在戰場上一敗再敗，但岳飛主導的局部戰場基本沒有輸過。要不然，沒有根基的農家子弟，憑什麼登上高位？岳飛的能力的確是首屈一指的。

不僅能力強，岳飛還特別會做人。他在早年間高喊「迎回二帝」，一旦金國準備扶持宋欽宗之子為傀儡皇帝時，岳飛就再也不說了，而是私下拜見趙構，請求早立太子，斷絕金國的念想。

一一三七年，岳飛在《乞出師劄子》中說：「異時迎還太上皇帝、寧德皇后梓宮[36]，奉邀天眷歸國。」那時宋徽宗和鄭皇后已經死在五國城，所以叫梓宮，而宋欽宗只是歸類到天眷之一。岳飛的意思是說，只有趙九哥才是正統皇帝，宋欽宗已經不能代表大宋了，我們都不認可他。

你說岳飛會不會做人？私下拜見趙構是給面子，請立太子是為國謀劃，劄子中的措辭更是明確表態，迎回徽、欽二帝也不能動搖趙構的地位。更何況，岳飛多年來一直遵守朝廷命令，讓打就打，讓退就退，動不動還鬧辭職，表明不貪軍權。這種職業經理人，誰會不喜歡呢？趙構都情不自禁地說：「諸

36 梓宮是指皇帝、皇后或重臣的棺材。

將知尊朝廷可喜……中興之事，朕一以委卿。」

岳飛還在《乞出師劄子》裡給趙構列出了北伐的具體步驟：

（一）金國扶持偽齊是希望制衡，我們可以派出使者，離間齊國的父子君臣，這是在敵占區統一戰線；

（二）萬一有機會的話，我就提兵北上河南，匯合五路叛將，到時候河南、陝西都可以收復，山東可以交給韓世忠等人；

（三）繼續分兵北上，滅偽齊，恢復大宋；

（四）局勢到此時，遼國也有復興的機會，我們可以適當給予援助，分散金國的兵力；

（五）假如劉豫實行堅壁清野，那麼河南肯定不好打，我必須帶兵回來，在運動中尋找戰機，積小勝為大勝；

（六）如果敵人沒有攻打襄陽，而是跑到江南或者四川，那我正好可以長驅直入，把「圍魏救趙」反過來玩；

（七）最重要的是，必須給我足夠的時間，沒事別催。

一一三七年的岳飛，不僅規劃了行動的每一步，還考慮到各種突發情況，以及應對方案，除此之外又有統一戰線、聯絡敵後義軍等策略，戰略眼光顯露無遺。到一一四〇年時，計畫表中的各項準備都已完畢，岳家軍經過三年整頓，實力非常雄厚。對於北伐，岳飛志在必得。

3

再來看看金國這邊。金國最大的問題是人口少，所以，他們很難真正控制黃河流域，只能維持，對遍地的騷擾也束手無策，比如辛棄疾的爺爺在金國任職，卻經常帶著孫子「指畫山河」。

虛弱的統治局面，再加上金太祖、太宗的權力鬥爭，導致金國內部分為兩派：一派主張停戰。狼吞虎嚥的吃相太難看，不如休養生息，積累實力，將來再南下滅宋。一派主張進取。畢竟現在的宋朝很弱啊，不趕緊滅宋，萬一以後沒機會了怎麼辦？

一一四一年，主和派主導金國朝政。他們和南宋議和，把陝西、河南兩地歸還南宋，兩家和和氣氣地過日子。陝西、河南重新回歸，朝廷大臣都說派大軍北上，穩穩當當地駐紮起來，趙構不肯：「意思到了就行，咱別太當真。」岳飛當時氣得要辭職。

金國很多人其實不願意議和，好不容易打下的土地，憑什麼白白送回去？於是，一一三九年，主戰派的完顏兀朮發動政變，殺死掌權的主和派，成為金國新一代主戰權臣，一力主張收回河南、陝西。

一一四〇年，戰爭爆發，事情又回到最初。

戰爭的過程並不複雜。岳飛在六月北伐，順利攻克蔡州、穎昌、陳州之後，七月收復洛陽。經過多年和北方義軍統一戰線，梁興、李寶等義軍領袖也組織民兵，在黃河以北進行敵後騷擾，他們共同形成六面包圍開封的態勢。韓世忠已經打到了連雲港，張俊進軍亳州，中興大將全部向北推進，只要岳飛擊敗開封的完顏兀朮，金國將再無可戰兵團，中興大業可成。

但是，趙構的詔書又來了。他命令韓世忠、張俊、劉錡撤軍，於是岳飛成為一支孤軍。正是岳家孤軍，上演了最壯烈的戰爭史詩。完顏兀朮麾下無往不勝的鐵浮圖[37]，遭遇岳雲率領的背嵬軍[38]，幾仗下來完全喪失戰鬥力。

37 鐵浮圖與拐子馬是金國的兩種騎兵。拐子馬是輕騎兵，人馬不穿盔甲，以射箭為主，採用兩翼包抄戰術。鐵浮圖是重裝騎兵，人、馬穿著盔甲，採用列陣中間突破戰術。

38 背嵬軍是岳飛統領的一支精銳騎兵部隊，代表了「岳家軍」的精華所在。

潁昌大戰中，岳家軍殺得人為血人、馬為血馬，但無一人肯回頭。還有楊再興，他帶著三百騎兵外出巡邏，在小商河遭遇金軍大部隊，在殺死兩千敵軍後全軍覆沒。楊再興的屍體火化後，燒出兩升箭頭。

出兵以來屢戰屢敗，完顏兀朮都開始懷疑人生了，他根本沒想到岳家軍的戰鬥力如此強大。他把十萬大軍駐紮在朱仙鎮，打算最後再試一次，實在不行就撤。

岳飛派出的依然是背嵬軍，不過只有五百人打前站。岳飛的意思是，試試就行了，別來真的，大戰還是主力來打。但五百背嵬軍和金軍的第一次交鋒，就讓金軍全線崩潰。完顏兀朮實在沒辦法了，準備拔營回師。

而在此之前，金軍大將韓常曾派人請降。只要再堅持一下，岳家軍就能大獲全勝，收復長城以南都是完全有可能的。可岳飛沒有等來援兵，而是十二道金牌。

4

金國有主戰派與主和派，宋朝也有。只不過金國的主戰派發動了政變掌權，宋朝的主和派善於揣摩皇帝的心思，獲得了大力支持。

宋朝的主和派首領是秦檜。此人曾經和徽、欽二帝一起被抓到五國城，後來不知用了什麼辦法，他一路逃回了江南。有人說秦檜帶著任務，有人說秦檜是內奸，具體情況已埋入塵土，我們不做過多的揣測。不過，秦檜確實揣測了趙構的心思。

大宋立國初年，鑑於五代十國的軍閥混戰，朝廷奉行用經濟利益、社會地位換取軍中大將權力的路子。抑制軍人權力，其實是刻在宋朝皇族骨子裡的基因。五代十國的教訓、依靠政變立國的歷史，時刻提醒趙家要對軍權嚴防死守。

宋朝的另一項家法是：「與士大夫共天下。」軍人在宋朝的地位很低，岳飛那麼厲害，也只有做到太尉以後，才能取得和文官同等的地位特權。

趙構登上皇位以後，更是敏感至極。如果不是風雲際會，做了一回漏網之魚，皇位怎麼也輪不到他的頭上。登基初年，趙構的合法性是不穩固的。「靖康之變」後，天下各地都是軍事武裝，他們打著報效朝廷的名義，做著割據地方的勾當，最典型的就是「苗、劉兵變」。一一二九年，剛當皇帝兩年的趙構遭遇「清君側」，苗傅和劉正彥二人發動兵變，逼迫趙構退位，讓位給三歲的太子。

熟悉歷史的都知道，苗、劉二人想做曹操。幸虧他們實力不夠，各地將領紛紛勤王平亂，叛亂很快被鎮壓下去。緊接著又是「搜山檢海」[39]，趙構一路跑到大海上偷生，身邊連可用的軍隊都沒有。

祖傳基因和人生閱歷讓趙構十分缺乏安全感，並且對軍權有熱切的渴望。金國俘虜「徽、欽二帝」北上，宋朝國祚被攔腰斬斷，讓朝廷的威嚴嚴重喪失，所以趙構的任務也很簡單：恢復朝廷權威、收攏兵權。這就是議和的基礎。一旦議和成功，有了金國冊封和祖傳基業的加持，南宋朝廷的合法性就算是重建了，不管強不強大，起碼能活著。

而朝廷穩定以後，有了一紙合約，邊境暫時不需要打仗，正好可以著手削除兵權，把大權集中到朝廷手中。在趙構的規劃裡，只要能達到目的，什麼條件都可以接受。最重要的是，趙構本身沒什麼雄才偉略，他的出發點完全不是恢復大業，而是苟且偷生。

趙構的心思，秦檜揣摩得清清楚楚。秦檜沒什麼理想，更沒什麼大目標，他的所作所為就是為了權勢地位。他順著趙構的心思做起了主和派。秦檜要借助推動議和的政策，打壓主戰的宰相和將軍，讓自己掌握最大的政治權力。

39 一一二九年，金兵五路大軍直撲江南，南宋長江防線崩潰，宋高宗趙構逃往海上避難。後來金兵以「搜山檢海已畢」為託詞，撤兵北返。

於是，趙構和秦檜狼狽為奸，策劃兩次議和，他們只想保全江南，把個人榮辱置於民族興亡之上。岳飛則是民族興亡重於個人榮辱。

5

岳飛在朱仙鎮收到十二道退兵詔書，命令他立刻班師，然後到臨安朝見。那時完顏兀朮已經逃出開封。河南百姓苦苦哀求岳飛留下，實在沒辦法，岳飛取出詔書示眾：「我不得擅留。」岳家軍南下途中，完顏兀朮回到河南，曾經收復的失地再次陷落。岳飛仰天大哭：「所得諸郡，一旦都休。社稷江山，難以中興。乾坤世界，無由再復。」

回到臨安以後，岳飛變得沉默寡言，不再說慷慨激昂的話，只是請求辭職回鄉。他心灰意冷，不抱什麼希望了。此時的趙構還是維護岳飛的，他不允許岳飛辭職，理由是戰爭還沒結束。這句話更加說明，趙構要維護江南朝廷，但又需要忠於自己的鷹犬。嗯，建立一個有權威的江南朝廷，已經很好了。

可岳飛的成功，讓他和趙構站在相反的立場。

一一四一年，完顏兀朮給秦檜寫信：「必殺岳飛，而後和可成。」只要岳飛活著，完顏兀朮就怕他重新受到啟用。一邊是岳飛，一邊是朝廷和軍權，趙構和秦檜不難選擇。

韓世忠、張俊、岳飛同時被調離軍隊。本來韓世忠也要死的，還是岳飛通風報信，讓他有機會到宮裡哭訴，勉強保住一條老命。而岳飛就沒有這麼好的運氣。他太厲害了，只要他不死，就不能議和；如果不議和，秦檜就坐不穩，趙構的家國大業也只是鏡花水月。

十月，岳飛被投入大理寺。案子審理很慢，怎麼都找不出岳飛謀反的證據，不得已用「莫須有」代替。莫須有的意思是「不必有」，皇帝殺人還需要理由嗎？

岳飛死了，和議再也沒有障礙。秦檜取得政治鬥爭的勝利，繼續執政十四年；趙構也踏實了，一口氣繼續活了四十六年。

說到底，岳飛之死不是情商低，而是政治鬥爭的犧牲品。他的民族興亡價值觀，擋了趙構和秦檜個人榮辱的路，他用自己的生命和國家的前程，為君臣鋪就通天路。

君臣二人也知道岳飛死得冤，一輩子都對「岳」字耿耿於懷，甚至把岳州改為純州，還不是心虛嘛。

岳飛死後，獄卒隗順將遺體背出城外，埋在錢塘門外的九曲叢祠旁邊。這個祕密，隗順一輩子都沒有告訴任何人，直到臨終時才悄悄告訴兒子。一一六二年，宋孝宗為岳飛平反，隗順之子才把這事報告給朝廷。

去世二十一年後，岳飛才真正入土為安，被朝廷改葬在西湖棲霞嶺。此後千年，岳王廟香火鼎盛。終究是公者千古，私者一時。

歷史週期律：什麼才是普通人最好的時代

1

後世稱明宣宗朱瞻基為太平天子，「仁宣之治」也是堪比「文景之治」的治世。這時的明朝，外沒有強大的敵人，內沒有農民起義，經濟發展也處於平穩的上升期，皇帝和大臣只需垂拱而治，盛世就會如期到來。老百姓也沒有太多糟心事，可以安心做一枚螺絲釘。

總體來說，朱瞻基的時代正處於上升期，不僅沒有王朝草創時期的窮困，也沒有王朝末期的絕望無助。由於經濟和社會沒有飽和，更沒有盛世危機。這就是每個王朝最好的時代。

在歷史週期律中，很多大一統的王朝都會出現這樣的時期，比如漢朝的文景之治，唐朝的高宗、武則天時代，宋朝的真宗、仁宗時期，明朝朱瞻基的宣德年間。能生活在此時的人們，基本是老天爺賞飯吃，可遇而不可求。王朝起步和沒落期，都是苦日子。

2

在歷史週期律中，每個王朝的初期都很艱苦。由於多年的戰爭破壞，中原大地幾乎是一窮二白，開國君臣需要在一張白紙上動筆作畫。雖然戰爭緩解了土地危機，形成人少地多的局面，朝廷和臣民的危機不是特別大，但是真的窮啊。

劉邦貴為皇帝，居然連顏色一樣的馬都湊不出來；蕭何和曹參居然要坐牛車上朝，可想而知，民間有多苦。

李世民登基後南征北戰，但是老百姓也很窮困，生活品質不如隋煬帝初年。明朝也一樣。朱元璋接手的更是爛攤子，不僅臣民沒有歸屬感，而且南、北都有強大的敵人時刻威脅明朝。朱元璋要做的事很多，擊北元、平西南、定制度、發展教育、丈量土地、統計人口，到晚年還得操心太子的事，不得不再次掀起藍玉案。嚴峻的形勢，硬生生把貧民朱元璋逼成了勞動楷模。皇帝都累成這樣，更別說老百姓了。

勤儉節約是王朝初期的特質，幹什麼都精打細算的，捨不得花錢，也不講究吃穿，一切以積累為主。只有家家有餘糧，帳戶上多幾個零，才能形成大規模的商業繁榮，進一步刺激消費。縮小到個人，則是從吃飽到吃好，穿暖到穿得漂亮，然後奢侈品、房地產等才能逐漸興起。

這種環境類似於我們的祖輩和父輩，平生沒什麼愛好，只喜歡存錢、存糧食、囤白菜，凡是能積累的東西，都要留一點。不是他們不懂得享受生活，實在是生存環境不允許，不存點東西，不知道什麼時候就要喝西北風。

他們的使命就是積累和打基礎。他們唯一的目標是過上好日子，可他們的好日子只能留給兒孫去完成，自己幾乎看不到希望。

王朝初期是能人的好時代，不是普通人的好時代。

3

那盛世也不好嗎？好當然是好，只是煩惱也很多。唐朝的開元盛世，人民的物質生活十分豐富，上至皇帝，下至百姓，都生活得很好。他們心中極其驕傲，一股大國氣象撲面而來。僅國內生活好是不夠的，還得萬國來朝、睥睨四方，才配得上無雙盛世。

北宋沒有唐朝的國際地位，但富裕程度遠遠超越唐朝，經過一百六十年的積累，宋徽宗時代達到「豐亨豫大」[40]的程度。可盛世正處於拋物線的頂端，輝煌之後必然是衰落。

安史之亂埋葬了長安的繁華，公卿貴戚流離失所，百姓惶惶如喪家之犬。靖康之變終結了北宋，人口百萬的汴梁在金兵的屠刀下猶如人間地獄。遙遠的北國，一場「牽羊禮」[41]明確告訴徽、欽二帝：「你們都是失敗者。」

漢朝的盛世雖然沒有這麼慘，但漢武帝晚年海內窮困，戶口減半，當時百姓的生活也很淒慘。在明朝，盛世應該是英宗朱祁鎮到武宗朱厚照之間。由於明朝沒有大規模開疆拓土，所以盛世不太明顯，從嘉靖起就已經走上末路了。

所以相對於普通人來說，盛世也並不完美。

那些既得利益者已經形成規模，基本壟斷了可見的資源。由於古代沒有科技創新，平民百姓的上升管道已經被堵死。一層天然的隔膜，讓權貴、士紳、貧民成為老死不相見的群體。不出意外，階層固化將永遠存在下去。

土地兼併盛行，很多人連飯碗都保不住。存量市場的激烈競爭，出現「笑貧不笑娼」的觀念，紙醉金迷的奢侈風氣盛行。很多男人為了發家致富而不擇手段，很多女人為了嫁得好而費盡心機，大家都一致向錢看。

普通人建不起房、娶不起老婆的比比皆是。類似的場景，在杜甫手中化為不朽的詩句：「朱門酒肉

40 出自《周易》，形容富足興盛的太平安樂景象。
41 牽羊禮是指當時金國的一種受降儀式，要求俘虜赤裸著上身，身披羊皮，脖子上繫繩，像羊一樣被人牽著，也表示像羊一樣任人宰割。

臭，路有凍死骨。」盛世王朝已經處於兩極分化初期，旱的旱死，澇的澇死。這條路徑再往下走，便是亂世的到來。

4

上升期的時代為什麼最好呢？因為有希望。經過朱元璋的不懈努力，明朝的一系列制度基本定下基調，以後的君臣只要不出大錯，江山保幾百年沒問題。

財政稅收和地方管理方面，有統計土地和人口的魚鱗冊和黃冊，保證稅收源源不斷地輸入朝廷。軍事有衛所制，平時種田，戰時打仗，養兵百萬而不用朝廷花一分錢。

有能力威脅朝廷的功臣早已被殺，只有最核心功臣的子孫，再加上靖難功臣作為皇權的基本盤。而地方官吏也經過整頓，效率出奇地高。

那外部呢？

朱棣五次出塞征討蒙古，強大的蒙古帝國終於退化成游牧部落，再也不能形成強大的戰鬥力。鄭和下西洋，把大明朝的威名遠播海外，萬國來朝也出現了。再加上疏通河道、編撰《永樂大典》……大仗都被祖宗打了，小仗有文武打手，君臣按時打卡上班，做點力所能及的事就好，朱瞻基躺著就贏了。

同樣的道理，唐高宗李治、宋仁宗趙禎、清高宗乾隆都是這樣的。

最重要的是，國家發展依然處於增量。此時距離開國不遠，土地還沒有被瓜分乾淨，人口增長也沒有達到承載極限，每年都能看到經濟指標向上漲，所有人都能上車分果子。這時，開國雄主的餘威還在，官吏不敢過分踩踏紅線，社會風氣也有勤儉節約的意思，純粹的紙醉金迷還沒有普及。

雖然沙場老將凋零，但軍隊的戰鬥力保存了下來，一些微小的邊境衝突，派些軍隊就足以搞定。老百姓的生活也很好。他們可以真實感受到，好日子已經來臨了，並且每天都在變得更好，抬頭看未來，一片光明，他們揮舞鋤頭更用力了。

在王朝的上升期，所有人都胸懷盛世夢，齊心協力地向前奔去。他們堅信日子會越來越好。雖然老百姓也能感受到上升通道在收縮，偶爾也會焦慮，但他們不會絕望，因為留下的狹窄縫隙足以讓一大批人通過。實在不行就開荒種地，希望還是有的。

此時的大明朝，沒有人覺得要完，只會越來越好，越來越強大，不久後，它將位於拋物線的頂端。所以我覺得，這樣的時代才是最好的。好就好在留有餘地。雖然沒有處於盛世，但也算摸到盛世的邊了，同時還保留了開國初期的質樸與剛健。

不多不少，剛剛好。

一六四四年：千年國運的轉捩點

1

一五二八年，文徵明和王寵同遊楞伽山。彼時，五十九歲的文徵明早已辭官歸隱，放棄了一生追求的功名利祿。而王寵依然掙扎於仕途不可自拔，二人讀書之餘一起遊山玩水。

那一天，他們借宿在楞伽山的寺廟中。一杯清茶、一個蒲團、一張几案，窗外是漫天飛雪，師生二人品茗談心。此情此景，頗有魏晉遺風。看著窗外美景，王寵拿出筆墨紙硯，讓文徵明幫他畫下來，希望把難得的美景留存於紙上。文徵明接過紙張，開始磨墨動筆。這一畫，足足五年。

一五三三年，《關山積雪圖》終於完成。畫中冬日群山壯闊，雖白雪皚皚，但有青松點綴，別具一格。四百年後，這幅畫被收藏於臺北故宮博物院。國寶誕生，也有特殊機緣。

明朝正值小冰河時期，氣溫驟降，從北京到廣州，寒冷遠甚如今，大雪壓垮房屋也是常事。文徵明作畫的五年，恰好是小冰河時期的低谷，大寒大雪給了兩位不得志的文人以靈感，因此留下了這幅傳世之作。

崇禎年間，小冰河進入極寒期，氣溫也降至歷史的最低點。那些年，太湖也可以結出厚厚的冰層，蘇州、無錫人可以駕著馬車穿越湖面直達湖州，廣州也不再四季如春，城內、城外的居民成百上千地被凍死。

大寒過後，往往是大旱。氣溫過低，天氣又乾燥不下雨，導致糧食減產，本來就收入不多的百姓面對官府的逼稅，只能拋家棄田，到外地求活路。茫茫四海，哪有什麼世外桃源。老百姓成群結隊在中原大地遊蕩，猶如鬼魅。實在餓極了，只好舉刀砍向身邊人，人相食早已司空見慣。

大明江山，已是修羅場。

2

一六二九年，刑科給事中劉懋上書，建議整頓全國驛站，這樣一年下來能省幾十萬兩銀子。說是整頓，其實是裁撤。得到崇禎皇帝的許可後，劉懋雷厲風行，很快就裁撤全國大部分的驛站，雖然每年可以節省六十八萬兩銀子，卻也砸了幾十萬人的飯碗。

砸人飯碗，猶如殺人父母，李自成就是失業大軍中的一員。他失去了糊口的工作，而且沒有任何失業補助。人才市場也人滿為患，他連大門都擠不進去。此時正好是小冰河的極寒期，饑荒開始在陝北蔓延。饑民成群結隊地去挖野菜，野菜吃光就只有樹皮、觀音土，反正走投無路，他們只能自力更生。

李自成帶著侄子李過到甘肅當兵，不求升官發財，只想混口飯吃。可他不知道，軍隊也沒有餘糧。盧象昇當宣大總督時給朝廷寫報告：「所轄之軍，其餉銀自去年十二月到今，分毫未領也。各軍兵雖復擺牆立隊，乘馬荷戈而但有人形，全無生趣……況時值隆冬，地居極寒，胡風朔雪，刺骨寒心。微臣馬上重裘，猶然色戰難忍，隨巡員役，且有僵而墮馬者。此輩經年戍守，身無掛體之裳，日鮮一餐之飽。夫獨非聖明宇下蒼生、臣等懷中赤子乎？鋌而走險，所不忍言，立而視死，亦不忍見。一鎮如此，三鎮可知。」

意思是說，大同軍隊已經一年沒有軍餉了，為了養家糊口，武器裝備都已經賣掉了，即便如此，也沒有多餘的衣服禦寒。大同的冬天經常是零下二十多攝氏度，這麼冷的天氣，盧象昇穿著裘皮大衣都冷得不行，何況那些穿著單衣又吃不飽飯的士兵？大同號稱重鎮都是如此，何況甘肅。

李自成所在的軍隊因為缺衣少食，不得已殺官造反。他們終究沒有逃脫時代的宿命，從此以後，李自成加入農民起義軍，從隊長、闖將一直成為闖王。他們沒有理想和目標，只是被時代的洪流推著向前，生或死，成與敗，都不由自己做主。他們最初的動機，不過是想吃飽飯。

當然，崇禎皇帝也給過他們機會。一六三一年，三邊總督楊鶴對崇禎皇帝說：「饑民造反是因為沒飯吃，只要撥款賑濟，一定能平定叛亂。」他主張三分軍事，七分政治。崇禎拿出十萬兩私房錢，交給楊鶴用來招撫。不得不說，這一招效果很好。除了渡過黃河的李自成、張獻忠等人，留在陝西的起義軍大部分都投降了，排隊領到救濟補助後，紛紛回老家安頓家人。

不過，有效期只有半年。半年後，他們的補助早已用完，但地裡沒有莊稼，再過一段時間還得交公糧，而崇禎再也拿不出錢了。怎麼辦？只有重操舊業。這是一個無解的死局。從此以後，農民軍在中原縱橫多年，猶如熊熊烈火，始終不滅。

楊鶴失敗後，朝廷主剿派上場。他們極力攻擊楊鶴的綏靖政策，於是楊鶴被朝廷革職拿辦。對於楊鶴的結局，他的兒子楊嗣昌很痛心。一六三七年，楊嗣昌出任兵部尚書，並在第二年進入內閣，成為皇帝的頭號親信。他提出「四正六隅、十面張網」的策略，想把農民軍一網打盡。

除了作戰計畫，楊嗣昌還有口號：「不做安安餓殍，猶效奮臂螳螂。」意思是說，農民不在家老老實實地餓死，還敢出來螳臂當車?!

可見，楊閣部真的不懂這個世界。

3

然而，不懂這個世界的，還有崇禎皇帝。

原本按照朱元璋的設計，明朝應該是武將、文臣、藩王相互制衡，這種權力結構可以保證皇帝大權獨攬。可日後的歷史走向，卻出乎朱元璋意料。

藩王和武將都被廢去了「武功」，只留皇帝和文臣相互博弈。為了尋找盟友，皇帝不得不培養太監。明朝的太監被人罵了很多年，可有一個不爭的事實是：太監強勢的時期，也是皇權鼎盛的年代，比如劉瑾、魏忠賢時期。崇禎皇帝不懂，他一出手就把魏忠賢廢掉了，但是他又沒有培養出自己的盟友，因為他相信，文臣都是正人君子，值得信賴。

從這一點來看，崇禎有點像王莽。他抱著理想主義的心態去闖蕩現實主義的世界，結果一定會頭破血流。於是，他在十七年內更換了十八個內閣首輔，殺了好幾任兵部尚書、巡撫、總督，卻始終不能貫徹自己的意圖。不論是財政還是作戰，他孤身一人面對龐大的文臣豪紳。他可以輕鬆撤掉任何一個人，但對整體無能為力。

當然，崇禎的人品也有問題。一六三八年，盧象昇在河北和清軍作戰，但是大部分兵力被太監高起潛分走，最終力竭戰死。最後高起潛投降清朝，依然過著好日子，盧象昇卻被「八十天不准收屍」，連撫恤都不給。

一六四二年，松錦戰役[42]失敗，遼東門戶大開。崇禎暗示兵部尚書陳新甲跟滿清議和。陳新甲辦事很俐落，馬上就準備簽約了。恰好，陳家僕人在收拾書房時看到了議和的草案，轉頭就當作大新聞給說

42 編按：松錦戰役是清兵入關前，明清的最後總決戰，明軍慘敗。

出去了。結果崇禎不承認有此事，一刀就把陳新甲給砍了。換作是你，遇到這樣的老闆你不辭職嗎？

再說說「君王死社稷」。

一六四四年，李自成即將進入北京，江山馬上就要易手。崇禎也想效仿宋高宗，到江南建立流亡政府。但是他不自己說，好幾次上朝，他都暗示大臣請他南巡，然後自己再批准。陳新甲的前車之鑑就在眼前，所有人都知道他的意思，但就是沒人幫他。崇禎氣得衝下去一人一腳。

南下渡江的計畫在君臣的推諉中蹉跎了一個月，直到李自成兵臨城下，他們依然沒有做出決定。崇禎等不及了，他要自己行動。但他哪裡還能走得了？各門的禁軍都忠於職守，死活不讓皇帝出宮，最後實在沒辦法，才去景山自縊。

明朝滅亡，崇禎至少要負一半責任，另一半則是祖宗留下的爛攤子。

4

明朝的爛攤子，恰好清朝都能醫治。努爾哈赤的祖父覺昌安是建州酋長，也是明軍都指揮使，在李成梁「養寇自重」的自保策略下，苟且偷生於遼東。

一五八三年，李成梁攻打古勒城。城主阿台是覺昌安的孫女婿。為了孫女的性命，覺昌安就和兒子塔克世入城勸降，結果明軍突然攻城，父子倆都在城中被明軍殺死。

為了給父祖報仇，努爾哈赤以十三副遺甲起兵，踏上創業開國的不歸路。他創業成功的關鍵，是優秀的組織制度建設。女真人很原始，基本沒有社會組織。於是，努爾哈赤就把部族人口全部組織起來，分別用正黃、鑲黃等八旗命名，其下有甲喇、牛錄等單位，分層級管理。在旗之上，努爾哈赤又讓子侄分別擔任旗主、貝勒，家族成員牢牢掌握管理大權，這就是「八旗」制度。

八旗不僅是軍隊管理方式，還兼管女真的民政、司法、財政。換句話說，女真的所有社會資源，都被納入了八旗中。有了八旗制度，女真雖然弱小，但也可以集中全部資源，用於戰爭，甚至開疆擴土。明朝雖然資源多，但是都分散在豪紳和藩王之手。明朝的軍餉、人事、派系都十分散亂，就像一個虛弱的胖子，所以在局部戰場上總是失敗。

一六一九年的薩爾滸之戰，再次證明了這一點。一年前，努爾哈赤誓師討伐明朝，接連攻破撫順等地。萬曆皇帝感覺事態很嚴重，於是決定派兵支援遼東。援兵從四川、甘肅、浙江、福建和朝鮮而來，不熟悉環境又沒有充足的糧食和軍餉，最重要的是，將帥都互相掣肘。這還怎麼打？

努爾哈赤說：「憑你幾路來，我只一路去。」但這種戰術的前提是集中。除了兵力，糧食、軍餉、紀律都要統一，才能「集中力量辦大事」。

明軍兵敗如山倒，女真崛起。此後，努爾哈赤的子孫以滿洲為族名、大清為國名，他們擊敗林丹汗，橫掃漠南蒙古，結成滿蒙聯盟。在一六四四年前，清朝已經是橫跨內蒙古、東三省的巨無霸。而巨無霸的大本營雖然有時也彼此不合，但在大方向上都很團結。

明朝和漢人，就是輸在不團結。

5

洪武十八年（一三八五年），朱元璋請茹太素吃飯。賞賜了一杯御酒後，他突然說了一句文縐縐的話：「金杯共汝飲，白刃不相饒。」意思是：即便酒桌上的關係再好，但是該殺你全家還殺你全家。而茹太素的回答也挺有意思：「丹誠圖報國，不避聖心焦。」我只求報效國家，你對我好不好都沒關係。

一語成讖。朱元璋屢次掀起大案，誅殺無數官員，但明朝依然收獲了無數剛烈、正氣的大臣，比如于謙、方孝孺、王陽明……皇帝動不動就在朝堂上把大臣的褲子扒開打屁股，依然不能阻止他們忠君愛國。但這一套在明末就不靈了。

一六四二年以後，李自成在河南、湖北接連取得大勝，一年後打敗孫傳庭回到陝西，這時三分天下已有其一，改朝換代的局勢已經很明朗了。文官和士紳開始投靠李自成，希望能保全自己的家業，也想在未來的新王朝中謀求有利的位置。

李自成宣布農民三年免稅，但龐大的軍隊和政府也需要糧食和白銀啊，於是，他的軍隊到什麼地方，都要屠殺當地的宗室藩王，把藩王多年積攢的糧食和財富全部充為軍費。

一六四四年農民軍進入北京後，追贓助餉的範圍已經不止於藩王，而是擴大到了勳貴和全部官員。中堂十萬兩、部院七萬兩、科道五萬兩、翰林三萬兩……至於累世公侯之家，務必要人財兩盡。不到一個月，抄家就得到七千萬兩白銀。這可是和全體官員為敵啊！

於是，當初把李自成比喻為「沛上亭長、太原公子」的那些士大夫，轉身就罵他賊性不改，並且十分懷念明朝。同一時刻，遠在遼東的吳三桂已經準備投降了，他甚至在盧龍縣張貼告示：「我是來朝見新皇帝的，都是自己人，你們千萬不要驚慌。」吳三桂和其他人一樣，也希望在李自成的新王朝立足，況且他的爵位和實力足夠高，很可能成為新王朝的新貴。

可是從北京傳來的兩個消息讓吳三桂很是擔憂：第一是陳圓圓被劉宗敏搶走了；第二是追贓部門要求吳襄吐出二十萬兩。吳襄是吳三桂之父，相比陳圓圓來說，他爸的事才是最重要的。

可以肯定的是，吳三桂從這件事就能知道，李自成和自己不是一路人。再加上追贓助餉的消息不斷傳來，吳三桂終於下定決心，他帶著部隊向東而去，攻破山海關後立刻給清朝寫信，請求攝政王多爾袞出兵救援，並且拍著胸脯保證：「如果肯來的話，我帶路。」

事實證明，清朝早已做好了準備。多爾袞收到信時，正好是動員八旗傾國而來，向山海關進軍的路上。

李自成得知吳三桂攻占山海關的消息後，立刻整頓兵馬，帶著吳襄和明朝太子北上平叛。雙方一見面就打得天昏地暗，當天晚上吳三桂就撐不住了。

多爾袞沒有出動，而是在歡喜嶺等待時機。他怕吳三桂是詐降，想看看李自成和吳三桂到底是什麼關係。吳三桂沒辦法，只得親自到歡喜嶺求見多爾袞，請求八旗軍隊援助。這時多爾袞才相信他。為了和李自成的軍隊區分，他讓吳軍在肩膀上綁上白布，以免誤殺，隨後便帶著軍隊進入山海關，和吳三桂並肩作戰。

二打一，李自成根本扛不住，只好連夜撤退。正是這一天的戰鬥，多爾袞封吳三桂為平西王，相當於在爵位上連升三級。

事實證明，吳三桂不是一個人在戰鬥。多爾袞和吳三桂向北京前進時，李自成已經向西安撤兵。城中的官員傳言：「吳大帥打敗李自成，迎接太子回來登基了。」於是，朝中大員帶著禮器到郊外迎接吳大帥，沒想到，迎面走來的卻是清朝的八旗軍隊。他們馬上修改臺詞：「恭迎王師定鼎京師，萬歲萬歲萬萬歲。」

他們也換來了豐厚的回報，多爾袞承諾明朝官員，只要歸順就可以官復原職，被農民軍追討的家產也物歸原主。從此以後，中原各地冠冕依舊。

李自成兵敗如山倒，只帶著少量兵力逃回北京，匆忙舉行登基典禮後，又帶著財物奔向西安。沒有文官和士紳的支持，他已經無法在北京立足。

一六四四年，士紳有兩張面孔：在李自成的占領下拚命造反，在清朝的占領下一腔熱血地表忠心。矛盾嗎？一點兒都不矛盾。他們很清楚誰是真正的朋友，誰是真正的敵人。至於國家危亡、民族大義什麼的，他們已經顧不上了。

6

一六四四年，北京是一座大舞臺。崇禎皇帝收拾好道具，放下話筒，結束了明朝兩百七十六年的表演，向台下觀眾鞠躬致敬，走向了景山的歪脖子樹；李自成立足未穩，被觀眾用臭雞蛋、香蕉皮轟下舞臺；多爾袞帶著清朝傾國而來，優雅的舞姿魅惑人心。滿洲人獲得了舞臺的使用權，將繼續為觀眾表演絕活。

有歡笑，也有淚水；有人離場，有人進場。無論舞臺上有怎樣的風雲變幻，觀眾席始終是一樣的人。唯一不變的是他們都保持統一的審美，一起鼓掌，一起憤怒。

令貴妃的爭寵記，大清國的貿易戰

1

在紫禁城的東六宮內，有一座宮殿叫延禧宮。這裡曾經住過乾隆的令貴妃、嘉慶帝的母親、晚清六代皇帝的老祖宗魏佳氏。如果權傾朝野的慈禧太后見到她，也得恭恭敬敬地跪下磕頭，甜膩地說一聲：「曾祖母安康。」

魏佳氏的出身低微，不出意外的話，她的祖輩也是貧下中農，後來在大清入關的劇烈變革中，被抓到八旗漢軍中當包衣奴隸。奴隸生下的孩子仍然是奴隸，正所謂子子孫孫，無窮匱也。

在那個想當奴隸而不可得的時代，魏佳氏比較幸運地得到了旗人的身分，雖然是最低等的包衣，但依然有參加皇宮選秀的資格。因為長得美、頭腦靈光，她順利打敗了其他競爭對手，開始邁步走上人生的巔峰。

魏佳氏的人生到底有多成功呢？在清朝，如果包衣出身的宮女被皇帝寵倖，也是可以做「王的女人」，但最高只能做到貴人。而魏佳氏在乾隆十年（一七四五年）受寵倖後，直接封為貴人；板凳還沒坐熱呢，三個月後就成為令嬪；乾隆十三年（一七四八年）又被提升為令妃，堪稱清朝後宮的「火箭提拔」。

一人得道，雞犬升天。魏佳氏在後宮大獲成功，她的娘家也被「抬旗」，脫離了包衣的奴隸身分，進入鑲黃旗世襲官職，正式成為統治階級的一員。這還沒完呢。在以後的人生歲月裡，魏佳氏接連坐上了貴妃、皇貴妃的寶座，甚至還生下了後來的嘉慶皇帝，成為乾隆朝最有地位的女人之一。如果考慮到乾隆後期沒有冊立皇后，我們也可以把那個「之一」去掉。這可確確實實是跨越階層的勵志傳奇啊！

2

當魏佳氏在後宮努力奮鬥時，她的丈夫乾隆皇帝，也在人生的星光大道上策馬奔騰。乾隆最大的文治功績，便是編纂了《四庫全書》。

一七七二年，安徽學政朱筠向他彙報工作：「明朝的《永樂大典》已經丟失很大一部分了，這可怎麼辦呀？」乾隆的回答很簡單：「重新編一部就好了。」第二天，他就下令把各省的藏書和武英殿的書籍全部彙集在一起，重新編一套百科全書，名字就叫《四庫全書》。

官方藏書畢竟有所缺漏，所以向民間「徵集圖書」。這一步也最難。乾隆雷厲風行地下令：凡進書五百種以上者，賜《古今圖書集成》一部；凡進書一百種以上者，賜《佩文韻府》一部。

在優厚的獎勵之下，全國熱心人民紛紛把家中藏書捐贈給朝廷。一七八一年，歷經九年的漫長時間，經過徵集、整理、抄寫、校對後，第一部《四庫全書》新鮮出爐。《四庫全書》收錄三四六二種書籍，共七九三三八卷，總字數近八億，分別藏於北四閣：紫禁城文淵閣、瀋陽文溯閣、圓明園文源閣和承德文津閣；南三閣：揚州文匯閣、鎮江文宗閣、杭州文瀾閣。

這部書在編纂的過程中，實施了無數次「文字獄」，消滅了反對者的肉體和靈魂，在儘可能傳承中國書籍的同時，也儘可能刪除了不利於統治的思想。一眼望去，遍地花團錦簇，撥開花蕊，卻是風聲鶴唳。文人再也不能隨意發表意見，輿論的大棒縱橫四海八荒，人們的腦海裡只能有一種思想：「萬歲萬歲萬萬歲。」

乾隆文治璀璨，武功更是赫赫威風。

一七九二年，坐在紫禁城的大殿內，乾隆回想起一生的南征北戰，不禁發自肺腑地驕傲：「我平定了大清國所有的敵人。自古以來所有的帝王，誰有這樣的成就？」於是，他提筆寫下一篇自我誇耀的《十全記》：「十功者，平準噶爾二，定回部一，打金川為二，靖臺灣為一，降緬甸、安南各一，即今之受廓爾喀降，合為十。」他還在上面蓋上兩方朱印：「八徵耄念」、「自強不息」。

連年征戰之後，朝廷在西域設立了帝國的新省份——新疆；西藏也牢牢地受朝廷掌控，地區宗教領袖要接班，必須朝廷批准；再加上蒙古、東北、臺灣等地區，帝國的疆域達到了驚人的一千三百八十萬平方公里。

一切都是那麼令人心醉，彷彿空氣中都飄蕩著成功的味道。外無敵人，內無爭執，經濟富庶，人口眾多，所有人都在兢兢業業地工作，帝國的一切都掌控在乾隆的手中。他彷彿感覺到，自己統治著有史以來最強盛的大帝國。

3

乾隆和魏佳氏都陶醉在輝煌的成就中，可當我們把目光放到全世界，大清朝就顯得有些暗淡了。此時，英國的工業革命已經如火如荼地展開，紡織機帶來了經濟發展，大航海帶來了殖民地的資源，英國的農民、工人每天都能吃上麵包、火腿、豬肉等，他們有了足夠的精力去應付繁重的工作。

大清國的農民收入卻降到歷史最低點，連最基本「活著」的要求都很勉強，稍微有點旱澇災害，就得賣兒賣女。這時的大清國就像一個膿包，看著紅潤鮮豔，可只要一戳破，就會膿水四濺、臭不可聞。

魏佳氏的成功、乾隆的功業，都只不過是這個膿包結出的罌粟花，無比鮮豔，卻也是最後的迴光返照。

4

西元一七九二年是一個非常重要的年份，英國政府正式任命馬戛爾尼為使者，以慶祝乾隆八十大壽為名，正式訪問大清國。龐大的使團中有數學家、藝術家、醫生等，他們攜帶天文地理儀器、科技書籍、大船模型、先進的武器，希望英國的實力能夠得到大清國的認可，成為各自的交易夥伴。

當馬戛爾尼的使團來到乾隆所在的承德避暑山莊時，他滿懷希望的心情被當頭澆了一盆冷水。他們將當時世界上最先進的科技結晶——前膛槍、望遠鏡、地球儀、炮艦模型一一呈送給乾隆時，只換來一句評語：「所稱奇異之物，只覺平常耳。」

在偉大的皇帝眼中，這些東西很平常，還沒有宮中的珠寶裝飾好看。大清國能有現在的成績，靠的是「以騎射立國」，這些火器炮艦有什麼用？

馬戛爾尼等不死心，從承德返回北京後，又邀請大將軍福康安觀看英軍衛隊的軍事表演。英軍衛隊賣力地表演了列隊、前進等軍事動作，展現了線性步兵、三段式射擊法等戰術，希望能在裝備弓箭大刀、火繩槍的清軍面前找回一點面子。

表演結束後，馬戛爾尼深刻體會到什麼叫「對牛彈琴」。福康安和清軍根本就不懂現代軍事，前膛槍、三段擊的戰術早已風靡歐洲，配合大炮能將游牧民族的騎兵打得落花流水。可在福康安眼裡，這些不過是幾聲巨響而已，嚇唬誰呢？千軍萬馬衝過來，你能打倒幾個？他輕蔑地撇撇嘴：「我看也罷，不看也罷，火器也沒什麼稀奇的。」

英國人知道了，這樣的訪問是不會有結果的，這根本是文明維度的差距。

一七九四年三月，英國使團離開中國。後來副使斯當東在回憶中國之行時，寫下了觸目驚心的文字：「清國的貧窮令人驚訝，一路上我們丟掉的垃圾，都會被生活在底層的百姓撿回去，當美味一樣吃掉。而清軍的穿著，也如同叫花子一般。

「房屋都是木結構，沒有天花板，只是在房頂鋪上茅草，地面是夯實的泥土地，從房梁上垂下的一個個草席，將房間分割成若干個屋子。大街上也看不到馬車，唯一能見到的運輸工具是獨輪車。

「農民把所有的精力都放在土地上，精細化的耕作讓植物間不留縫隙，從來不浪費一點點。只希望能在少得可憐的土地裡，儘量多長一點糧食，以便填飽肚子。」

這就是偉大的「康乾盛世」。當大清滿足於「自古以來最偉大」的成就時，卻不知道世界已經變了。

5

一七九二年，中國。

魏佳氏帶著她畢生的成就離世了十七年，她優秀的兒子永琰在戰戰兢兢地等著繼位。乾隆沉醉在「十全武功」的美夢中難以自拔。他把大清國的事務都交給一個叫和珅的人打理，而這個人卻把大清國當成自家的後花園，榨取的財富甚至讓他成為「全球六大富豪」之一。

一七九二年，法國。

波旁王朝被推翻，資產階級大革命達到高潮。一個叫拿破崙的人正在努力奮鬥，在以後的十幾年中，他用槍炮把科學、自由、民主等先進思想傳播到了歐洲每個人的腦海中。

一七九二年，英國。

馬戛爾尼、斯當東興奮地為東方皇帝準備禮物，他們發誓要為英國開闢一塊巨大的市場，也將英國的科技、文化傳播到東方去。面對中國所展示出來的強大實力和對世界新事物的蔑視，他們將在五十年後用一種新武器將其徹底摧毀，那種武器叫作鴉片。對遠征大清國叫囂最積極的，恰恰是斯當東的兒子——小斯當東。

同一個世界，同一片天空，三個國家所經歷的不同際遇，將結出三種不同的果實。不論是苦是甜，他們都沒有選擇是否咽下的資格。然而，歷史的轉折，也在悄然發生。

第三章　改革篇

我們的腳步，永不停歇

當舊事物不能適應時代時，就需要改革，正所謂世異則事異，事異則備變。

秦始皇「焚書坑儒」和漢武帝「專賣鹽鐵」從來不是孤立的事件，它們都是分裂走向大一統的階梯。

王莽的純儒家改革，是漢朝國運日衰的新探索。宋朝是農業國，王安石卻試圖運用金融的力量打造一隻看不見的手。只有不停地改革，才能適應新時代。

秦始皇為什麼焚書坑儒

1

西元前二二一年，秦統一全國。面對亙古未有的大一統江山，秦始皇建立了全新的制度。為了體現宏偉的功業，他以「皇帝」取代「秦王」，自稱「始皇帝」，並且廢除諡法，不允許後人評論皇帝，後世子孫以二世、三世為皇帝稱號。

五德輪回中，秦國屬於水德。秦始皇讓所有官員都穿黑色衣服，城牆上懸掛黑色旗幟，物品規格以「六」為標準——六寸冠、六尺道路、六匹馬拉車。一切都是新的，一切都需要和舊時代切割。

其他人沒有如此宏大的氣魄，他們覺得某些舊時代的東西有必要保留。丞相王綰說：「燕、齊、楚國太遠了，不如分封藩王吧。」王綰的建議得到了很多人的附和。因為秦國實在太特別了，一點兒都不符合成功學的標準，從來沒有人這麼做過，到底能不能成功，他們心裡也沒把握。

秦始皇的本意是不分封，但是大臣的意見如此統一，自己總不能親自下場和官員對罵吧，就讓大臣討論一下。大臣們紛紛稱讚王綰，只有一個人例外，他就是廷尉李斯。

李斯說：「周朝倒是分封子弟，可是血脈關係疏遠後照樣打仗，也沒什麼用。如今好不容易統一，要不就算了吧。」

秦始皇等的就是這句話，於是，他馬上站出來說：「李斯說得對，我們不要分封。」一錘定音。

這件事表面上看起來很簡單，似乎只是君臣之間的一次開會討論。實際上，這件事透露出一個問題：很多大臣不認同以法家為主導的新制度，反而認同舊時代的舊制度。換句話說，他們並不認同秦始皇的變革。

這個問題看起來並不嚴重，秦始皇和李斯已經擺平了。可平靜的湖面之下依然暗流洶湧，並且在某種程度上，秦帝國也因此而分裂。其實後面的很多事情，都與此有關。

2

西元前二一三年，暗流湧現。秦始皇在咸陽宮大擺宴席，請朝廷大臣吃飯。大家吃好喝好，玩得很開心。僕射周青臣稱讚道：「秦國當年又窮又弱，還是陛下厲害，帶領我們打敗關東諸侯，才有了富強的秦國，為陛下慶賀。」

秦始皇仰天長笑，臉上的皺紋掩飾不住內心的得意。博士淳于越卻出來唱反調：「當年的周朝有諸侯國作為幫手，陛下的兒子卻是匹夫，如果有大臣謀反，該怎麼辦呢？」

還是開國時的議題，大家都沒有忘記，只要有機會，他們就會謀求表達自己的主張。那麼，秦始皇對這個議題是什麼心理呢？

我們不妨分析一下。自從商鞅變法之後，秦國就沒有實封的說法，而是力求大權集中於朝廷，充分調動資源來兼併諸侯。這是一種法家思潮，有存在的基礎和必要。秦始皇就是朝廷集權的支持者，他想把這套模式運用到天下，建立一個與眾不同的新帝國。

新帝國不僅統一土地，也統一了文字、度量衡、道路，讓天下的文化、貿易、交流都沒有任何障礙。軟體和硬體都得到統一，才叫大一統。而且沒有諸侯國的存在，連百年後的潛在隱患都消除了。

這麼好的事情，為什麼很多人不理解？秦始皇想不通。那時他已經四十七歲了，在那個年代屬於快要正常死亡的年齡，眼看時間不多了，自己畢生理想卻依然不能實現。如果把收尾工程交給下一代，他們能行嗎？秦始皇不由得有些焦慮。他想在有生之年讓理想落地，再不濟也得打好基礎，讓下一代沿著他的道路前進。如果重新回到舊時代的老路上，他認為自己就是歷史罪人。

秦始皇的格局很大，他已經看清了時代的走向。他知道以後是大一統的時代，過去的分封已經落伍。在地廣人稀的周朝，諸侯國可以安分幾百年，可人口繁盛的秦帝國，他們又能安分幾年？

更何況，希望分封的人有私心。他們要求分封只是藉口，是用來撕開法家大一統鐵幕的藉口，其真實目的是通過分封制引入儒家，重新改造秦帝國。而經過改造的秦帝國，只會是周朝的翻版。什麼變法、耕戰、統一……全部都將成為鏡花水月，春秋戰國的一切探索，都將變得毫無意義，秦國戰士的鮮血也白流了。

所以分封事小，背後的圖謀甚大。這是兩條路線的鬥爭。或許淳于越、王綰根本沒有這種心思，他們只是覺得新物種太陌生，想遵循歷史慣性而已。可秦始皇推斷出日後的變化，他絕不允許有人開歷史倒車。那就趁自己的身體還可以，用最後的時間做最後的搏鬥吧。

3

和秦始皇一起戰鬥的依然是李斯。那時，他已經成為丞相。他站出來反駁淳于於越：「陛下創建大業不是你們能理解的，再說三皇五帝是很多年前的事了，根本沒有什麼可比的。時移事異，什麼年代做什麼事。

「如今的學者都喜歡厚古薄今，讓老百姓無所適從，一定要禁止，不能讓他們妄議朝政。

「除了《秦記》，其他諸侯國的史書都燒掉，不是專門的學者，也絕不允許私藏詩書，只留下醫學和種地、植樹的技術類書籍。」

秦始皇說：「照辦。」這就是焚書事件。

皇帝和丞相親自下場，進行了一場文化清理運動，他們希望在文化領域也能實現大一統。

他們只留下秦國史書，其他的諸子百家和詩書，只能在咸陽圖書館存一套，民間好好生產就行。站在秦始皇和李斯的立場，可以理解。

如果不消除人們心中分裂的種子，大一統始終流於表面，只要有合適的機會，帝國就將重新面臨分裂的危險。而學者妄議朝政，則會消解朝廷的聲音。民間百姓的文化水準不高，不可能看清時代的轉捩點，他們只關心自己的一畝三分地。但是一旦學者用利益煽風點火，百姓很可能就會和朝廷唱反調。

為了朝廷大計，他們只能讓學者閉嘴。不僅不允許亂說話，連書都不能看，這樣一來就徹底消除了文化界的不安定因素，等下一代人成長起來，帝國的新制度就落地了。

如果百姓想學習法令，也要以吏為師。他們學習法令之後，可以幫助官府治理地方，也可以成為幹部隊伍的後備軍，大大擴充帝國的執政基礎。

這些就是秦始皇和李斯的想法。談不上好，也談不上壞，只是在特定的歷史進程中，他們做出的選擇。

當然，天下的書也不是都燒了。所有經典書籍都在咸陽有備份，只是隨著項羽焚燒咸陽，那些書籍也全部付之一炬。「大火三月不熄」，飄蕩著一股竹簡味兒。

4

在帝制國家中，有一個特點是家國一體，朕即天下，天下即朕。

由於權力集中於皇帝，導致皇帝的一舉一動都會對帝國產生影響，不論歌頌或者批評，凡是涉及皇帝，就會涉及全國。

周朝不是這樣的。周朝是分封制，諸侯國之下又有擁有城池的士大夫。如果百姓不滿意，只會反對士大夫，根本不會找國君的麻煩。士大夫有意見，才會向國君申訴。這樣的層級管理，讓周天子高高坐在王座上，既不用管天下事，天下也沒人理他。「我的附庸的附庸，不是我的附庸。」所有的麻煩，都在士大夫的層級消化。

可秦帝國不一樣。所有的官員都是秦始皇派出去的，那麼闖禍之後，當然是秦始皇來扛。如果秦始皇做錯事情，直接受批評的也是他。但皇帝不能被批評。由於大權在握，皇帝就是國家的形象代言人，如果皇帝受到批評，豈不是國家也有問題？

家國一體，需要皇帝成為聖人。秦始皇是聖人，也是人。他希望能夠長生不死，於是就讓術士煉仙丹、找仙藥，為此耗費了大量人力、物力。可找了很多年，依然沒有找到。

這件事本來就不可信，術士只是編故事向秦始皇騙取財富和地位，眼看謊言要被戳破，有兩個術士就跑了。他們在逃跑之前還吐槽：「始皇帝太過分了，大權獨攬不給別人機會，這樣的人怎麼配長生呢？」這就屬於不但騙秦始皇的錢，還罵秦始皇是傻子。

事情傳到秦始皇的耳中，他頓時感覺自己被人羞辱了。他說了一句話：「今乃誹謗我，以重吾不德也。」這句話才是秦始皇的心聲，你仔細想想，他心疼的不是錢，而是被術士誹謗，讓自己的名聲受損。皇帝無德，那秦帝國算什麼？時間久了，人心就會動搖。

於是，秦始皇派人審核咸陽的「諸生」，包括術士、學者、學生等，最後查出誹謗過皇帝的有四百六十多人。為了懲戒後世，他們被坑殺於咸陽。所謂的「坑儒」不是坑殺儒生，而是誹謗秦始皇的人，其核心則是家國一體的帝制禁臠[43]，焚書坑儒是秦始皇維護大一統的手段。

5

秦始皇怎麼都不會想到，寄予厚望的長子扶蘇，居然也是另一條路線的人。本來希望下一代能夠堅定地走下去，等到成長於新時代的年輕人成為主流，也就沒有人會懷念戰國諸侯的年代。可接班人被和平演變了。扶蘇說：「諸生都是孔子的門徒，陛下卻嚴懲，天下人怎麼會安心呢？」

扶蘇不知道老父親要幹什麼，於是他被派往上郡，做蒙恬的監軍。從此以後，扶蘇就不再是帝國的接班人，而是失去寵愛的皇子。

新的接班人在兩年後出現。那年，五十歲的秦始皇出巡，丞相李斯陪同，少子胡亥也想出去見見世面，秦始皇答應了。

既然可以跟隨在父親身邊，可能平時也頗受寵愛，不然的話，也不可能在秦始皇面前撒嬌。

胡亥希望跟著父親見見世面，或許秦始皇也在刻意培養胡亥。他有那麼多兒子，為什麼寵愛胡亥？因為胡亥的學歷和專業。胡亥是跟隨趙高學習獄法的，相當於法律專業中的監獄法，屬於秦國最正統的專業。

一般來說，學生不會違反本專業的知識。即便別人再怎麼吐槽，那也是自己的「親娘」，只能自己罵，不能別人說。而且胡亥是年輕人，具備可塑性。他還沒有成熟定性的世界觀，也沒有被分封的舊思想汙染，秦始皇完全可以按照自己的意願來塑造。或許在他心中，胡亥才是合適的接班人。

43 禁臠，比喻某種珍美的、僅獨自享有的，不容別人染指的東西。

最終秦始皇死在沙丘，再也沒回到咸陽。李斯和趙高替他寫下遺詔，立胡亥為太子，並賜死蒙恬和扶蘇。這裡又有一個疑問：官場沉浮多年的李斯是老油條，怎麼可能被資歷尚淺的趙高欺騙呢？答案只能是，李斯也看中了胡亥。

李斯和秦始皇都希望法律專業出身的胡亥能堅守法家，把大一統的宏大事業進行到底。但他們都不會想到，年輕的胡亥居然不成器。

世事如此詭異。秦始皇希望大一統要堅持，法家不能輸，胡亥要成器，結果什麼都沒有得到。李斯心心念念的功成名就，也沒有圓滿的結局，一把鬼頭刀斬斷了他的所有幻想，只能看著黃狗和故鄉逐漸遠去。

趙高想要的權勢滔天，卻輸給了子嬰的偽裝。子嬰多麼渴望重振江山，卻不得不親眼看著劉邦兵臨城下。他只能帶著玉璽素服跪迎，宣告江山易主。

這真是一場活脫脫的悲劇。

大漢帝國的財政和國運

1

漢朝初年是典型的「小政府、大市場」格局，劉姓諸侯王各占一國。他們有自己的政府、軍隊、法律，除了禮儀和血緣，基本和朝廷沒太大關係，關起門來就能過自己的小日子。

天下四十郡，朝廷直轄十五個。官員俸祿、功臣賞賜、朝廷財政等開支，都包含在這十五郡的稅收之內。本來就窮，又有龐大的負擔，真的太難了。如此局面，足以碾碎任何一個雄主的野心。換言之，漢初就不具備誕生雄主的土壤。

於是，朝廷只好省吃儉用，一點點積攢家底。殺伐果決的統治者，突然具備了極大的耐心。劉邦死後，呂太后掌權。北方草原的冒頓單于寫信給她：「你沒男人，我沒老婆，咱倆湊合過吧。」

呂太后深吸一口氣，忍。忍耐換來安定的社會環境，「政不出房戶，天下晏然」。直到漢文帝時代，朝廷又把已經極低的稅收再次壓低，三十稅一，恐怕再也沒有比這更低的稅收了。漢文帝甚至一次次免稅，只為讓子民的日子可以過得寬鬆一點，至於朝廷用度，以前的積蓄已經夠用一段時間了。

歷史告訴我們，有利益的地方就有爭奪。政府不參與，民間就會自動介入，總之，不會有人放任不理。

漢初的社會，天下赤貧。大家一樣窮，都處在同一條起跑線上。沒有祖輩的積累，沒有人脈的制約，也沒有世俗的焦慮，能穿多大的褲衩，就看自己有多大的屁股。

勤勞而頭腦靈活的人迅速占據先機。有人努力開墾土地，有人從事手工業，有人煮鹽煉鐵，都迅速積累了大量財富。他們大都依靠頭腦和機遇起家，在政府退出的空白市場占據了有利位置。這樣的時代，可遇而不可求。

蜀中卓氏，山東刀氏，關中田氏、杜氏等，都依靠當地的鹽、鐵、糧食、馬匹等貿易積累了巨額的財富。工商業收入甚至和田稅相差無幾。

沒發家的普通人也過得不錯。只要蛋糕做大，哪怕只分一點，也足以小康。那些年，出門騎母馬都會被人恥笑。就好像現在，出門相親時，開跑車和坐公車的區別。

大市場做了大蛋糕，朝廷也嘗到了甜頭。《史記．平準書》記載：「京師之錢累巨萬，貫朽而不可校。太倉之粟陳陳相因，充溢露積於外，至腐敗不可食。眾庶街巷有馬，阡陌之間成群，而乘馬牝者儐而不得聚會。」大意就是：厲害了，我的漢！

2

民間用頭腦發家，貴族則借權勢斂財。漢文帝在崗位上小心謹慎，衣服上的補丁一層蓋一層，就算帷帳破了洞也捨不得換，湊合著用吧。可這樣的皇帝，也親手打造了一位首富。這位首富叫鄧通，他是漢文帝的「男朋友」。

鄧通是農村人。那時，漢朝沒有全面普及基層教育，也不搞送書下鄉的活動，所以鄧通讀書不多，因為經常去河裡玩，練就了一身划船的本事。老父親給了鄧通一筆錢，打發兒子到長安謀官。他運氣很好，到長安不久就在宮中找到了一份工作——黃頭郎，專門給宮中貴人划船。

話說，有一天漢文帝做了個夢。他想上天成仙，卻怎麼都上不去，突然有人從背後踹了他一腳，「咣」，從此位列仙班。漢文帝回頭一看，竟然是一個黃頭郎。第二天，他來到未央宮滄池邊，盯著划船的黃頭郎仔細看。突然，鄧通划船路過，和他夢中的人一模一樣。

不久，一個算命先生對漢文帝說：「依我看，鄧通恐怕會飢餓而死。」漢文帝很生氣：「我的人怎麼會餓死？你是在藐視我的權威啊。」於是，他賞賜給鄧通億萬家財，還把蜀中的一座銅礦送給了鄧通，允許他自己鑄錢，想鑄多少就鑄多少。這相當於送了他一臺印鈔機。

鄧通還是很有職業素養的，他鑄的錢分量足、質地純，是全國人民都喜歡的硬通貨，號稱「鄧通錢」。那些年，「鄧通錢」占據了漢朝金融市場的半壁江山。換言之，他已經控制了大半貨幣的發行量，處於資本市場的上游。

另一位權貴資本的代言人是吳王劉濞。劉濞是漢高祖劉邦的侄子，年紀比漢惠帝劉盈還要大六歲，是正經的皇親國戚。

西元前一九六年，英布造反，劉邦御駕親征。半年後，英布被誅，劉邦衣錦還鄉。喧囂熱鬧中，他忍不住發出「安得猛士兮守四方」的哀歎。其實，不用刻意尋找，他身邊就有一位。那年劉濞二十一歲，小夥子年紀不大，卻十分生猛，他早已追隨劉邦征戰多年，積累軍功至騎將。劉邦寬厚的大手搭到劉濞肩上：「就你了，好好幹。」於是他被封為吳王，統轄三郡五十三城，定都廣陵，也就是現在的揚州。

東南水陸縱橫，兩千年前的海面離廣陵也不遠，這是一座近似於海邊的城市，擁有無窮的商業潛力。長安朝廷連直轄的郡縣都不嚴管，更顧不上遙遠的吳王劉濞。在「小政府」產生後，劉濞迅速搶占「大市場」，開辦了一系列產業，煮鹽、煉鐵、開銅礦、鑄錢幣……壟斷了民生、工業、礦產、金融等賺錢的生意。

吳國之富庶，竟可以免除百姓的農業稅。朝廷和封國，鄧通和劉濞，都能依勢取財，吃定上游生意，直至富甲天下。

3

漢朝立國六十年，可謂國泰民安。戰爭的傷痕早已遠去，曾經刻骨銘心的記憶也變得模糊，經歷過苦難的人逐漸凋零，漢朝人不再對當年感同身受。

新一代的孩子生來就活在太平盛世，他們不知道曾經的苦日子，只能感受到大漢的興盛。這是不完美的，必須加以改進。

北方的匈奴，把漢朝當作待宰的羔羊，只要有需要，就騎馬而來痛宰一頓。南方的百越，蕞爾小邦也敢挑釁大國威嚴，甚至還有尾大不掉又藐視朝廷的封國、盤踞郡縣的富豪、武力稱雄的游俠黑幫，這些都是大漢帝國的毒瘤，為盛世添上瑕疵。

衰弱的國力一步步恢復，讓漢人有了底氣，甚至有了一個朦朧的大國夢。尾大不掉的封國，讓朝廷產生加強權威的決心。拖朱曳紫的富豪、依仗武力的黑幫和承平日久的官員，就像一片綠油油的韭菜，呼喚酷吏登場。

這是最好的時代，也是最壞的時代。偉大功業中隱藏著萬丈懸崖，斑斕世界裡又有吞噬一切的黑洞。萬江奔騰，沿著河岸上溯，終有源頭，即是開國之初，劉邦在臥榻上做出「休養生息」的那一刻。

此時，歷史的舞臺迎來了漢武帝劉徹。他終將被人心裹挾，活成別人希望的模樣，又在輾轉騰挪中，夾雜著自己的私心。

都說英雄成就歷史，可歷史的車輪滾滾向前，英雄也只是其中的一部分，他必須用自己的才智服務於大勢，回報則是可以擁有改變車輪走向的機會。

4

如今，只要說起漢武帝，人們就會想到他南征北戰的赫赫武功，和「不可一日無婦人」的風流韻事。可漢武帝一切功業的前提是整頓內政。

西元前一五四年，吳王劉濞等七個封國起兵造反，雖然漢景帝成功平定叛亂，但諸侯國的勢力依舊強大。對朝廷來說，強大的地方永遠讓人如芒在背。

臥榻之側，豈容他人酣睡！西元前一二七年正月，一個叫主父偃的大臣上書：「不如允許藩王將國土封給子弟，如此，封國越來越小，朝廷越來越強。」一個有雄心的帝王，是不可能拒絕任何一個削弱地方的機會，「大政府，小地方」格局初露端倪。

然而，等待諸侯死去還是太慢了。一六年後，漢武帝再次舉起屠刀對準王侯。那年，他要祭拜宗廟，按照慣例，劉姓王侯也要奉獻黃金，一起向劉邦問好，可他看到的是黃金成色嚴重不足。對待賞賜飯碗的祖宗都不上心，還能指望你們對朝廷效忠？漢武帝很憤怒，但憤怒的面孔下，彷彿隱藏著按捺不住的笑意。

這個天賜良機，他已經等了很久。借「不忠不孝」的名義，他免除一〇六位劉姓侯爺的爵位，有封國的王也被削減封地，實力再次縮水。沒有明確的標準和紅線，王侯犯罪與否，都看皇帝的心思，說你有罪你就有罪，說你是好人你就是好人。

雷霆雨露，均乃天恩！橫行九十年的諸侯王，徹底退出歷史舞臺。從此以後，朝廷是唯一說了算的人，再也沒有力量可以對他造成威脅。

地方上的敵人，除了封國還有游俠、豪強。現在封國完蛋了，對其他人是不是就沒有辦法了？不著急，慢慢來。

漢朝皇帝在繼位第二年就開始修建陵墓，直到去世為止。漢武帝的茂陵整整修建了五十三年。堂堂皇帝，總不能孤零零地自己住吧？朝廷就發明了一舉兩得的辦法：遷徙天下富豪，在陵墓周圍居住，這樣既削減了地方勢力，又為陵墓增加了人氣。

西元前一二七年、西元前九六年、西元前七三年，累計遷徙財產三百萬以上的富豪數十萬戶，前往茂陵居住。每當成長起來一批富豪，就會被遷往關中，然後帶著財產重新開始。

漢朝的社會為什麼穩定？因為郡縣中沒有豪富之家，由官府直接管理百姓，二元制社會中百姓能發揮最大的潛力，官府也能發揮最大的動員組織力。

5

在「小政府」時代，民間商業富豪如過江之鯽，他們是享受鮮花和掌聲的時代佼佼者，也是後輩青年為之奮鬥的目標，豪宅美姬是人生標配。

但當大國博弈激烈時，撒向戰場的銅錢如流水，六十年積累起來的國庫，很快就空空如也。這時，手握資金和產業的富豪，就成為待割的「韭菜」。

這是髒活，也是技術活，一般人幹不了。好了，終於輪到我們的重要嘉賓出場了，有請桑弘羊。

桑弘羊是洛陽神童，和賈誼是一個等級的。十三歲時就因心算厲害被招入皇宮，做了太子劉徹的伴讀。兩年後，劉徹繼位為帝，桑弘羊也水漲船高，成為從龍之臣。

西元前一二〇年，桑弘羊開始參與朝廷經濟事務。他為皇帝謀劃了一系列刺激財政的規劃：算緡告緡、均輸平準、鹽鐵官營。這三項政策都是為了建立國有經濟、充實國庫，具體措施前面已有敘述，不再贅述。

桑弘羊的三板斧下去，朝廷國庫迅速充盈，代價則是來自權力和壟斷的不可避免的腐敗。鹽鐵價格高就算了，咬咬牙也就買了。可不能忍的是，官營產品的品質奇差，根本不能滿足日常需求，而節省下來的成本都進入了官員的腰包。

朝廷富裕，官員發財，只坑百姓。

酷吏杜周，年輕時只有一匹馬，退休時卻有萬貫家財。他賺錢最多時，是執行「算緡告緡」的三年。

當朝廷擁有天下的利益時，也就有了天下的麻煩。

6

漢朝的財政轉折迅猛如虎，讓很多人不理解：「為什麼不堅持走無為而治的路子呢？好好過日子不好嗎？」因為英雄也只是歷史的一部分。

可以說漢武帝好大喜功、杜周殺人如麻、桑弘羊是經濟沙皇，但不能說他們專門在折騰國家，誰都不是吃飽了撐的神經病。因為真正左右一切的東西，叫局勢。

轉捩點來自西元前一三三年的馬邑之圍[44]，韜光養晦了七十年的漢朝，已經有足夠的底氣去爭取國家尊嚴，而漢朝要想成為真正的大國，匈奴是永遠避不開的大山。

這一年之後，國戰大幕緩緩拉開。民心、國力、敵人，三種力量交織成一個巨大的棋盤，中間是無比幽暗的黑洞，吞噬一切可見的光明。棋盤上沒有棋手，只有棋子，有的人自以為是棋手，卻終究會被現實打醒。

44 漢武帝時，朝廷策劃引誘匈奴至馬邑進行圍殲，後因消息洩露未能完成伏擊。自此，西漢開始與匈奴大規模交戰。

權勢滔天如漢武帝，渺小如升斗小民，他們都在局勢的棋盤上輾轉騰挪，尋找著自己的位置，也付出自己的一切。這就是漢武帝那一代人的宿命。

意識形態是把刀

1

西元前一三四年，漢武帝下詔求賢良。四十六歲的董仲舒受到推薦，當面向漢武帝講述了自己的主張。他們先後聊了三次，賓主盡歡。

這幾次談話的內容就是《舉賢良對策》。其中有一項政策很重要：罷黜百家，獨尊儒術。從此以後，儒生走上帝國的舞臺，開啟他們的表演。

在漢武帝的計畫中，儒生只是理論工作者。他們用文章為皇權加持，到地方去宣傳朝廷的恩德，然後用儒學教化百姓，讓大漢帝國呈現出一片和睦的氣象就行。

可儒生不是這麼想的。他們覺得：周朝才是夢幻天堂，那時的一切都是大家共同所有，沒有貧富差距，沒有不公現象。

對於這種想法，軍人和酷吏都嗤之以鼻。可儒家就是有市場，畢竟「雞湯」最養人。在漢武帝去世後，大漢帝國的主線就是文法吏[45]和儒生的鬥爭史。文法吏與儒生一直爭鬥，直到王莽篡位，儒生大獲全勝。

---

[45] 漢代稱「文法吏」為「文史法律之吏」，或簡稱為「文吏」，是與儒生相對而稱的。

2

儒家崛起，有很長的路要走。西元前八一年，霍光以漢昭帝的名義召集了六十多名賢良文學士[46]來長安，對漢武帝時期的政策進行了一次大討論。

賢良文學士主張縮小政府的規模，放棄鹽、鐵等壟斷行業，重農抑商，讓利於民，再次實現文景盛世。但桑弘羊反對。他認為政府應該積極參與社會事務，用強制手段調節社會需求，最終達到富國強兵的目的。

雙方互不相讓，從二月爭論到七月，最終，賢良文學士取得勝利。大漢帝國也因此廢除了酒類專賣和關內鐵官。第二年，桑弘羊也因謀反罪被霍光處死。

在六十多名賢良文學士中，有一位學者叫桓寬。他回家後，把會議的過程和結論整理成了一本書，起名叫《鹽鐵論》。不論是會議還是《鹽鐵論》，表面上討論的是經濟問題，但背後卻是意識形態的爭論。

桑弘羊是法家，賢良文學士是儒家。他們爭論的焦點遠不止眼前的政策，而是大漢帝國以後的指導權，理論、財富、權力、人事，一切都將取決於這次會議。

這場博弈太激烈了。最終法家失敗，儒家取得空前的勝利。不過法家和文吏的傳統勢力很龐大，「鹽鐵會議」後儒家只是平分半壁江山，想要一統天下，還需要機遇。而他們的機遇來自於幾十年後的皇帝父子。

漢宣帝其實是漢武帝、桑弘羊一脈，他重用酷吏，打擊豪強，加強朝廷權威，締造了大漢最後的輝煌時期。可太子卻是標準的儒家學子。太子對漢宣帝說：「老爸，你的做法太殘酷了，不如用儒生吧，

---

46 賢良文學是漢代選官取士的重要科目之一。

以仁義教化天下多好。」

漢宣帝一聽就生氣了。漢朝的制度是霸王道雜之，也就是一手麵包，一手鋼刀，聽話的吃麵包，不聽話的吃鋼刀。他本來想廢掉太子，但一想到曾經和皇后走過的艱苦歲月，還是下不了決心，聽天由命吧。漢宣帝歎道：「亂我家者，太子也。」

太子登基後，就是漢元帝。在漢元帝的領導下，儒家取得壓倒性的優勢。儒生認為漢朝雖然強大，但不夠完美。他們強調個人道德的力量，反對政府對社會的過度控制，他們希望把政府改造成周朝的模樣。但是法家官吏的勢力始終存在，他們從不談理想，敢作敢為並且不在乎任何道德的束縛，只根據法律的標準做實事。

按道理說，儒生是很難和法家對抗的，畢竟沒有武器嘛，可帝國的民間社會提供了最廣闊的市場。那些年土地兼併嚴重，農民耕種的一點點田地，本來收成就不多，卻要拿出一半來交稅，再刨除來年的種子，就剩下一點糧食，肚子都很難吃飽。

而占據大片田地的豪族，卻有很多辦法偷稅漏稅。朝廷官員窮奢極欲，地方官員只知盤剝，外戚、貴族沒有前輩的本事，卻依然霸占朝堂。學子如果不行賄、巴結，根本沒有入仕的管道。

除了既得利益集團，所有人都希望有一場變革來改變現有的一切。儒家即將一統天下，唯缺一個領袖。此時，王莽迎面走來。

3

王莽出身於帝國最有權勢的家族。他的姑姑王政君是漢元帝的皇后，按照漢朝傳統，皇太后將享有巨大權威。於是，王政君在漢元帝去世後，提拔王鳳為大司馬大將軍，其他六個兄弟都封侯，連同母異父的弟弟，也做了水衡都尉。

王氏家族之富貴震動天下。雖然王莽的父親去世早，沒有趕上這一波紅利，但出生在這個家族，本身就是巨大的勝利。更何況，他還是一個標準的儒士。

從小，王莽就跟隨名師學習《論語》，學術水準相當高。他的哥哥早逝，留下妻子和遺腹子。王莽謹記「兄友弟恭」的教訓，堅持供養寡嫂和侄子，很快就成為青年道德楷模。

王莽到叔伯家做客時也恭敬有加，屁股只坐沙發的一半，喝酒碰杯也一定要放到最底下，出門會一直退出去。

不要以為做這些很容易。王莽明明有權有勢，可以飛揚跋扈，他卻偏偏用最嚴格的姿態要求自己，這怎麼能不讓人產生好感？富家子弟稍微謙遜一點，就能博取很多人的好感，何況是大漢第一家族的王莽。

人窮的時候，自律不算什麼，當他有資本時依然自律，才是最大的本事，也最讓人崇拜。那些年，王莽是大漢的國民偶像。

王莽封侯之後，有了豐厚的收入，全家卻依舊艱苦樸素，妻子連絲綢都捨不得穿，客人都以為她是家裡的老媽子。

兒子失手殺死奴婢，在別人家不算什麼。奴婢而已，只是私有財產，她的生死和人生都是主人一句話的事。大不了暗箱操作一下，給兒子洗白。王莽不行。他一定要逼兒子自殺，以第一家庭的名義，維護法律和道德的權威。

在那個年代，王莽不是沽名釣譽的小人，而是時刻以儒家標準要求自己的君子，而這個君子年僅三十八歲就當了大司馬。有權勢、有信仰、有能力的儒家信徒，太符合帝國儒生的期望了。於是，新聖誕生了。

所以，當王莽官場受挫時，就會有無數人出來請願，把他送回朝廷的權力中心，每次都是如此。做皇帝之前，他基本沒遇到過大困難。從朝廷、貴族到鄉野，幾乎所有人都支持他。雖然貴族和豪強的目的不純，但儒家信徒是真的希望和王莽一起建設夢幻中的天國。

理論中的東西，王莽信嗎？我覺得，他真的認為自己的信仰是真理，只要把理論落實，就一定能實現人間天國。

4

西元八年，五十三歲的王莽代漢稱帝。這不是他一個人的成就，而是天下儒生的勝利。他們用改朝換代的方式，徹底打敗了法家這一宿敵，成功組建了純儒家政府。百年恩怨，到此為止。

西漢末年是儒家最需要領袖的時候，而王莽恰好生在最有權勢的家族，自己又是恪守道德的儒家信徒，可謂風雲際會。

好了，一切都開始吧，向天國前進。

當皇帝的第二年，王莽就開始大刀闊斧地改革，理論依據則是儒家經典。首先是最核心的土地問題。王莽規定，天下土地和奴婢全部收歸國有，不允許私人買賣。八口之家的土地數量不能超過一井，多餘的必須充公，由官府重新分配。

看看名字——井，明顯的井田制復辟。王莽希望用實力讓理想落地，從此再沒有大富大貴的人家，每個人都能吃飽穿暖，最終達到大同世界。

可問題來了：自己的土地憑什麼無償交給官府，還要免費分給別人？豪族用了幾代人才積累下如今的家業，您老人家一句話就要拿走，連個招呼都不打，太欺負人了吧。再說了，沒有土地怎麼養活奴婢？

於是，地主豪強起來反抗王莽，甚至連大臣們也不理解。是啊，不是所有人都為了理想而活，他們追隨王莽只是想多撈好處。土地公有制只會讓既得利益者不滿意。

兩年後，王莽取消了土地和奴婢政策。這下連窮人都不滿意了：「說好的分田又反悔了，你是個騙子吧？」動了既得利益者的蛋糕，又失去了窮人的支持，王莽和儒生的理想在現實面前，撞得頭破血流。

其次是實行政府專賣制度。

在「鹽鐵之議」上，儒家因反對官營而取得勝利，如今又在財政壓力和大同理想的驅使下，恢復官營專賣制度。在這項改革中，王莽恢復了均輸平準法。他在長安設立兩個市場，派遣官員徵收交易稅，順便平抑物價，又把鹽、鐵、酒、鑄幣全部收歸官營，然後向醫生、裁縫、漁民等人收稅，以及由官府直接放貸等等。這項改革稱為「六筦」。不出意外，這項改革也破產了。

在漢武帝和桑弘羊時代，朝廷用「以商制商」的策略來推行官營制度。拉攏一部分商人，讓他們擔任商業官員，打擊另一批大商人。

商人懂得市場經營，也知道對手的軟肋，再加上遍布朝野的酷吏，讓漢武帝和桑弘羊大獲成功。可王莽是君子，他沒有這套手段。他只是單純的發布命令，派遣官員去執行，結果就是官員腐敗、商業萎靡。到頭來，不僅朝廷沒有得到財政收入，連所有商人都得罪了。

更要命的是貨幣改革。直接說吧，王莽的貨幣改革就是洗劫民間。當然，貨幣的形式也來自儒家經典：刀幣、貝幣、龜幣、金幣、銀幣、銅幣……他先後發行了四套貨幣，每次發行新貨幣就會規定「可以兌換多少舊貨幣」，相當於一句話就把舊貨幣貶值幾倍到幾十倍。

假如一個人有一百舊錢，今天還能買一袋大米，可明天新貨幣發行後，按照規定的兌換率，只能買一個燒餅。缺德不缺德啊！

幣制混亂造成嚴重的通貨膨脹，當國民經濟一片蕭條時，王莽想洗牌財富的初衷也成為鏡花水月。

王莽、儒生、純儒家政府的第一次理想實踐，已經徹底失敗。

5

有人說王莽是穿越者。其實這個說法最早的起源是胡適：「王莽是中國第一位社會主義者，竟沒有人替他說一句公平的話。」

王莽不是穿越者，只是儒家信徒改革者。從漢朝開國起，儒生就謀求參與社會管理。他們在漢武帝時代獲得階段性進步，在經過鹽鐵之議、儒法爭鋒後，終於在西漢末年取得全勝。儒家風氣養育了王莽，王莽又回報了儒家。王莽幾乎沒有阻力地登上皇位，除了儒生的支持，當然還有世家門閥的默許。

漢宣帝口中的「漢家制度」是王霸道雜之，王道負責輿論和教化，霸道則是任用法家酷吏，血腥清理一切不安定因素。而地方的豪族、門閥首當其衝。

雖然漢宣帝以後再無雄主，可一旦再出一個生猛的皇帝，利用漢朝的權力結構和制度來收拾他們，也是非常迅速的事。在「漢家制度」的話語體系中，豪族沒有絲毫安全感，想要保住自己的家業，最好的辦法就是改朝換代。儒家正好是法家酷吏的死敵，支持儒家，是豪族門閥必然的選擇。

所以啊，世界上從來沒有無緣無故的愛，也沒有無緣無故的恨，一切都是基於自身利益的選擇，或是現實的，或是理想的。

王莽的改朝換代就處於糾結當中。豪族門閥希望支持王莽來保持現狀，儒家希望支持王莽來改變世界。而王莽選擇了後者，這本身就是一種悲劇。

儒家的理想太豐滿，根本不切實際，可儒生和王莽死不回頭。理想化的改革沒有絲毫效果，卻傷害了豪族的利益。於是，天下皆反。

有的豪族親自起兵，而有的豪族則選擇支持劉姓宗室，大家都在為未來拚命。最終，獲得南陽和河北豪族支持的劉秀成為勝利者。

當初為王莽唱讚歌的儒生又聚集在劉秀麾下，歌頌新世界。他們當初的理想和反叛又有誰會記得，或者又有誰會提起？

當然，王莽被殺時依然有千餘人追隨，他們自願和皇帝一起赴死，他們都是理想的殉道者。

王安石變法：農業和金融的碰撞

1

一〇六八年，宋神宗第一次見到王安石。早在當皇帝之前，他就經常聽身邊人說一些關於朝政、經濟、社會的犀利觀點，當他虛心求教時才知道，那些觀點全部來自王安石。

彼時，王安石只是外地小官。二十二歲考中進士後，他沒有爭取留京指標，而是背起包袱走向地方，那是最接近泥土的第一線。二十六年來，王安石在基層努力工作，發現了很多帝國的病灶。

王安石給每一個病灶都開出了藥方，而且都能藥到病除。前人使用過的青苗法、農田水利法等，被他試驗過無數次。於是，他向朝廷分享自己的經驗和方法，建議在全國推廣。當時的皇帝是宋仁宗，他被接班人的問題搞得焦頭爛額，哪有心思管這些事情。

事情雖不成，王安石卻已經名滿東京。宋神宗登基幾個月後，就把王安石召回朝廷，任命為翰林學士。

有一天散朝後，宋神宗把王安石單獨留下私聊。王安石說：「陛下，大宋有很多問題。士兵大多是無賴，官員盡是庸人，至於理財不說也罷。幸好周邊國家也是半斤八兩，要不然我們就危險了。」然後他斬釘截鐵地拋出結論：「大有為之時，正在今日。」

不久後，在宋神宗的支持下，王安石變法正式拉開大幕。

2

宋朝窮，不是說宋朝經濟已經到達了崩潰的邊緣，而是朝廷需要花錢的地方很多，造成財政匱乏。

宋朝採取「與士大夫治天下」，優待官僚集團。在宋朝，只要一人當官，全家都能受益。從宰相到大夫，都有資格讓子孫、親戚做官。開國功臣曹彬去世，換來家族二十多人做官的資格；名將李繼隆去世後，也蔭庇了幾十人。再加上科舉擴招、賣官鬻爵、商人授官，宋朝官員的數量急劇膨脹。

宋真宗年間的官員數量是九千七百多人，到宋仁宗年間就漲到一萬七千餘人。這還只是有級別的正式官員，待崗、候補的更是不計其數。

更重要的是，朝廷給官員的工資都很高。據史書記載，宋朝工人、農民的平均月收入是一千八百錢，只夠一家人糊口。而一名九品官的工資能達到一千二百錢，宰相就更誇張了，月工資是四十萬錢，這還不算其他補貼、福利。都說宋朝是讀書人的天堂，由此可見一斑。

相比冗官，冗兵也是大問題。

宋朝初年，邊疆有遼國、西夏在鬧事，朝廷不得不在邊疆屯駐重兵，再加上中原無險可守，只能增加禁軍數量來保衛東京。為了防止農民起義，每逢災年，朝廷都會到災區招兵。把青壯年都安撫好，想起義都找不到人。

宋朝逐漸形成遼國、西夏、東京三大重兵區。有多少人呢？一百多萬。

宋太祖年間，全國士兵共有三十七萬，其中禁軍十九萬。僅幾十年後，這個數字就翻了三倍。宋仁宗年間，全國士兵共一百二十五萬，禁軍八十二萬。一百二十五萬士兵的糧草、後勤、補貼、裝備在任何時代都是一隻吞金獸，在農業社會足以拖垮整個國家的財政。

冗費則來自皇帝、官員的奢靡浪費。

皇帝嫁女兒、娶兒媳要氣派吧？慶賀太平盛世要辦舞會、酒宴吧？各部門要不要經常考察、旅遊啊？除了正式官員以外，那些辦事員、科員等「吏」是沒工資的，但也得養家吧？只能靠貪汙受賄了。

教科書上把「冗官（員）、冗兵、冗費」說得乾巴巴的，可一旦設身處地想想，真是不寒而慄。宋朝經濟再發達，也承擔不起這麼重的負擔啊！

3

宋朝的花費很大，可收入有限。

七八〇年，宰相楊炎建議唐德宗施行「兩稅法」，廢除「租庸調製」，只根據土地占有量和財產多少來收取地稅和戶稅。後來因為家庭財產根本沒法統計，只能計算看得見的土地，所以「兩稅法」逐漸只徵收地稅。

為了擴充財源，唐朝建立起鹽鐵專賣制度。進入五代十國，各個軍閥為了籌措軍費，把專賣制度更加發揚光大。而這一切都被宋朝繼承了下來。

反正是按照土地收稅，只要有人種地就能收到錢，也就沒必要搞什麼分田地之類的事了，這也是「不抑兼併」的國策由來。可問題是，有一幫人不需要交稅啊。那幾萬名官員和親戚、朋友占盡國家紅利，卻不用付出一點代價，而兼併土地的急先鋒也是這幫人。

宋朝初年，交納地稅的自耕農占人口的一半左右，到宋仁宗末年只剩下三分之一，不用交納地稅的耕地占七十%。根據「與士大夫治天下」的原則，地稅只能減少，絕對不會增長。

幸好還有專賣制度。除了鹽、酒、茶等對人民較有必要性的剛性需求產品，朝廷把礬和香料也納入了專賣體系，或直接壟斷，或尋找代理商，反正能賺錢就行。壟斷的利益是巨大的，宋朝把專賣制度發展到極致後，收入一度占到財政總收入的六十％到七十％，地稅只占一小部分。

宋朝的富裕和商業繁榮大抵來源於此，在那個沒有產業升級和技術改造的時代，一旦把壟斷做到極致，專賣的潛力也就挖盡了。

紅利消失殆盡時，大致是宋仁宗末年。幾年後，宋神宗繼位稱帝，面對的是一幅慘澹光景：地稅早已枯竭，能維持下去已經不容易，均田免糧是想都不敢想的事情；專賣制度也沒有增長點，紅利到頭了。可朝廷的開銷在不斷增長：官僚體系越來越龐大，朝廷越來越奢侈，軍費開銷有時占財政收入的八十％……所謂「百年之積，唯存空簿」是也。

這樣的大宋朝，可真是窮到家了。

4

每一個封建王朝走到中期，都會面臨一個選擇：變法。

在地稅枯竭、專賣無法增長的既有情況下，王安石另闢蹊徑，提出「理財」的概念，想在既不增加地稅傷害農民，又能增加財政收入中，尋找新的平衡點和增長點，也就是「民不加賦而國用饒」。

說起來複雜，其實也簡單。方田均稅法：清查土地占有情況，向既得利益集團開刀，讓多占田者多納稅，少田、無田者減輕負擔。

青苗法、市易法、均輸法：都是之前王朝用過的辦法，朝廷把倉庫中的糧食和錢拿出來，直接參與市場經濟，既便民，又生財。

保甲法、保馬法：建立嚴密的基層組織，可在必要時徵召龐大的民兵隊伍，又把經營不善的國營馬場下放給基層經營。

免役法（募役法）：出錢免除勞役，官府再雇人幹活。

王安石希望用國家的力量來影響市場，最終達到民間和朝廷力量的再次平衡。雖然不像漢武帝一樣搞得「中產之家皆破」，但足以為帝國續命。

變法鋪開以後，「青苗法」每年能帶來將近三百萬貫收入，「免役法」也能帶來將近四百萬貫，各項變法收入加起來，最終積蓄了可供朝廷使用二十年的財富。但這也到此為止了。「王安石變法」觸動了利益集團的表面，卻遠遠沒有觸動靈魂。

5

馬克思說：「為了一百％的利潤，資本就敢踐踏一切人間法律，有三百％以上的利潤，資本就敢犯任何罪行。」

有資本的，往往是既得利益集團。東方和西方不同，基本沒有宗教戰爭，東方的變法和造反幾乎都是為了重新分配利益。王安石自詡「理財」，其實還是劫富濟貧。在他的理想中，老百姓是不用加賦的。但財富總量是固定的，既然不從老百姓手裡拿錢，那就只能從利益集團手裡要錢。

在變法的過程中，迎接挑戰、攻擊是必然的，這時就需要有一個強大的人來支持王安石。很不幸，宋神宗不是一個好領導。

滿朝文武和天下富人都是舊體制的受益者，現在突然冒出來一個王安石，怎能容你？於是所有人都反對變法。司馬光公開批評王安石，韓琦上書否定變法，富弼辭職，就連蘇軾都差點因為「烏台詩案」送命。

面對這樣的攻擊，宋神宗扛不住。站在宋神宗的角度上看，其實也能理解：所有朝堂重臣和一個王安石，到底該如何取捨，其實不難。不是所有人都有魄力用自己的犧牲來換取後代的幸福。如果有一個強力的君主支持，王安石就能成功嗎？至少有一部分不行。

「王安石變法」的內容和商鞅、唐代的楊炎與劉晏都不一樣。他們或是砍掉既得利益階層，或是重新建立財政來源，只要有強力君主支持，是可以辦到的。而王安石是用市場來調節。根據現代商業的經驗，要想完全市場化，就需要有完善的金融機構。存錢、貸款找銀行，損失理賠有保險，對不對？

按照變法的內容，青苗法、市易法、均輸法等法令，應該由銀行、國營企業來執行，他們具有專業的知識和信譽。變法的一部分內容本質上是商業行為，可宋朝畢竟是古代王朝，沒有先進的金融機構，除了壟斷專賣，也沒有繁榮的工商業，因此只能交給官吏來執行法令。

用行政命令直接指導商業行為，往往會產生腐敗、粗暴、強制性攤派等問題。比如青苗法，官吏怎麼能知道誰需要貸款呢？如果不是需要貸款的農民主動，即便他們一家一戶查找，官吏也不會知道到底該把錢借給誰。由此造成指標攤派，隨便找幾個人算了。需要的人借不到錢，拿到錢的不需要，真是缺了大德了。

歸根結底，是這部分法令太超前，宋朝的社會組織根本不相容。就像一臺二十世紀九〇年代的電腦，都老掉牙了，你非要拿來玩最高配置的《王者榮耀》，不死機才怪。

沒有強力的君主支持，沒有健全的金融機構來運營，不論是地稅或理財，都沒有成功的可能。王安石沒錯，他只是生錯了時代。

6

變法，往往會引起黨爭。當司馬光、韓琦、歐陽修等朝廷重臣都反對變法時，王安石只能尋求呂惠卿、章惇、曾布等人的幫助。

兩派人圍繞變法鬥得腥風血雨，有的人是理念不同，但大部分人只是單純爭奪利益。權力、地位、家產、土地……每一項都值得以命相搏，更何況他們各自身後都有龐大的追隨者。

司馬光經常批評王安石，其中有一條很搞笑：「閩人狡險，楚人輕易，今二相皆閩人，二參政皆楚人，必將援引鄉黨，天下風俗何由得更淳厚！」表面來看，地域歧視實在不符合司馬光的修養，可如果把黨爭放到利益之爭中，就明白了：只要把對方打倒，不惜一切代價。

日積月累，新舊黨爭形成了慣性。宋神宗去世後，高太后啟用司馬光打擊新黨；高太后去世後，新黨復辟，向太后隨即扶持舊黨，宋徽宗扶持新黨蔡京。

高層不穩，政策沒有連續性，什麼都幹不成。宋朝在「新舊黨爭」中折騰，錯過了最後的機會，再加上宋徽宗奢靡無度，就是神仙也沒辦法。

7

六十年前，王安石對宋神宗說：「國家能太平無事，只是遼、西夏也好不到哪裡去，大家都是半斤八兩而已。」言猶在耳，女真人崛起於白山黑水之間，起兵、滅遼、攻宋一氣呵成，再也不是當年比爛的時代了。

一一二七年，開封城破。宋徽宗、宋欽宗、皇后、親王、公主、駙馬和滿朝文武等幾千人，全部被押送到北國，四月到達黑龍江會寧府。徽欽二帝、宗室、后妃、公主全部袒露上身，披著羊皮，在完顏阿骨打的廟前行牽羊禮，有人因受不了侮辱而自殺。

千里之外的中原，享受一百七十年朝廷福利的士大夫，也被金兵肆意屠戮，猶如砧板上的豬羊一般。

沒有勝利者，所有人都是失敗者。

這一切在趙匡胤黃袍加身時就早已註定。但在六十年前，宋朝有一次改變命運的機會，所有人都沒有珍惜。

站在三岔路口，天空依舊像往日一樣沉悶，當時還以為只是漫長時光中的普通一天。回首看，命運已轉彎。

蒙古人的圖騰——成吉思汗

1

西元前二一五年，蒙恬率領三十萬大軍北逐匈奴七百里，攻取河套地區，讓匈奴不敢南下牧馬。隨後秦始皇命令蒙恬修築長城，秦、趙、燕國的長城連接起來，成為「西起臨洮，東止遼東，綿延一萬餘里」的萬里長城。

一條長城，分隔了兩個世界。從此以後，中原始終是漢族的基本盤，不論國號如何更改，中原始終為漢人所統治。

然而北方草原風雲變幻，秦漢時是匈奴人，南北朝時是柔然人，隋唐時是突厥人、回紇人，宋朝時是契丹人，彷彿草原人始終沒有固定民族。不過，這一切都被成吉思汗結束了。

成吉思汗之前，他們有五花八門的名稱，可在成吉思汗之後的八百年裡，草原上只有一個名稱：蒙古。蒙古帝國不必說，隨後的瓦剌、韃靼、察哈爾、準噶爾等都是部族名稱，或是國號，在他們內心深處有一個驕傲的名字：蒙古人。

草原有了精神圖騰、共同記憶，才能形成一個固定的民族。

2

在匈奴、突厥時代，部落首領的獨立性很高。單于、可汗的家族和部落是統治的核心。他們的部落往往不是人口最多、文明最昌盛的，他們是通過戰爭來征服其他部落。被征服者投降後，換一面旗子即向新領袖效忠。什麼都沒有改變，只是換了統治家族。

在單于、可汗之下，每個部落都是世襲領袖的私人財產，他們的牛羊和牧民，單于和可汗都沒有權力直接調動。單于和可汗只有贏得部落領袖的效忠，才能維持統治。那時的草原，各部落是獨立的諸侯國，而單于和可汗只是「周天子」。

一二〇六年，鐵木真在斡難河源頭加冕，蒙古諸王、貴族、大臣為他奉上「成吉思汗」的尊號，「成吉思」在蒙語中的意思是「強大」。

四十五歲的成吉思汗將和前人不同。他沒有和之前的大汗一樣，讓部落首領繼續當獨立諸侯，而是把所有部落的牧民全部打散，編為九十五個千戶，八十八個功臣被任命為千戶官，統領九十五千戶。在此之上還有萬戶、諸王。而眾星拱月的成吉思汗對萬戶、千戶擁有絕對的調動權。

他們的職位可以世襲，但必須得到大汗的認可，駐地和牧場也由大汗分配。這是政治、軍事、經濟合一的體制，經過成吉思汗的改造，草原版郡縣制出爐。

中原的郡縣制兩千年不衰，草原的千戶制也凝聚了蒙古人的全部力量。此時的成吉思汗，是草原的秦始皇。

3

成吉思汗有了組織制度就成功了嗎？當然不是，他還需要軟實力。草原部落的記憶都來自口口相傳，只要一個部落被滅，他們的榮耀和苦難、悲傷和愛恨、來路和遠方統統化為烏有。沒有文字，就沒有文化。在討伐乃蠻部的戰役中，一個名叫塔塔統阿的畏兀兒人被俘虜。後來，成吉思汗讓他用畏兀兒字母拼寫蒙古語。

塔塔統阿的文字，讓蒙古文化有了載體。成吉思汗的命令和法律可以記錄在冊，以供後人使用。由新文字寫成的《蒙古祕史》讓民族有了共同的記憶。牧民不再是無根野草，而是同文同種的同胞。共同記憶，才是一個民族的源頭。文字給了蒙古人下限，輝煌武功則提高了蒙古人的上限。

成吉思汗的大纛[47]下聚集了十幾萬蒙古騎兵，他們來去如風，西夏、金國、花剌子模都在蒙古的鐵騎下灰飛煙滅。隨後幾十年，蒙古鐵騎攻滅數十國，版圖擴張到三千萬平方公里，最遠處兵鋒直抵維也納城下。

蒙古帝國東、西長一萬六千里，海濱東方早已月上枝頭，西方邊境才正值烈日當空。數千年歷史上，人類從未有過如此浩瀚的國度，那是歐亞民族的苦難歲月，也是蒙古人的黃金時代。

成吉思汗及其子孫的時代，成為蒙古人心目中不可磨滅的烙印，也是一座高大雄偉的豐碑。先輩的輝煌武功，讓他們感到無上榮耀。此時的成吉思汗，是草原的漢武帝。

47 大纛指古代行軍中或重要典禮上的大旗。

4

二〇一〇年，我在內蒙古生活了幾個月，才真實地感受到什麼叫作「成吉思汗崇拜」。稍微有水準的場所，會懸掛成吉思汗的畫像，莊嚴肅穆到讓人恨不得一進門就三鞠躬。文宣品上有頭像，廣場有雕塑，我想買幾幅氈畫帶回去，選來選去，八〇％的圖案都是成吉思汗。長城以北，成吉思汗早已和土地上的人們血脈相連，因為他締造了蒙古族。

對比一下漢族，我們的精神源頭和歷史記憶來自炎黃二帝。在炎黃之前，沒有所謂的漢族，只有遍布中原的部落。那時的先輩茹毛飲血，如同野獸。炎黃二帝征戰千里，或驅趕，或同化，把周圍的部落全部納入中原的框架中，然後興農業、勸織布、修兵甲，才形成漢民族的基本盤。

炎黃二帝就是漢族的神明，那麼成吉思汗在蒙古的成就，不亞於炎黃二帝。我們有多麼崇敬炎黃，蒙古人就有多麼信仰成吉思汗，他們都是民族的創世神。

5

所謂民族，到底是什麼？血統、種族、姓氏或者地域？沒錯，這些都可以成為民族的標誌，但這絕不是根本。以血統、種族區分的只能成為部落，高大的門檻橫亙在那裡，把門裡、門外分成涇渭分明的世界，也把想容納進來的潛在人口排除在外。這樣的部落發展終究有限，真正構建民族核心的是精神圖騰和共同記憶。

在萬里草原，成吉思汗的乞顏部依然是大海中的水滴，蒙古部族也只是草原的一份子。他用制度、文字和武功構建了所有部落的共同記憶，然後自己又化身蒙古的精神圖騰，真正把所有部落熔為一爐。

人類未來，是否會繼續演進呢？肯定會，只是民族的演進過程極為漫長。個人的生命短暫，猶如白駒過隙，只是參與其中的小水滴，根本看不到一絲一毫的改變，但不可否認，這個過程仍在繼續。

千百年後的世界，我們已不能想像。變化的是名字、口音，不變的是完成演進的精神核心。

歷史進程中的燕雲十六州

1

五代十國時期，河東節度使石敬瑭和朝廷起了齟齬，為了換取遼國的支持來保命，野心勃勃的石敬瑭不惜割讓燕雲十六州。這塊地包括山西北部、河北北部，大同、北京等重鎮。

簽署條約之後，遼太宗耶律德光率領五萬兵馬南下，和石敬瑭一起擊敗後唐，然後以新王朝的爸爸自居，時刻準備插手中原內政。

和中原領土相比，燕雲十六州並不大，但其地理位置極其重要。燕雲十六州易守難攻，從後晉到北宋，歷代君王都沒能用軍事行動收回來，而遼國可以順利進入河北和山西，屯兵汴梁城下。這相當於在中原王朝的頭頂懸了一把利劍。敵人想什麼時候來就什麼時候來，而中原要想面對遼國騎兵，還得克服崇山峻嶺等障礙。

2

燕雲十六州自從被石敬瑭割讓以後，中原王朝四百多年都沒能收回來，遼、金、元卻數次從燕雲十六州南下，奪取中原。直到明朝建立後，徐達和常遇春攻克元大都，才算再次收回了遺失的土地。注意這個細節：收復燕雲十六州不是明朝的目標，而是打敗元朝之後，順手摟回來的。這個主次關係很重要。

被北方少數民族統治的時間久了，當地人對自己的身分就會感到困惑。這其實不難理解，燕雲十六州都曾經歷過中原王朝，很多老人甚至在唐朝生活過，對他們來說，自己的身心都在中原。而這些老人在宋朝逐漸去世，燕雲新一代根本沒有中原的概念，自從出生以來，他們就是以遼人自居。

長大以後，燕雲新一代耳濡目染的是遼國的風俗，接受的是契丹的文化教育，聽到的消息也是蕭太后多麼英明神武。他們和宋朝沒有半點交集，如何會產生認同感呢？這個道理和「五百年前是一家」類似。既然在自己成長的過程中沒有出現，那麼五百年前的事和我又有什麼關係？人的生命很短暫，活在當下似乎更能讓人感同身受。

雖然燕雲新一代在遼國長大，但他們畢竟是漢人，在正經的契丹人眼中，他們依然是異族。實際上他們自己也經常感受到這種差異。同樣是遼國的臣民，契丹人就有優越感，在燕雲漢人面前趾高氣揚，一副大爺的派頭。炙手可熱的職位、通暢的晉升管道、車水馬龍的商鋪都屬於契丹人，燕雲漢人即便僥倖入朝做官，也很難得到和契丹人同樣的晉升機會。

他們也想做遼國的好公民，可地位天然不平等，讓燕雲漢人逐漸產生低人一等的心態。能怎樣呢？這裡的一切都是契丹人的，漢人得到的一點點資源，也是契丹人用來籠絡上層精英的手段，燕雲十六州的命運不在他們手中。

3

既然燕雲十六州的命運不在自己手裡，那麼誰能決定其命運呢？宋、明和遼、金、元。

燕雲十六州是彈丸之地，資源、實力都有限，他們不足以對抗任何一方。再加上土地的歷史淵源，中原王朝也不可能允許其自成一家，它只能在大國之間求生存。如果宋朝能夠橫掃八方，把遼、金打敗，區區燕雲只能依附於宋朝。可問題在於，在國家博弈方面，宋和遼勢均力敵，暫時都還沒有全面碾壓對方的資本。

燕雲十六州的糾結也源自於此。大宋雖然經濟實力很強，但在戰場上屢戰屢敗，這很難讓燕雲子民對其產生信心，也很難使中原產生向心力。而這種實力不強的現象，又會讓燕雲加深對遼、金的依附，時間一久，這種心態變得根深蒂固。之後金國占據黃河以北，元朝統一天下，再次加深他們的這種依附心理。

在元朝的「四等人」制度下，北方漢人處於第三等，略微超過第四等的江南漢人。人類有一種從眾心理，如果所有人都是相同的處境，或者做同一件事，那麼他們就不會有任何異樣感，反而覺得不那樣做的才是異類，所以元朝的大部分人會以蒙古人為尊。大部分人皆是如此，更何況是天子腳下的燕雲。畢竟國力不如人，整個江山都輸了，再爭論燕雲十六州實在沒必要。他們擁漢也好，崇蒙也罷，都是在歷史大勢之下的選擇。輸了大勢，何談局部。

4

朱元璋建立明朝的意義，遠遠被低估了。他本來是江南的第四等人，連辛苦耕作的農民都不是，開局只有一個破碗，吃飽飯都成問題。生於風雲際會的元末亂世，朱元璋為了活命而投身軍旅，憑藉一步一個腳印的努力奮鬥，終於成為九五至尊。

毛澤東讀馮夢龍編的《智囊》時評價說：「自古能軍無出李世民之右者，其次則朱元璋耳。」朱元璋用軍事能力打下江山，重新建立漢人王朝，已經是很厲害了。但朱元璋此後還做了一件更重要的事——

重建制度。

成吉思汗在蒙古高原崛起，帶著十幾萬騎兵東征西討，打下五百萬平方公里的江山。在這樣的基礎上，成吉思汗的子孫繼續奮鬥，終於在亞歐大陸囊括廣袤的版圖，成為世界級的帝國。

沒有人能反抗蒙古帝國，但凡冒頭的都兵敗身死。雖然後來蒙古分裂成數個汗國，卻也有千絲萬縷的聯繫。

統治中原的元朝也不例外。那時，北方宋人只是第三等人，他們崇尚元人風俗，以說胡語、穿胡服為榮，雖是宋人血統，但已經是精神上的元人。當朱元璋的義軍在南方征戰時，北方漢人豪強紛紛組建軍隊，誓死保衛偉大的黃金家族。這是不是很不可思議？

南方漢人站起來恢復江山，北方豪強卻要與其為敵。他們已經不再認可自己祖先的事業。

所以，朱元璋的事業很艱難，他不僅要在戰場上擊敗強大的元帝國，還要重建遺失的漢人制度。這是弱勢國家走向富強的必經之路。相比之下，軍事勝利已經算是最簡單的了。

朱元璋擊敗陳友諒和張士誠後，命令徐達和常遇春在山東、河南、陝西剪除元朝羽翼，然後直搗大都。至此，明朝對元國取得壓倒性勝利。而當國力對比顛倒之後，曾經的燕雲十六州再也不是問題，徐達順利地進入了北京。至於元順帝，早就搬家跑路了。

這也是我們說的，局部的焦點不是根本性問題，問題的根源在於互相博弈的大國的實力對比。在這樣的歷史大勢之下，不論燕雲十六州的人如何留戀過去，都只能被歷史的車輪無情碾碎。

那麼收復國土之後該怎麼辦呢？那些說胡語、穿胡服的北方人總要想辦法收攏吧？這是農業文明和游牧文明之爭，絲毫馬虎不得。

朱元璋的辦法是恢復漢家衣冠。他用自古以來的傳統，重新構建王朝的精神共同體，找到南北、胡漢的平衡點，讓大家能夠有對話交流的平臺。他既要團結漢人，也要拉攏元人。這種對話交流的平臺不僅是維護中原王朝的紐帶，也是王朝走出國門的必需品。要想讓萬國來朝，必須能說出打動人心的故事。明朝的故事是仁義與和平。

朱元璋列了很多不征之國，朱棣時代的鄭和下西洋也是以和平為主，他們用故事向追隨者宣布：「我們是朋友。」

元朝的管理很粗暴，用色目人做包稅人，讓地方豪強管理基層，結果導致朝廷的存在感很低。如果繼承元朝制度，明朝的江山也會風雨飄搖。

於是朱元璋用畢生精力，建立起如臂使指的政府。如果有必要，皇帝說的每一句話都能傳到農村，讓每一個人都知道。強大的政府讓朱元璋可以調動明朝的每一個銅板、每一個人，同時也讓軍事行動、文明教化更有成效。

所以朱元璋要做的事情，是從裡到外重新改造中國。一旦成功，所有失去的東西都能奪回來，可要是失敗，如今擁有的也可能會失去，而燕雲十六州只是其中的一環。

因為當時的局面不僅是元、明爭鋒，也是農業文明和游牧文明的競爭，勝利者可以獲得一切，失敗者則將失去所有。殘酷的是，這場競爭沒有退出的資格，一旦站上擂臺，想活下去，就只能成為最後的贏家。

5

歷史不會重複，但一定會相似。類似於燕雲十六州的事情，在歷史的進程中比比皆是。它們從來都不是故事的主角，歷史不會記住它們的悲歡離合，只會留下勝利者的榮耀。想留下自己的痕跡，一定要選對車。

而對於主角來說，與其把目光聚焦於局部，不如放眼全域。那些被人忽視的東西，往往是影響成敗的關鍵。

然而歷史的進程波濤洶湧，無數鐵甲戰艦蓄勢以待，我等皆是水手。

張居正：一代名相的宿命

1

一三六八年，四一歲的朱元璋在南京登基稱帝。隨後，無數份官職任命書從南京發出，快馬送往大明各地。湖北秭歸的張關保也收到了一份。

十五年前，朱元璋率領三千人的小分隊進攻定遠，張關保為了混口飯吃，扔下鋤頭，扛起大刀，懵懵懂懂地參軍入伍，如今被封為世襲歸州守禦千戶。

命運的鐘擺撥弄著所有人的命運，偶然間的無意晃動，就會抖落一顆種子。一百六十年後，張關保家族生下一個男孩，起名叫張居正。他的祖父是家中次子，因為沒有資格繼承千戶職位，於是從秭歸縣搬到江陵，另立門戶。

後來，張居正一直說：「我出身寒門。」

寒門子弟想出人頭地，除了讀書，沒有第二條路可走。幸好張居正天賦聰明，十二歲考上秀才，十六歲中舉人，二十三歲舉進士。由於寫的文章能一針見血、直指人心，張居正從小就得到許多大官的賞識，從荊州知府李士翱、湖廣巡撫顧璘，直至後來的內閣首輔徐階。

薄薄的宣紙上，一種由可怕天賦凝聚而成的文氣，讓他們預感到：「此人的功名不在我輩之下。」

2

北京的紫禁城中，嘉靖皇帝終年不見天日。人生苦短，而修道事業卻無涯。他心中沒有百姓、國事、大臣，只有經文、金丹和修仙，朝廷大事則遙控嚴嵩和太監處理。

巴結嚴嵩的官員們以京城為中心，沿著大明帝國的血管向外蔓延，最終成為盤踞在帝國軀體上吸血的「嚴黨」。太監也生活得很舒適，他們在京城開發房地產，修建了精美的別墅，還把相好的宮女接來同居，和平常夫婦沒什麼兩樣。雖然沒有兒女，但想做乾兒子的大有人在。

權勢、前程和利益，足以讓人忘記尊嚴和骨氣。

帝國的軀體之下，是為生計苟延殘喘的升斗小民。他們沿著長街乞討，只要能有一口飯吃，不惜賣兒賣女。天氣寒冷、氣候乾旱、水災蝗蟲，都可以讓一個完整的家庭變得空無一人。城牆裡，朱門外，總有奄奄一息的人在等死。

帝國身上的膿包發出嬌豔的紅光，遠看依舊光鮮，走近卻只有惡臭撲鼻。

後來嚴嵩倒臺，嘉靖駕崩，太監也換了一茬又一茬。新皇帝隆慶和新首輔徐階、高拱也不能改變什麼。

膿包依舊在，只是換了外皮。

3

一五七二年，四十八歲的張居正出任內閣首輔。新官上任，他就掏出手術刀挑破膿包，施展精湛的醫術為帝國療傷，這把刀的名字叫改革。

第一招叫作考成法。張居正命令六部監督地方，六科[48]監督六部，那麼誰監督六科呢？不好意思，只有內閣親自上馬了。而內閣中唯一說了算的只有張居正。這樣做的目的是為了政令統一，不至於像以前那樣，所有人都能插嘴。很快，大明帝國就「雖萬里外，朝令夕奉之」。

四年後，山東、河南的十九名官員沒有完成徵稅任務，被革職、降級處理。身家性命都快不保了，甩開膀子玩命幹啊。結果第二年的稅收就達到四百三十萬兩，比前任皇帝在位時增長七四％。

第二招叫作一條鞭法。在這之前，明朝的稅收是徵收實物。種田的交糧，織布的交布，捕魚的交魚，反正手裡有什麼就交什麼。但這種方式存在一個問題：徵收的過程中有太多的「可操作」空間。比如，官吏為了貪汙，會指責交上來的糧食成色不足，重量不夠，讓老百姓多交糧。多餘的部分，官吏收入自己的口袋。很多老百姓因此破產，被逼無奈，只好去當流民。

現在張居正改用白銀徵稅，算是統一了標準，同時使地方官員難以作弊，進而增加財政收入。很多事情，其實不是怕要求嚴格，而是怕標準不清晰。在「一條鞭法」的標準下，老百姓可以清楚地知道自己要交多少錢。

第三招叫作清查土地。在過去的很多年裡，大明朝究竟有多少耕地，朝廷是模糊的。很多豪門地主為了少交稅，就利用關係網少報或瞞報。很多人為了不交稅，也把田地掛在地主名下。

帳冊上的田地少，交稅就少，政府對人口的控制就弱，造成的後果就是官府不能有效控制基層。張居正下令清查土地，政府控制力急速增強。

三項大招施展開，張居正整頓了官吏，安撫了民眾，充實了朝廷，完成前人從未有過的功業。朝野上下，讚譽極高。

48 明、清官制設有六科給事中，簡稱六科，掌侍從、規諫、補闕、拾遺、稽察，分察吏、戶、禮、兵、刑、工六部之事，糾其弊誤。

4

日月並明，萬國仰大明天子。
丘山為岳，四方頌太岳相公。

這是一位官員寫的拍馬屁對聯，他用黃金製成後送給張居正，而張居正又堂而皇之地掛在自家客廳。狂吧？還有更狂的呢。十六歲的萬曆皇帝想給母親重新裝修一下宮室，畢竟操勞了一輩子，好不容易熬成了皇太后，也該享享清福了。張居正說：「不行，祖宗們營造的宮殿已經很完美了，不必亂花錢。」

張居正的母親從老家進京，馬上就被接到皇宮，得到了皇太后的接見。她們手把手說著家常話，彷彿相見恨晚。

而半年前，張居正回鄉葬父更是氣焰煊赫。他乘坐三十二人抬的豪華轎子從京城出發，一路翻山越嶺回到江陵。轎外有戚繼光派來的火槍手忠誠地執行護衛工作，轎內有兩個少年僕人在臥室伺候。千里路程，所到之地都有官員在路邊迎接，就連藩王也必須低下高貴的頭顱，給這位出身寒門的名相擠出笑臉。

此時的大明帝國，唯張居正獨尊。萬曆皇帝說：「先生之忠上薄雲天。」皇太后說：「沒有張先生，哪有我們母子。」官員說：「張先生身負不世之才，是明朝的大救星。」

當然，也有改革的受害者對其恨之入骨，但他們能發出的聲音實在太弱小，早已被淹沒在一片讚頌聲中。

此時的張居正，身上沒有一點纖塵。他是普照大地的驕陽，是皎潔無瑕的皓月，是降臨在人間的天使，所有人的讚頌聲都千篇一律。

5

一五八二年，張居正去世。做了十年首輔，他耗盡所有精力才留下高效的政府、富庶的倉庫、幹練的隊伍和知足的百姓。

他早年間曾許下宏願：「願以深心奉塵剎，不予自身求利益。」可在此時，張居正頭上的每一個光環、被讚頌的每一件事，都成為擺弄權柄、謀求利益的罪證。首先發難的，正是萬曆皇帝。他發布詔書：「以前清查田地期間，有很多不法行為，所以那次登記造冊的資料是不準的，作廢吧。」

皇帝用一紙詔書撕開口子，天下人統一跟進。曾經兢兢業業執行考成法、一條鞭法的官員，如今變成惡棍張居正的幫凶和走狗，必須下崗讓位給「賢才」。曾經辦事不利的庸人，如今卻變成不和壞蛋同流合汙的「民之父母」、「國之干城」。他們現在是皇帝拉攏提拔的對象。

半年後，張居正徹底變成臭狗屎。大明百姓罵他是人渣、敗類，官員罵他是獨夫、民賊，皇帝認為他是言行不一的偽君子，就連官方的蓋棺定論，也是欺君、受賄、結黨。當初誇張居正清廉、潔身自好的群眾，也自動出來揭發：「他有幾十個老婆，戚繼光成天給他送海狗鞭。」王世貞專門寫文章：「日餌房中藥。」

黑白變化如此之大，不過生死半年間而已。

6

在張居正的屍體上，所有人都能得到想要的一切。

自從繼位起，萬曆皇帝就再也沒有看見過太陽。張居正巨大的身影籠罩了紫禁城，皇帝的權力、威望、話語權都被他收入囊中，萬曆生活得膽戰心驚。

打倒張居正，萬曆將繼承一切。張居正的身影有多高大，萬曆收獲的經驗值就有多豐厚。就像戰場上的將軍，越強大的敵人越能成就自己的功勳。

官員們將獲得光明的前程。張居正已死，他再也不能為帝國和自己帶來好處，那就不妨追隨皇帝，爬到張居正的屍體上啃兩口。啃多少不重要，關鍵是態度：「陛下，我選擇了您的隊伍，以後就是自己人啦，有好事可別忘記我啊。」

位高權重的官員，還可以趁機給追隨張居正的人使絆子，然後擴大勢力，安排自己人。曾經努力工作的好官員為什麼被扣帽子？還不是為了給別人騰地方嘛。

最基層的地主，純粹是為了私利。你不是清查田地、搞一條鞭法嘛，讓土豪老爺少賺多少錢？身價縮水多少倍？打倒張居正，才能回到陽光燦爛的日子。

至於老百姓，很多人看不懂張居正的謀劃，他們只是盲從，枯燥的生活和逼仄的眼界，讓他們渴望看到大新聞。而權威的坍塌，更是讓荷爾蒙飆升的興奮劑，大人物祕史是他們最喜聞樂見的東西。

可想而知，當張居正的流言滿天飛時，這部分人看熱鬧到停不下來，還會兩眼發紅地嘶吼：「再來點猛料！」

颶風過崗，無人能回頭。張居正的同路人早已被剝奪了話語權，發出的微弱聲音早已被咆哮淹沒，他們只能等待命運鐘擺的審判。

7

一五八四年，朝廷派人去荊州張居正老家抄家。抄家共搜出白銀十萬兩，還有萬曆皇帝賞賜的四張書法，紙張上寫滿了「忠」字。張居正的弟弟和兩個兒子被發配充軍，長子張敬修被逼自殺，死前留下的遺言是：「告知山西蒲州相公張鳳盤，願他輔佐聖明天子於億萬年也。」

張鳳盤，就是現任內閣首輔張四維。對了，還有張居正的戰友馮保，他被萬曆皇帝宣布有十二大罪證，最終被軟禁在南京明孝陵。

一個時代過去了，明天將升起新的太陽。陽光下的人們會講述新的故事，偶爾還會對張居正的往事津津樂道。

生前，他好像天使降臨人間；死後，他如同惡魔走出深淵。

權力的遊戲：慈禧和光緒的二人轉

1

一八八九年正月，光緒皇帝有點不知所措。年僅十九歲的他，不得不陷入文山會海之中，並且娶一個不太漂亮又沒感情基礎的老婆。沒錯，光緒親政了，但慈禧太后依然要訓政。

按照大清禮法，小皇帝長大後就要走到第一線，太后再也沒有垂簾聽政的理由，而其間的分界線就是大婚。

一八六一年，咸豐皇帝去世後，慈禧聯合慈安、恭親王奕訢發動了「辛酉政變」，一舉推翻顧命八大臣，掌握了實際權力，至此已經二十九年了。二十九年的資本積累，哪裡是說退就退的，不僅跟著混飯吃的大臣不願意，慈禧也不願意啊。玩弄天下於股掌間的感覺，多美妙啊。

光緒親政沒幾天，醇親王就帶頭給慈禧上書，求老太太再訓政幾年。他言辭誠懇，彷彿慈禧不訓政的話，大清就完蛋了。老太太看到人心所向，只好勉為其難：「哎，年紀大了還要操心瑣事，一點兒都不讓人清淨。」

為了慈禧的訓政大業，朝廷專門制定了《訓政細則》，明文規定皇帝和太后的許可權：凡是需要皇帝主持的儀式，比如給優秀大臣頒獎、慰問退休老臣等，都交給光緒出面；其他的行政事務，則需要慈禧監督。

而最重要的任免權和批閱奏摺權，依然在慈禧手中。老太太大權在握，不論是出於拍馬屁還是明哲保身，大家都滿意了。

於是剛剛親政的光緒皇帝，只能捏著鼻子接受。其實這也可以理解，光緒只是十九歲的年輕人，讓他處理龐大的帝國事務，誰會放心啊。康熙夠英明神武了吧，剛親政還不是著急地削藩，逼反了吳三桂。如果平叛不成功的話，「剛愎自用」的評價是跑不掉的。

兩年以後，訓政結束，局面依然沒有改變。每天的日常事務，光緒都可以單獨決定，但事後必須向慈禧彙報，軍機處也會呈送前一天的簡報請老太太過目。沒有什麼事情可以瞞過她。

慈禧可以直接向光緒下達命令，貫徹自己的意志，比如朝廷大臣的人選、重大事務的處理意見等。也就是說，光緒皇帝是總經理，慈禧太后是董事長。皇帝可以在第一線感受榮耀，但真正說了算的，依然是幕後的太后。

2

身處權力場，但凡手中有點資源，必然會引來無數人投靠，更何況是大清帝國的皇帝呢。

在光緒處理政務的過程中，其周圍逐漸形成所謂的「帝黨」。他們希望幫助光緒爭取實權，同時打通自己的上升通道，這可是從龍之功，屬於最大的功勞。這批人以帝師翁同龢為首，包括珍妃的堂兄志銳、文廷式、狀元郎張謇等文人清流。他們是朝廷的在野黨，努力爭取話語權。

經過多年的苦心經營，滿蒙親貴、封疆大吏、漢族地主都緊密團結在慈禧的周圍，組成實力龐大的「后黨」。他們占據最重要的官職，擁有一言九鼎的話語權，很多官員都是其黨羽。任何事情只要「后黨」說不行，那就真的不行。

一群大男人，為什麼要匍匐在慈禧的裙下？

「辛酉政變」之後，同治皇帝只是小朋友，大清由慈禧、慈安、恭親王組成權力鐵三角。由於政變中表現出來的心機和手腕，慈禧成為最重要的一角。擁有高位就是擁有資源，再加上權謀手段，慈禧一點點拋出誘餌，逐漸培養了很多自己人。後來慈安去世、甲申易樞[49]，另外兩極也倒下，放眼朝廷，已經沒有人能和慈禧抗衡。

光緒親政前，慈禧的權勢擴張到了極點。當初不聽話的都被打趴下了，留下來的都是聽話的自己人，也就是說，慈禧代表了大部分官員的利益。對他們來說，維護慈禧，就是維護自己。

多年來，慈禧一步步走向勝利，所有人都見識到了她的狠辣，大家想投機之前，也要掂量掂量後果。另外，慈禧慣用「拉一派，打一派」的手段。她只會制衡，而不是親自下場，比如讓李鴻章和清流對立、滿洲大臣和漢族地主對立。任何人想投機，很快就會被另一派圍攻，他們絲毫沒有贏的機會。

在這樣的環境下，光緒的「帝黨」想上位，簡直比登天還難。

但是，很快機會就來了。日本發動甲午戰爭，這讓「帝黨」成員看到了翻盤的希望。

3

一八九四年七月，甲午戰爭爆發。由於日本蓄謀已久，而清朝倉皇迎戰，這場戰爭以中國戰敗、北洋水師全軍覆沒而告終。

當時的「帝黨」和「后黨」都是主戰的。光緒是為了保衛祖宗江山，慈禧是為了能夠好好過生日。後來北洋水師戰敗，日軍攻入遼東半島，慈禧太后轉變立場，希望趕緊議和了事。

49 甲申易樞是指一八八四年，慈禧突然頒布懿旨，將以恭親王奕訢為首的軍機處大臣全班罷免的事件。

議和符合大多數官員的利益。打仗要死人，要花錢，稍有不慎，烏紗帽都保不住，甚至還會連累派系利益。保持現有的格局不變化，成了「后黨」的基本訴求。但光緒的「帝黨」是想求變化的。如果繼續死水一潭，「帝黨」成員這輩子都別想出頭。所以，現實訴求迫使光緒和「帝黨」成員極力主戰。只要仗打贏了，什麼都可以有。這是光緒的理想照進現實。

操盤政治鬥爭的大哥，基本不會親自下場博弈，而是通過推動某項政策實施，最終贏得政策的主導權，以及日常事務的話語權。勝利的一方會以此為突破口，進一步擴大戰果，失敗的一方往往日薄西山。對日的戰與和，就成為「帝黨」和「后黨」的博弈點。按照光緒和「帝黨」的設想，甲午戰爭是自己的立威之戰，一旦成功，便可以掌握朝廷的話語權，再不濟也能獲得自由，就像康熙擒鼇拜一樣。再加上翁同龢和李鴻章有私仇，所以他們不停地催李鴻章出戰，最好能把北洋的家底拚光，再把日本阻攔在國門之外。

在全民亢奮的時候，「后黨」不得不暫時退讓。但光緒和翁同龢不知道，北洋水師的裝備已經落伍了，不論船速還是大炮，和日本都不在一個水準。而大清的官僚體系也爛到家，貪汙腐敗、貪生怕死成為官員的頑疾。

日本在進攻朝鮮時，總指揮葉志超不停向朝廷要錢、要糧，可日軍攻入平壤時，搜出價值一千萬兩白銀的金錠和金磚，留下的糧食足夠日軍吃一個月。反觀清政府一方，朝廷各大官員在煤礦等企業都有股份，他們寧願把優質的五槽煤賣掉換錢，也不願意賣給北洋水師，導致軍艦只能使用劣質的八槽煤，航速只有設計航速的一半。

一處如此，處處如此。

從這方面來看，后黨主和也不是單純的賣國，而是他們知道自己有多少家底，與其拚光，不如留著當花瓶看。光緒和「帝黨」的奪權計畫，遭遇遍地都是蠢隊友的窘境。隨著戰爭失敗，主戰派的話語權再次被削弱，主和的「后黨」再次成為朝廷的主心骨。光緒和慈禧的第一次交鋒以光緒失敗告終。

甲午戰爭在權力鬥爭、家事不和、公報私仇的糾葛中落下帷幕，李鴻章在日本簽訂了《馬關條約》，賠款二點三億兩白銀。日本獲得持續發展的巨額橫財，大清則扯下了同光中興的遮羞布。被迫在條約上簽字時，光緒皇帝「繞殿急步約時許，乃頓足流涕」。

這一刻，我相信光緒是為國而哭。

4

下一輪較量來自變法。

甲午戰敗之後，大清朝野都被日本震驚了，區區東瀛小國，居然可以打贏大清帝國，到底是怎麼回事？仔細研究之後才恍然大悟：「原來日本變法了，看來大清也需要變法。」

此時朝野已經取得變法的共識。共識歸共識，具體怎麼操作、由誰主導，是需要爭奪一番的。假如沒有慈禧，那麼一切都不會有問題，所有事都有一個主心骨，可以按部就班地推行下去。問題就在於，朝廷是雙頭格局。大象在草原吃得很開心，螞蟻也想多吃一點，雙方的矛盾不可調和，只能有一個勝利者。

沒錯，慈禧和光緒的關係是很好，但前提是光緒願意做傀儡，老太太去世以後才能接手家業。只要慈禧活著一天，她就不願意退位，「后黨」成員也不願意她退位。更何況，此時已經由不得慈禧了。

既然慈禧代表了那麼多人的利益，她就不是她自己了，而是眾多利益匯聚在一起的符號。她想做什麼也由不得自己，只能被眾人推著向前走。順應人心時，慈禧是執刀人；一旦不能順應人心，慈禧也無能為力，就像後來的袁世凱。

戊戌變法和甲午戰爭一樣，是光緒和慈禧、「帝黨」和「后黨」的鬥爭，他們為國家，也為自己。

變法的第一步是練兵。一八九五年年底，袁世凱接替不熟悉軍事的胡燏棻，正式在小站練兵，開啟了近代陸軍的先河。此時的袁世凱不知道，三年後維新派想利用這支軍隊，讓譚嗣同找他商議「圍園劫后」的事情。

第二步則是更改制度。經過甲午戰爭的慘敗，上至朝廷，下至民間，大家都對變法抱有極大的興趣，尤其是劉坤一、張之洞、李鴻章等封疆大吏。

一八九八年六月十一日，光緒皇帝頒布「明定國是」詔書，變法開啟。他們在短短三個月的時間裡發布了一百多道詔書，想要徹底改革大清帝國，迅速搭建好強大帝國的架子。

然而，九月二十一日凌晨，慈禧突然從頤和園返回紫禁城，限制了光緒的自由，緊接著便將光緒囚禁在瀛台，再次宣布訓政。這一百多天裡，到底發生了什麼？

5

除了鼓勵辦企業、開放言路、建立國會等明面文章，我們一定要知道，水面下又有怎樣的暗流洶湧。

首先是摻沙子。光緒提拔楊銳、林旭、譚嗣同、劉光第等人為四品官銜，參與新政，並讓宗人府保薦宗室成員。他要幹什麼？組建班底唄。就像漢武帝成立內廷一樣，把朝堂大權奪回到自己的小圈子裡來，讓品級不高的人執掌大權。光緒皇帝撇開老油條，提拔了一堆新手，他是想組成以自己為主導的班底，一方面推進變法，另一方面增強話語權。

然後是裁撤部門。那年七月，光緒下詔裁撤通政司、詹事府、大理寺、光祿寺等部門，並把這些部門的職權劃歸內閣。這只是朝廷的部門，地方上還有一大批等著砍呢。

好傢伙，這麼多部門養活多少人啊，您一句話就全部砍掉，讓人家全家老小喝西北風啊，工齡也不算，退休金也不發，到底要鬧哪樣啊，給點補助也好啊。

這些等待下崗的人，就成為討厭變法的第一批人。他們到處拉橫幅喊冤，迅速引發了一股恐慌的風氣。眾多不明真相的群眾一看，啥，變法就是要砸吃飯的鍋？是可忍孰不可忍。很多封疆大吏坐不住了，做了一輩子官，搞了一輩子政治，從沒見過有人這麼玩的，胡鬧嘛不是，一點兒都不穩重。

最後是另立朝廷。九月初，光緒想開懋勤殿，作為變法的統一指揮機構。看看名字就知道了，類似於唐朝的政事堂，聚集宰相等人員處理政務。一旦懋勤殿成功建立起來，便會迅速成為大清新的權力中心，那麼軍機處、內閣的老臣就將成為擺設。

老臣奮鬥了一輩子，卻被年輕人嫌棄。「敢情皇帝是要把大家都踹開啊！不能忍，不能忍，走，咱們找太后評理去。」慈禧聽說以後，立刻阻止。

光緒和「帝黨」的「戊戌變法」，迅速把所有人都推向了對立的一方，導致大家為了生存，不得不求慈禧充當代言人。本來大家都滿熱心的，皇帝要變法了，他們彷彿看到官位和銀子唱歌跳舞地跑來。老臣們挺想上車，可變法狠狠抽了他們一個耳光：「原來我們才是變法的阻礙啊。」

說到底，年輕的光緒太把皇位當回事了。他以為皇帝的聖旨有很大的分量，發到哪裡都會被嚴格執行。「嗯，我是皇帝，你們都是奴才。」他認為權力是自上而下的，有了職位必定有權力。其實，權力是自下而上的，有了權力才有職位。光緒把先後順序搞混了。

身邊有多少人，在朝廷有多少話語權，在宮門外有多少影響力，這才是實實在在的權力，有了這些，自然就有了職位，而不是有了職位，才順便有了這些東西。

光緒皇帝本來就沒多少嫡系和話語權，想通過推進變法迅速贏得權力，卻忽視了自己的根基薄弱，就好比妄圖一口吃成胖子，結果只能嘣掉門牙。他最好的辦法是團結大多數，拉攏滿洲親貴和漢族地主，大家一起在變法的列車上吃香喝辣，然後各取所需。

既得利益者發現皇帝不是自己人，只好按捺上車的心，默默站在「后黨」的隊伍之中。「戊戌變法」，真的是天下無人不「后黨」。

如果說這些只是內部矛盾的話，慈禧還可以容忍：「年輕人嘛，總要多鍛鍊，邊做邊學，不碰釘子不成材。」

然而，最大的麻煩來自康有為。據說這個一輩子七次上書的鄉間老書生，在公車上書[50]中，臨陣退縮，卻將公布上書當作自己的政治資本。後來假傳聖意，自吹自擂。老太太坐不住了，連夜趕回紫禁城。此時的光緒還沒有被廢，估計慈禧還有扶上馬送一程的想法，只是擔心光緒做得太過分，回宮親自監督，有什麼事情也可以替他承擔起來。

然後輪到袁世凱出場。光緒之前召見過袁世凱，見見面，聊聊天，試圖把袁世凱培養成自己人，以此，掌握一支可用的軍事力量。後來譚嗣同也私下拜訪袁世凱，攛掇他起兵勤王，包圍頤和園以及殺榮祿。袁世凱聽完，沒說什麼就回天津了。

直到慈禧回宮以後，袁世凱害怕了。萬一他們把這事說出去怎麼辦？那還不如先下手為強，活下來最要緊，於是才有袁世凱告密的橋段。這是壓倒光緒的最後一根稻草，光緒觸碰到了慈禧的底線。

至此，「百日維新」結束。

50 編按：指康有為同梁啟超等舉人，聯名向光緒皇帝上書，反對在甲午戰爭中清政府簽訂的《馬關條約》。此處的「公車」是來京城參加會試的舉人代稱。

第四章　奮鬥篇

王侯將相，寧有種乎

在困難面前，有人選擇苟且偷生，有人選擇迎難而上。一無所有的劉備，一生奮鬥不息，終於從織席販履之輩，成為開創蜀漢的昭烈皇帝；武則天一介女流，抓住人生的每次機會，在男權為尊的唐朝逆流而上，猶如衝鋒不止的戰神；清末商人喬致庸，從落後的山西起步，最終完成匯通天下的宏大夢想。

中國人從來不相信上天賞賜，他們只相信自己的力量。

年少只知項羽勇，中年方懂劉邦難

1

小時候的語文課外閱讀中，有一篇叫《高祖還鄉》的元曲作品。作者借用熟悉劉邦底細的鄉民口吻，從頭到尾把漢高祖劉邦調侃了一遍。其中有這麼兩句：

你本身做亭長耽幾盞酒，你丈人教村學讀幾卷書。
曾在俺莊東住，也曾與我餵牛切草，拽壩扶鋤。
……
只道劉三，誰肯把你揪捽住，
白甚麼改了姓、更了名，喚做漢高祖。

堂堂的漢朝開國皇帝，被戲謔得體無完膚，哪有一個君臨四海的帝王之相。相比之下，他的競爭對手項羽就英武、偉岸多了。《資治通鑑》中是這麼說的：「籍長八尺餘，力能扛鼎，才氣過人。」

項羽不僅長得帥氣，還有一身的神力。更重要的是，人家爺爺是楚國的大將軍，親叔叔是反秦起義軍的帶頭大哥，徹徹底底的官宦世家。

而項羽也很快在秦末亂世嶄露頭角。二十四歲，項羽剛去工作就做了項梁起義軍的副將，起點極高。

經過兩年的艱苦磨煉，項梁犧牲後，他在前線軍營裡發動了一次兵變，從此掌握了數萬大軍的指揮權。

二十六歲，項羽以主將的身分指揮了影響天下局勢的「巨鹿之戰」，並且在第二年成為威震天下的西楚霸王。青春年華時，項羽已經「醒掌天下權，醉臥美人膝」了，簡直是人生贏家。

英勇霸氣的項羽，已經成為後世無數人心中的偶像。

2

可是，官宦世家、長得帥、才華高，並且年紀輕輕就功成名就的，世間能有幾人？我們大部分人都是在社會底層掙扎的普通人，沒有世代做官的祖輩，沒有高起點的工作，甚至沒有巨大的力氣，面對項羽這種老天爺賞飯吃的驕子，我們只能抬頭仰望。

在歷經世事艱難後，我卻越來越能體會到劉邦的難處。劉邦開始創業時已經四十八歲了，已然人生過半。雖然快到退休的年齡，但他還在混基層，絲毫沒有創出偉大事業的預兆。不過，他的前半輩子也沒閒著。

那年，劉邦十八歲了。他打起背包，告別父母，千里跋涉來到魏國，想到信陵君門下做一名門客。都怪那時通信不發達，懵懵懂懂的劉邦來到魏國時，發現信陵君已經去世好幾年了。這時，有個叫張耳的人對他說：「走吧，跟我去外黃[51]，包吃包住。」劉邦的命運就此發生逆轉。

在那個閉塞的年代，增長一段閱歷，多讀一本書，多認識一個朋友，就足以在人生的賽道上超過很多人。這個道理現在也同樣適用。

---

51 外黃，古代縣名，在今河南省商丘市民權縣境內。

憑藉著去魏國遊學的經歷，回到沛縣的劉邦被任命為基層幹部——泗水亭[52]長，主要工作是維持鄉村治安。有陌生人來到屬地拜訪親戚，他得去登記姓名；張家大媽丟了一只鍋，他得幫忙去找鍋；李家大爺被人偷了五毛錢，他還得負責抓賊。幹過基層工作的人都知道，這些工作有多煩瑣。

劉邦就這麼幹下去，並利用工作關係結交了蕭何、曹參、樊噲、周勃等朋友。這些人有多重要，不用多說了吧。

日子一天天過去，劉邦也很煩躁。他已經不再年輕了，做游俠縱橫四海的理想，早已被藏在心底的某個角落，煩瑣而無趣的工作，什麼時候是個頭？在曹寡婦的酒店裡，他經常喝得酩酊大醉。也許只有在醉夢裡，他才會成為那個如風般奔跑的少年。人到中年，最怕的就是在日復一日的瑣碎工作中消磨掉僅有的激情。可是只要咬牙熬過最苦的那段日子，付出的努力，命運才會慢慢回報給你。

3

西元前二〇九年，陳勝、吳廣在大澤鄉起義。中原大地一呼百應，大家紛紛起來造反。有實力的人就拉起一幫人馬占山為王；沒實力的人就加入別人的創業團隊，拿到原始股份。

劉邦在沛縣也拉起了三千子弟兵，投靠了附近最大的創業團隊——項梁和楚懷王。也許是命運的獎勵，也許是劉邦眼光的獨特，這個決定直接導致他得到了人生中最大的機遇。

楚懷王跟大家約定「先入關中者為王」，但他把先入關中的機會送給了「寬厚長者」劉邦，項羽卻被派到河北，營救被秦軍圍困的趙國。一年後，劉邦帶著從沛縣出來的兄弟，站在了咸陽的皇宮裡。他很

52 泗水亭位於徐州市沛縣。

開心：「我們先入關中，滅了秦國，從此以後，這片土地就是我們的了。」

然而，在這個世界上，一切都要靠實力說話。在河北地區的項羽率軍破釜沉舟、九戰九捷，打敗了不可一世的秦軍，也締造了楚軍神話。當他站在勝利的戰場上轉頭西望，看到的卻是劉邦占領了咸陽。

那些義軍諸侯也憤怒了：「豈有此理！我們在這裡血流成河，他們卻輕輕鬆松占據了咸陽，等著那唾手可得的王位。」劉邦占據了關中，就意味著他們的滅秦大功被稀釋。大家都是出來混飯吃的，憑什麼劉邦獨吞功勞？

於是，十幾路諸侯組成的四十萬大軍，在項羽的率領下浩浩蕩蕩開進關中，要請劉邦「吃飯」，並且要好好談一談。他們還選了一個好地方——鴻門。如果你是劉邦，你是奮起一搏，還是乖乖過去認慫？

我想，大部分人都會像劉邦一樣，進門就跪下磕頭，裝孫子裝到底。其實都不用裝，在利益不均衡、實力不對等的情況下，劉邦就是孫子。都說劉邦臉皮厚，可如果不是生死存亡關頭，誰又願意給人下跪磕頭呢？磕下去的是頭，抬起來的是命啊。

結果，飯還沒吃完，劉邦就偷偷溜了。隨身帶來的禮品都不敢親自送給項羽，因為他怕項羽不讓他走。人生在世，誰又能活得瀟瀟灑灑？在現實的困境面前，人人都得認慫。

4

西元前二〇二年，定陶縣，劉邦坐在皇位上俯瞰天下。八年征戰，終於換來今日的萬人矚目。就在不久前，他終於打敗了項羽，成為天下的半個主人。為什麼是半個？因為他的盟友也要享受勝利果實，分走了大片的土地，並且時刻威脅長安朝廷的安全：「大家都有軍隊，憑什麼都聽你的？」

都說皇帝享受三宮六院、吃著山珍海味，可到了劉邦這裡，他仍然要在平叛的道路上奔波。西元前一九六年，當各大諸侯逐漸被平定後，淮南王英布害怕了。他索性扯大旗造反，理由很簡單：「想當皇帝。」

多年的征戰、平叛，早已耗盡了劉邦的精力，他只想休息一下，享受皇帝的生活。所以，劉邦想讓太子劉盈帶兵前去平叛，順便鍛鍊一下接班人。

可劉盈才十五歲，讓他帶兵打仗純屬開玩笑。呂雉哭哭啼啼地去求劉邦：「英布是天下猛將，用兵很厲害。讓太子率領桀驁不馴的武將，肯定是打不過的。」然後，呂雉說了一句讓人心酸的話：「上雖苦，為妻子自強。」意思是說，皇上雖然不容易，但是為了老婆孩子，還是要辛苦你一下。

劉邦還能怎麼辦？他身邊沒有一個信得過的人，自己留下的爛攤子，得自己收拾。他罵罵咧咧地回了一句：「吾惟（唯）豎子固不足遣，而公自行耳。」意思是說，我就知道這熊孩子靠不住，還是我自己去吧。

劉邦拖著帶病的身體，疲憊地趴在車上，就這麼硬撐著來到前線，打敗了一生中最後的敵人。人到中年，上有白髮蒼蒼的父母，下有少不更事的孩子，身邊還有日漸憔悴的妻子，而自己，是他們唯一的依靠。除了日漸疲憊的身體屬於自己，其他的都屬於別人。

生活太艱難，唯有拚命去做，才能尋找到出路。

5

人生在世，如項羽那樣璀璨的人生，畢竟是鳳毛麟角，大多數人都是在社會的泥潭裡艱難地掙扎。奮鬥、努力、低頭、認慫、拚命，最後仍然留有遺憾，這就是一生的宿命。

仰不愧對天，俯不愧對地，照顧好身邊的人，善良地對待這個世界。就像劉邦回鄉後，跟父老鄉親喝酒時唱起的那首歌：「大風起兮雲飛揚，威加海內兮歸故鄉，安得猛士兮守四方。」歌中有勝利的歡喜，有遊子歸故鄉的榮耀，也有事業未盡的遺憾。

如此，足矣。

曹操，帶著一身煙火樂在人間

1

李白在《俠客行》中有過一段熱血沸騰的描述：

趙客縵胡纓，吳鉤霜雪明。
銀鞍照白馬，颯遝如流星。
十步殺一人，千里不留行。
事了拂衣去，深藏身與名。
……

然而，在李白寫詩的六百年前，大俠曹操就過著這樣的生活。

曹操從小就不喜歡讀書，從早到晚就知道舞刀弄棒，跟小夥伴袁紹呼嘯閭裡，看見垃圾桶都恨不得上去踢兩腳。他不努力的樣子讓關心他的人恨得牙癢癢。身邊的人經常告訴他：「你將來是不會有任何出息的。」曹操聽後也一笑置之，絲毫不以為意，依舊沒心沒肺地混著。

那年，洛陽街頭鑼鼓喧天，大紅的馬車穿街而過。藏在路邊樹下的曹操和袁紹眼珠子一轉，頓時想出了一個壞主意——劫新娘。他們偷偷跑到新娘的洞房門口，大喊一聲「捉賊啊」，全家人都朝著袁紹手指的方向追去。

說時遲，那時快，曹操衝進房間，扛起新娘就跑，臉上還露出壞笑。沒想到新娘家人發現上當後立刻追了過來。在逃跑的路上，袁紹掉進了路邊的坑裡。眼看就要被抓住，曹操指著袁紹大喊一聲：「賊在這兒呢！」估計那時袁紹的心裡正在罵他。

曹操不僅偷新娘，還敢搞刺殺。他聽說大太監張讓壞事幹盡，就在懷裡揣了兩把手戟，翻牆潛進張讓家。或許是因為他身材敦實，所以走路的腳步聲比較重，驚動了張讓家的保鏢。保鏢一看：「哪裡來的土行孫，都殺到家門口了，這還了得？」趕緊拉響了警報。

曹操的刺殺行動宣告失敗，他掄起兩柄手戟殺出一條血路，朝原路翻牆跳了出去。劫後餘生，曹操終於找到了走向人生巔峰的方法：「一人敵不足恃，當學萬人敵。」

2

對曹操來說，這輩子最重要的轉捩點就是找到自己喜歡的事情，並且持之以恆地做下去。

長久的江湖生涯，刀光劍影帶給他的快感在逐漸消退，於是在練習格鬥之餘，他竟然開始讀書了。《孫子兵法》、《司馬法》、《六韜》、《三略》，還有《詩經》、《尚書》、《周易》，他一本也不放過，一本接著一本地讀下去。曹操甚至在讀書時，還會把自己帶入將軍的角色中，在沙盤上論證兵書中的理論和古代戰例。不論輸贏，結束後他都要乘興作兩首詩，一抒胸中塊壘。

看到曹操的改變，旁人就在背後議論：「好好的一個人，怎麼說瘋就瘋了呢？」他們特別不願意相信，一個不學無術的人突然就能改邪歸正。其實不是曹操改邪歸正了，只是很多人一輩子都不知道自己喜歡什麼，甚至不知道自己要追求的是什麼。

連續劇《士兵突擊》裡有這樣一句臺詞：「他每做一件小事的時候，都好像抓住一根救命稻草，到最後你才發現，他抱住的已經是一棵參天大樹了。」曹操不知道這句話，但他確實這麼做了。

兵書一本一本地讀，戰例一個一個地研究，詩文一首一首地作，日積月累，大俠曹操已經用理論武裝了自己的頭腦，在同齡人中一騎絕塵。

一八四年，曹操的機會來了，承平日久的大漢帝國爆發了「黃巾起義」。因為家族的關係，曹操被任命為騎都尉，隨皇甫嵩出征。

當他騎著高頭大馬從洛陽城出發時，他大概不會想到，他這一生都將與刀劍為伍，與戰馬為朋。討黃巾、戰中原、伐烏桓、征江南……直到去世的前一年，他還在跟劉備打擂臺。

從青年時期讀書開始，到一生征戰打下北方大地為止，曹操在軍事上是極其成功的，屬於站在金字塔頂端的那個人。有人說他運氣好、手下人才多、會耍詐，其實只有曹操自己知道：「所謂的好運氣，不過就是自己的努力碰上了好機會。」

3

曹操看到東漢末年諸侯混戰、人民流離失所的景象，他有感而發，寫了《蒿裡行》：

> 白骨露於野，千里無雞鳴。
> 生民百遺一，念之斷人腸。

在這樣的局面下，曹操給自己樹立了奮鬥的目標：「扶危濟困，安定民生。」既然世道不平，那就用掌中槊、胯下馬去平定天下，讓老百姓能吃飽穿暖，讓人才都能實現價值，讓壞人都得到應有的懲罰。從這時起，這個默許的「初心」，曹操一輩子都沒有忘記。

大漢帝國的衰落，不只是皇帝的問題，而是社會制度出了大問題。於是曹操在兗州時總結出兩個解決問題的辦法。

第一，屯田。原本是國家賦稅來源的自耕農，大部分都被豪強納入自家的莊園中，成為奴隸。所以曹操就將無主的田地收為公有，發放給無田可耕的流民，讓他們重新做自耕農，成為國家直接掌握的稅源和兵源。

第二，求賢。漢朝選拔人才的「察舉制」早已敗壞，人才能否走入上升通道，基本以家族在當地是否有勢力為標準。曹操決心打破這種扭曲的人才選拔制度，不問背景、財富、品德，只看是否有才能。在這種「唯才是舉」的制度下，典韋、滿寵、溫恢等一大批實幹型人才嶄露頭角，成為曹操事業的支柱。

就靠這兩招，人才、糧草、兵員源源不斷地聚集到曹操的手中。再加上曹操驚才絕豔的軍事才華，一個又一個強敵在他的手中灰飛煙滅。他的地盤也從兗州一隅，擴張到豫州、冀州、并州、涼州、徐州、幽州。曾經遍地荊棘的北方大地，在曹操的治理下蒸蒸日上，充滿勃勃生機。

4

在敏感多疑的曹操心中，也許只有劉備才是他一輩子精神上的朋友。

那年在許昌的高樓上，他用青梅煮酒招待俘虜劉備。閒聊中他們縱論天下英雄，結果袁紹、袁術、劉表、孫策都不被曹操放在眼中，只有落魄的劉備被他視為知己：「天下英雄，唯使君與操耳。」

剛讀《三國志》時，我不明白曹操為什麼這樣說，直到看到劉備在西川[53]的所作所為，我才恍然大悟。劉備打下西川後，實行的政策也是與豪門爭奪人口、土地，恰如曹操在中原的所作所為。他們兩人就像是名醫，面對重病的患者都開出了同樣的藥方，想不惺惺相惜都難。

兩個四十歲的中年男人在青梅煮酒時都沒有謝頂，手中也沒有上色包漿的核桃，更沒有高談「養生」、「佛系」，只有心照不宣的一腔熱血和雄獅般的鬥志。都說「油膩的中年人」，可油膩和年紀真的沒關係，而是在於精神狀態。

像劉表那樣在舒適區待久了，不思進取；像袁紹兄弟那樣的小富即安，就會優柔寡斷，他們才叫油膩的中年人。而像曹操、劉備這樣改天換地的英雄，他們的一生就像《龜雖壽》中所說的：

老驥伏櫪，志在千里；
烈士暮年，壯心不已。

5

一九七年，曹操西征張繡。眼看大軍壓境，張繡的小心臟受不了，就投降了。沒想到，就在張繡投降的當天晚上，曹操把他嬸嬸鄒夫人叫去睡覺了。

張繡受不了侮辱，拉起隊伍半夜就殺過去了。經過一番混戰，曹操僥倖逃脫，大將典韋和長子曹昂、侄子曹安民卻均戰死。一覺睡走三員大將，曹操欲哭無淚。

53 指益州，東漢十三州之一，其範圍包含今四川、重慶、雲南、貴州等地。

如果說對鄒夫人是「食色，性也」的本色，那麼對原配丁夫人的態度，恰恰是這個男人「可愛純情」的一面。

丁夫人沒有孩子，曹昂生母也去世較早，於是丁夫人就收養了曹昂，從繈褓中養到能征戰沙場，感情早已與生母無異。曹昂戰死後，丁夫人指著曹操的鼻子大罵：「你殺了我的兒子！你還我兒子！」罵完之後，一氣之下就回娘家了。

一代梟雄曹操居然像個做錯事的孩子，駕車來到丈母娘家請媳婦回家：「我錯了，咱回家好不好啊？」然而，回應他的只有丁夫人冷漠的背影，還有織布機上「唷哧唷哧」的聲音。

他來回撫摸著丁夫人的背，就像平常夫妻般親昵，也像犯了錯的男人般手足無措。可丁夫人心裡恨透了曹操：「你不要臉就算了，還搭上我親手養大的兒子，這事擱誰身上都是『男人沉默，女人流淚』的悲劇。」

面對曹操的求饒，丁夫人頭也不回，她決定從此一別兩寬，各自安好。曹操也只能一步三回頭地默默離去。這時的曹操哪有殺人如麻的梟雄風範，明明就是個普通的居家男人。

卸掉霸氣十足的面具，回歸田園生活的寧靜，做一個有血有肉的凡人。也許丁夫人才是他心裡最柔軟的地方。她不圖他的權勢和地位，他也不戀她的美貌才情，如普通人一般，合適就在一起，不合適就分開，當年的感情就放在心裡，遙祝安好。

6

二一九年，曹操西征歸來路過洛陽。這一年他有點背，一生被他壓制的老朋友劉備突然翻身，攻占漢中成了漢中王；多年的大將夏侯淵被黃忠斬首；關羽還在荊州水淹七軍威震華夏，他一生的事業在這一年遭遇到了大大的挫折。

雖然呂蒙襲擊荊州消除了關羽的威脅，但曹操感覺累了。當年發誓要還天下朗朗乾坤，要讓農民吃飽飯，要讓讀書人有工作，可現在看來，理想依舊遙遠。他消滅了一批舊豪門，新的豪門又成長起來；稍微有風吹草動的天災人禍，農民就只能躲到豪門的莊園裡尋求庇護；寒門讀書人要想實現人生價值，更是難上加難。

在洛陽駐紮時，他下了一道命令：「重新修繕洛陽北部尉衙門，要比過去好。」在這裡，他又想起了四十五年前，意氣風發走馬上任的那一天。

烏黑的青絲變成滿頭白髮，光潔的臉龐也溝壑縱橫，唯有一顆赤子之心，依舊鮮紅如初。時間改變了曹操的模樣，曹操卻沒有讓皺紋刻在心頭。他這一生都在走上坡路，如擎著大山逆風前行，每走一點都步履維艱。可人生哪有事事如意，曹操也只能一聲長歎。

回到洛陽不到一個月，曹操就去世了。他留下的《遺令》也很有意思：「我的妻妾都很勤苦，可以安置在銅雀臺上，不要虐待她們啊。」「剩下的那些香，可以分給夫人們，留作紀念吧，別浪費了。」「夫人們要是沒什麼事的話，平時可以做做鞋，也能賣不少錢呢。」絮絮叨叨地囉唆了很久，曹操才戀戀不捨地閉上眼睛。

這封《遺令》中沒有什麼大道理，也沒有留下最後的指導意見，只有普通老頭的喃喃自語。可生活本就是一種煙火氣，它藏在一粥一飯之間、愛人的一顰一笑之中、自己的一言一語之內。少年時意氣風發，不知天高地厚，許下諾言後努力奮鬥，直到懂得天地自有其規律，看著到手的成果，再留下些許無奈，這不就是人生嗎？

到頭來，再成功的人也是一介普通人。而最好的成功，其實就是做好一個普通人。

劉備的奮鬥，才是你最該喝下的雞湯

1

在漢末三國的大亂世中，有一個很有趣的現象——從頭到尾都是一幫官宦子弟在爭奇鬥豔。

袁紹張口閉口就是：「我家四世三公。」袁術還因為跟他爭身分鬧得分道揚鑣。曹操的父親是漢朝的國防部部長，雖說是用錢買的官職，但家族地位確實也躋身一流豪門。其他如孫堅、公孫瓚、劉表、馬騰等，祖上三代無不是吃著漢朝的皇糧，最差的也是地方豪族。

與其他人相比，劉備既沒有高官父親，也沒有豪門親戚，可謂貧寒。雖然他自稱中山靖王之後，但這時家道中落，跟普通百姓沒什麼區別。

他從小家裡窮得念不起書，不得不靠擺攤賣草鞋為生，還是親戚湊錢幫他完成了讀書識字的基礎教育。靠著低起點，劉備硬是在豪門遍地的漢末三國打破了森嚴的階級壁壘，成為坐擁萬里江山的帝王。

2

一八四年，幽州涿郡，在一片桃園中，劉備跟關羽、張飛正在商量創業計畫。當時黃巾軍到處搶占地盤，幽州也不能倖免。如果打敗他們，就能拿到漢朝的事業編制。雖然級別不高，但起碼捧上了鐵飯碗。

大家都是貧寒子弟，想要出人頭地，就必須拿命去拚。經過一番創業路演，他們融了一筆小錢就招兵買馬，開始了一生的征程。

一番浴血奮戰，劉備不僅在戰火中活了下來，還得到了安喜縣尉的職位。還沒等哥仨慶功，朝廷就下達了命令：「凡是憑軍功當官的，一律免除。」啥意思？用完就卸磨殺驢？劉備默默地說：「天下不太平，到處都有盜賊，總有我們的用武之地。」

他們沒有靠山，唯有手中的拳頭和心中的勇氣。

3

劉備這一輩子，實在是太背了。他帶著關羽、張飛離開涿郡後，半路加入了一支剿匪隊伍，就這麼莫名其妙地被拉到徐州。又是一番血戰，掙到了下密縣丞的官職。

一個外來的年輕小夥，帶著兩個小弟就想當過江龍？想多了。沒多久，劉備就被本地土豪給轟走了。隨後幾年，他一直奔波在剿匪、當官、離職的路上。

創業屢次失敗，一般人早就崩潰了。而劉備只是默默地擦乾眼淚，站起來再出發。平原縣令就是他當過的最大官職，而這時的曹操、袁紹早已是坐擁數座城池的諸侯了。可這又有什麼關係呢？豐富的經驗、廣闊的閱歷、不屈的意志才是事業成功的基本素質。經過十年歷練，劉備早已超越了無數的同齡人。

一九四年，劉備跟隨青州刺史田楷救援徐州。一見面，徐州刺史陶謙就覺得這個年輕人不一般。他說：「我的兩個兒子都不行，只有劉備才能安定徐州。」

第二年，陶謙去世。因為有他的遺囑，再加上陳登和孔融的支持，劉備接任了徐州刺史。一個基層幹部突然成了一方諸侯，劉備沒有任何不適應。工作的方法論他早已在基層時就學會了，現在不過是套用在更大的地方而已。

這一次，劉備、關羽、張飛仍然沒有開心多久，因為呂布反了。原本出於好心，劉備收留了無家可歸的呂布，誰知道他卻恩將仇報。呂布號稱「當世虎將」，在戰場上還沒怕過誰。根基不牢的劉備只要在戰場上失敗一次，就沒有翻盤的機會。好不容易事業有了起色，卻再一次成為鏡花水月。

創業十五年，每當有所成就時就會遭受更大的失敗。如果是其他人，也許早就認命了：「算了吧，我就沒有成功的運氣，還折騰什麼？」可劉備說：「人生嘛，醒著就要拚。」

幾年後，劉備更加落魄，落魄到只能跑到荊州劉表那裡混飯吃。

有一次，他跟劉表坐在一起聊天，旁邊還有呂布的謀士許汜。許汜就吐槽當年的那些破事：「陳登是個江湖人士，一點兒都不懂尊重別人。當初我路過他家時，他竟然酒都沒給我喝一口。這也就算了，他居然自己睡在豪華別墅裡，卻把我安排到招待所，真是豈有此理！」

劉備一聽就火了：「如今天下大亂，你身為謀士卻不思救國，成天想著買房賺錢，誰看得起你？要是我的話，就自己睡到百尺高樓上，把你扔到地上去。」

「以天下為己任」，短短六個字，說著容易，做起來難啊。只有胸懷大志者，才能忍受眼前的失敗，百折不撓，在困境中尋找光明。

劉備為什麼屢戰屢敗，卻能屢敗屢戰？因為他求的從來都不是自己的榮華富貴，而是「天下太平，道義永存」的宏偉抱負。他的一腔熱血不僅感染了當世的無數英豪，更被一千年後的辛棄疾化作筆下的八個字：「怕應羞見，劉郎才氣。」

4

當你認清了生活的殘酷真相後，還能否對這個世界抱有最大的善意？

劉備真的做到了。他還在平原縣當縣令時，就埋頭苦幹，為大漢基層建設添磚加瓦。在他的治理下，平原縣不僅擺脫了貧困，倉庫裡還堆滿了糧食。而平原縣的人文建設更是一絕。劉備不僅允許平民百姓隨意參觀縣令辦公室，還要把他們帶到縣衙食堂裡，陪著吃飯話家常。

有才能的人，總是會遭人嫉恨。

有個叫劉平的人，是平原縣抬杠成癮的人。他就瞧不上劉備這套「假仁假義」的模樣，於是攛掇了一個刺客混進縣衙，想把劉備給殺了。劉備根本不知道來的人是刺客，仍然客客氣氣地招待他，陪他吃喝聊天。

不管在哪個年代，當刺客的肯定不是富貴人家出身。一個縣令能夠放下身段對待老百姓，頓時就把刺客感動哭了。他流著眼淚對劉備說：「我是奉命來殺您的刺客，我錯了，您殺了我吧。」劉備盯著他看了半天，並沒有動手，而是好言好語地安慰他：「這件事錯不在你，你走吧。」

如果你闖蕩江湖多年，留下了無數的傳說，還能否對年輕人表現出足夠的人格尊重？劉備又做到了。

二〇八年，在荊州混了八年的劉備，聽說有個人叫諸葛亮。大家都誇他是個人才，如果能得到他的輔佐，將來一定能成就大事業。

那年諸葛亮才二十八歲，而劉備已經四十八歲了。面對這個年齡能當自己兒子的年輕人，劉備不是讓人力資源部去招工，而是親自跋山涉水登門拜訪。他帶著關羽、張飛去了兩次，都吃了閉門羹。

大家都以為他是在做姿態，想收到「千金買馬骨」的效果。但劉備用第三次拜訪告訴別人：「我不是做姿態，我是真的很欣賞諸葛亮，我希望他能夠幫我。」

這一次，諸葛亮在家，但他在睡午覺。劉備、關羽、張飛三位江湖大哥就在門外等著，直到諸葛亮睡醒了他們才進去，該喝茶喝茶，該說話說話。

那天，諸葛亮被感動了。直到多年後，他還反覆回味這一幕：「先帝不以臣卑鄙，猥自枉屈，三顧臣於草廬之中，諮臣以當世之事，由是感激，遂許先帝以驅馳。」這個世界上總有一種情感，能夠超越時間的流逝而越發厚重。因為你的真心，會讓人倍感溫暖。

如果你半生奮鬥卻事業無成，生活安逸卻離死亡的日子越來越近，你是否還有勇氣再奮起一搏？劉備又做到了。

那一天劉表做東，請劉備吃飯。大概是上了年紀，又喝了點酒，劉備想到當年烈馬奔馳，如今卻寄人籬下，安定天下的大業仍然看不到希望，自己的人生卻已然走過大半。劉備不禁問自己：「劉玄德，你的人生就是個悲劇嗎？」他太委屈了，委屈得讓一個廝殺半生的漢子，哭得像個孩子。

二十五年的顛沛流離，劉備都熬了過來，可什麼時候是個頭啊？

二〇八年，劉備迎來了人生中最大的機遇。曹操率領大軍南下，想要一統江山，如果讓他成功了，江南的英雄豪傑都要去許都朝拜新主。大部分的人都覺得無所謂，不過是換個老闆而已。只有劉備、孫權、諸葛亮、周瑜覺得：「自己的命運，要自己做主。」

事情的結果我們現在都知道了，曹操在赤壁折戟沉沙，孫權保住了東南半壁，而劉備在亂局裡火中取栗，從此蛟龍入海，以荊州為跳板，拿下了號稱「天府之國」的益州。從此，漢末亂世形成三足鼎立的局面。

這個世界上總有一種信念，能夠支撐起一個人生命的價值。因為你的熱血，終會爆發出最強大的戰鬥力。

5

我們印象中經常哭哭啼啼的劉備，絲毫沒有男子漢大丈夫的氣概，可那何嘗不是中年男人面對挫折的發洩。

難過了，他不能向關羽和張飛吐槽；委屈了，他不能和老婆訴苦；受傷了，他必須假裝堅強，只能在心裡憋著。實在憋不住了，就放聲大哭一場。哭過之後，該走的路還是得繼續往前走。

靠著一股不服輸的韌勁，劉備從一個毫無政治資源的寒門子弟，最終成為名留青史的漢昭烈皇帝。

桓溫的魏晉風度

1

三五六年，桓溫第二次北伐，途經金城時，來到年輕時歷練的地方憑弔往昔。早已不再細膩的大手，撫摸著同樣粗糙的老樹幹，桓溫不禁悲從中來：「樹猶如此，人何以堪。」

當年自己才二十四歲，正是意氣風發、風華正茂的時光。如今二十二年過去，當年親手種下的小樹苗已十圍粗壯，而自己也將成為年過半百的老翁。當年一腔豪情，折騰半生卻終究是一場空。時光如流水，任你英雄豪傑、風華絕代，到頭來終究逃不過生命短暫，青春難駐。

桓溫的一聲歎息，在千年後引起辛棄疾的共鳴。他在建康賞心亭揮筆寫下一首《水龍吟》：

休說鱸魚堪膾，盡西風，季鷹歸未？
求田問舍，怕應羞見，劉郎才氣。
可惜流年，憂愁風雨，樹猶如此！
倩何人喚取，紅巾翠袖，揾英雄淚？

美學家宗白華在《美學散步》中說：「晉人向外發現了自然，向內發現了自己的深情。」在魏晉風流人物中，從沒有一個人如桓溫這樣：濃烈欲望和恪守底線糾結在一起，熱愛生命和殺伐果決齊頭並進，赳赳武夫和風流才子融於一身。

桓溫這一輩子，奮鬥過，失敗過，得意過，落寞過，最終，以熱烈奔放的生命色彩，成為男人真正的標杆。

2

三一二年，桓溫出生在一個囚徒之家。他的高祖父桓范是曹魏的大司農，因為站錯隊伍而被誅殺，龍亢桓氏就此淪為刑家（受刑者的家族）。到「永嘉南渡」[54]時，他的父親桓彝帶著家族男女老少跑到江蘇。初來乍到，桓彝到處請客送禮拉關係，憑著一手優秀的清談功夫，擠進了「江左八達」[55]的權貴圈子。

桓溫剛出生那年，正好太原名士溫嶠來家裡做客。溫嶠看到襁褓中的桓溫，就忍不住逗他：「來來來，哭兩聲聽聽。」

溫嶠是司徒溫羨的侄子，桓彝得罪不起，就趕緊抓起兒子的屁股狠狠地打了兩下。頓時，一聲嘹亮的哭聲響徹臥室，溫嶠一聽也驚呆了：「這孩子將來了不起，不如就起名叫溫吧。」從此，桓溫才有了正式的名字。

長大後的桓溫何止了不起，簡直太厲害了。父親桓彝在宣城被江播叛軍殺害，十五歲的桓溫就此成為孤兒。他看著父親冰冷的屍體喃喃自語：「父親，我一定為你報仇。」

---

54 歷史上把西晉永嘉時期北方漢人大量南渡的現象稱為「永嘉南渡」。

55 東晉時期，謝鯤、畢卓、王尼、阮放、羊曼、桓彝、阮孚、胡毋輔之等名士經常聚在一起飲酒放歌，高談闊論，時人稱為「江左八達」。

僅僅三年後，殺父仇人江播就去世了。桓溫裝扮成弔喪的賓客，懷裡揣著一把刀混進靈堂。在人群混亂之際，他眼一瞅、腿一蹬，就衝過去把江播的大兒子捅死了。江播的另外兩個兒子看樣子不對勁，撒腿就跑。桓溫追上去大開殺戒，一會兒工夫就把江播的三個兒子全給殺死了。

在別人的靈堂前，讓人家斷子絕孫，在現代社會絕對是犯法的事。但在那個年代，則是為父報仇的「孝行」，馬上就成為當時的轟動新聞。再加上小夥子長得英武、行為果敢，皇帝司馬衍對他拋出了橄欖枝：「我有個妹妹，要不許配給你吧？」這種事還用考慮？桓溫在大仇得報之後，馬上迎來了「洞房花燭夜，人生小登科」。

3

在北方胡人肆虐、南方內鬥不休的東晉時期，桓溫是一股「泥石流」。他一頭扎進了時代的大潮中，從此再也回不了頭。

娶了公主的桓溫被皇帝司馬衍寄予厚望，希望他能做皇室的臂膀。二十四歲時，桓溫就被派到北方前線琅琊郡，擔任內史。那個出身刑家的孩子，少年喪父的孤兒，從此一飛沖天，當過輔國將軍、徐州刺史、荊州刺史、安西將軍……到三十五歲時，桓溫就徹底把持了長江上游的兵權。

三四六年，桓溫把一封《成漢軍政實力分析》的報告發給朝廷後，沒等領導簽字就率領軍隊向四川出發了。當時成漢政權腐敗不堪，軍隊也毫無戰鬥力，正是統一西南的大好時機。在桓溫的指揮下，荊州軍士氣如虹，三戰三勝直抵成都。

有人來搶飯吃，成漢皇帝李勢也急了。他集結剩餘的軍隊背靠成都，妄圖做困獸之鬥。桓溫也被打得很慘，敵人的箭都射到腳下了。就在他準備撤退時，擊鼓的士兵卻因為慌張，把後退的命令敲成了衝鋒的鼓點。戰士們一聽，既然軍令如山，那就拚死衝吧。看到士氣可用，桓溫也拔劍督戰，這一仗贏得乾淨漂亮。

立國四十年的成漢政權，就此滅亡，桓溫也成為東晉最大的功臣，從此意氣風發。

面對生活中的變化，有的人瞻前顧後，總是在想：「這件事能不能行？」要麼就在猶豫：「我能成功嗎？」一個又一個改變命運的機會，就在他們的猶豫和等待中溜走，回頭再看，卻又懊悔不已。即便遇到下一個改變的機會，他們仍然會沉溺在自己設置的局限中不可自拔，最後一生平庸，碌碌無為。

桓溫看到了四川的機會，於是提槍上馬，說幹就幹。向朝廷報告後，為了不給反對者機會，他就悄悄出發。直到成就大功業時，才對別人說：「運氣，都是運氣好。」這種敢闖敢幹的魄力與決斷，才是男人最耀眼的勳章。

4

桓溫的相貌不算是標準的美男子，但他是魏晉最具魅力的男人。

陶淵明的外公孟嘉，是桓溫麾下的參軍。有一年的重陽節，他們一起登山賞菊，飲酒賦詩。那天所有人都穿著軍裝，因為舉止行動不太靈活，一股山風把孟嘉的帽子吹跑了，當時他自己都沒有發覺。旁邊的人想告訴他，桓溫卻「噓」了一聲。

在山頂喝著酒，吹著風，沒一會工夫，孟嘉就要去廁所。這時，桓溫指揮孫盛寫了一篇嘲諷孟嘉的文章，然後用帽子扣在桌子上，最後讓大家都當作沒事人一樣。

哪知道孟嘉回來看到後，立刻要來紙筆，揮筆寫下一篇為自己辯護的文章。本來孫盛的文采已經非常了得，而孟嘉的文采氣勢又勝他百倍。「文辭超卓，四座歎之」，這就是文化史上有名的「孟嘉落帽」。

很多人都喜歡調侃自己的領導：「剛從科員當上主任，就鼻孔朝天，斜眼看人。」其實大家討厭的不是領導，而是厭惡端架子、擺官威。我們喜歡桓溫，無非是喜歡他那至情至性的真實。

工作的時候毫不含糊，娛樂的時候都是朋友，所以桓溫才能招攬那麼多的人才為己所用。成漢的文武賢才都被他的氣度所折服，東晉的謀臣大將紛紛匯聚到荊州帳下，即便王謝豪門看不起他低下的出身，也不得不派出優秀的子弟到其麾下，以求拉近關係。

三五四年，桓溫第一次北伐。大軍氣勢如虹，很快就橫掃三秦，逼近長安，經歷過統一帝國的老人抹著眼淚說：「想不到還能看見王師北定中原。」可由於戰線過長，後勤補給困難，苻健又堅壁清野，導致桓溫軍中無糧，最後只能帶著三千戶百姓撤退。

在回荊州的路上，他聽說有個老太太是劉琨的侍女，於是馬上召來見他。在桓溫成長的過程中，他受益最多的指導老師就是溫嶠。溫老師教他讀書、兵法、謀略，但講得最多的，還是當年輔佐劉琨在太原抗胡的故事。可想而知，劉琨在他心中留下了多麼美好的印象。現在竟然能通過一個老太太跟偶像產生聯繫，想想都覺得美妙。

一見面，老太太就語出驚人：「你跟劉司空太像了。」什麼？真的嗎？桓溫趕忙換了一身滿意的衣服，再請老太太看看：「你快說，哪裡像了？」他迫切地想要知道真相，一刻都等不及了。

老太太說：「五官很像，就是臉皮薄了點；眼睛很像，就是小了點；鬍鬚很像，就是紅了點；個頭很像，就是矮了點；聲音很像，就是尖銳了點。」

一瞬間，桓溫就像霜打的茄子，沒了精神。他鬱悶得一句話都不說，轉身就回臥室蒙頭大睡，幾天都沒有出門。這時的桓溫，哪裡像橫掃中原的一代梟雄，就是個有點傻又有點可愛的年輕人。

唯大英雄能本色，是真名士自風流。

5

司馬氏的江山是怎麼來的，大家都心知肚明。

東晉王朝剛建立時，掌握荊州的王敦就打算攻入建康，奪取皇位。雖然王敦失敗了，但這個夢想激勵了一代又一代的權臣，更何況能力類似「孫仲謀、晉宣王之流」的桓溫呢？

男子漢大丈夫，有野心就要去實現，更何況奪取的是司馬氏的江山，桓溫沒有一點兒心理壓力。更何況，他的目的是獲取權力，整頓江南，將來重新開創大一統盛世。於是他在收復四川之後，就以一己之力掀起三次北伐，既為了積累名望，也為了實現夢想。可時代終究沒有給他這個機會。

門閥在地方盤根錯節，皇室在朝廷毫無權威，國家政權全靠幾大家族維持平衡。在這樣的局面下，怎會有舉國北伐的希望和能力？怎會有人希望強權人物打破現有的利益平衡？

實際上割據八州的大司馬桓溫，當時已是東晉第一人。他只需像司馬懿父子一樣，狠下心來大開殺戒，皇位便唾手可得。可他只是清除了幾個異己，再也沒有大動干戈，即便王、謝豪門紛紛把子弟送到他麾下，希望能在將來的桓氏王朝中謀一條出路。

有人說：「桓溫一生都放不開手腳，活得彆扭。」但在我看來，桓溫一生都堅守一條底線，不是所有的功業都需要用屠刀來開路，不是所有的人情都必須用利益來維繫，不是所有的成功都需要踐踏底線來完成。

即便他喊出「既不能流芳後世，不足復遺臭萬年」的豪言壯語，也終究沒有走上司馬懿、司馬昭的老路。有時候人與人之間的差距，就在於做事有沒有底線。或許，這也正是「魏晉風度」最美的一刻，也是桓溫的人性最絢麗的綻放。

武則天的上位史

1

多年以來，研究女皇的著作可謂汗牛充棟，各種觀點都被說了無數遍，如若我再寫一遍女皇的生平，恐怕也沒什麼新意。與其如此，我們不如聊一下女皇的上位史。

由於站在男性視角，歷代看客幾乎都會調侃武則天，比如牝雞司晨[56]、恃權篡位、李世民和李治識人不明等。比如駱賓王就直接罵她：「性非和順，地實微寒……入門見嫉，蛾眉不肯讓人；掩袖工讒，狐媚偏能惑主。」他的意思是，武則天出身低微，性格又差，靠一身狐媚功夫，先後給兩代皇帝當老婆。有這樣的黑歷史還想當皇帝？

雖然駱賓王寫的是戰鬥檄文，恐怕也代表了很多人的想法，尤其是進入明、清以後，人們更不會容忍女人做皇帝。為了維護世界和平，不罵死你不算完。

不過，仔細看一下武則天的上位史，就會知道一切都是堂堂正正的，絕不是玩陰謀詭計就能成功的。而且越是大事，越講究人心所向，陰謀詭計占的分量就越少。這是一條鐵律。

56 牝雞司晨的本意是母雞報曉，舊時比喻女人竊權亂政。

2

六三七年，唐太宗李世民聽說武士彠的次女「容止美」，下詔武家次女入宮，賜名「武媚」。不同的人對她有不同的稱呼：武媚娘、武兒、武曌……當然，最為人熟知的稱呼是武則天。為了統一，我在文中一概寫為武則天。

此時的武則天才十四歲，武士彠也去世兩年了。入宮是武則天一生際遇的起點，這卻往往被世人忽視。捋清楚武士彠的奮鬥歷程才知道，這家人有多麼了不起。

武士彠的祖上也曾是豪門。北魏年間出過刺史、將軍等高官，不過，進入北周以後就逐漸沒落了。武家人不僅沒有保住階層，反而跌落得一塌糊塗。

武士彠長大之後沒有官做，只好做生意混口飯吃。直到隋煬帝年間，他才用財物換來鷹揚府隊正的職位。這是府兵系統的軍職，正九品，管一百人。如果一切正常的話，這種人在亂世中不是花錢消災，就是死於戰場。武士彠這個人卻不尋常，因為他遇到了唐國公李淵。

李淵剛到太原時，經常帶部隊出城剿匪。打完仗後，他喜歡到新朋友武士彠家喝幾杯。武士彠投其所好，不停地給李淵花錢。可能真的是毀家紓難，李淵起兵時也沒忘記熱心腸的武士彠，因此，他在軍中得到了一個職位，進入長安後又被封為光祿大夫、太原郡公，此後又一路升遷為工部尚書、應國公。雖然不在核心權力圈，但起碼得到上流社會的門票了。這是一次危險的投機，武士彠認準之後，拿起了所有的籌碼壓到李淵身上，用性命為代價換來家族階層的躍升。

這一點很重要。如果沒有武士彠的奮鬥投機，也不可能娶到隋朝宗室的女兒楊氏，李世民更沒有機會聽說武則天的美貌。一個家族想要出頭，總要有人在前邊開路，武士彠就是扮演這一角色的人。

六三五年，武士彠去世。前妻相里氏給他生過兩個兒子，哥兒倆很不待見後娘和三個妹妹，動不動就冷嘲熱諷，還換著花樣欺負她們母女。

武則天的少女時代，怎一個悲慘了得。她在水深火熱中生活了兩年後，李世民的詔書到了。究竟是不是楊家親戚給李世民吹的風，不知道，但武則天說了：「侍奉聖明天子，豈知非福？」

反正在家裡過得也不好，不如像父親一樣，拋棄一切，入宮放手一搏，再不濟也能吃頓飽飯吧。於是，那個十四歲的少女，就此走入宮廷。

3

史書對武則天和李世民的情史幾乎沒有記載，唯一留下的線索是關於他們馴馬的對話。李世民說：「我的獅子驄性格暴烈，很難馴服。」武則天回答道：「這種不聽使喚的東西就不能給好臉色。先用鐵鞭抽牠，不行就用鐵錘打，還不聽話就用匕首殺了吧。」

很多人都覺得，李世民認為武則天的性格太殘忍，於是再也不喜歡這個小丫頭，導致武則天入宮十二年依然是五品才人。可李世民是什麼人啊？他走遍屍山血海，親手殺的人能把袖子都灌滿血，直到當皇帝以後，他還能揮劍砍死野豬。這樣的戰神，會覺得殺馬是殘忍？

唯一的解釋是不來電！一般來說，在外打江山的男人見識過無數陰暗面，而且每天勞心勞力累得要死，回家後只想要一個溫柔的港灣。所以，李世民一輩子都對長孫皇后念念不忘，並且晚年喜歡的也是徐慧等才女，而殺伐果斷的武則天總是缺點女人味。她根本不是他的菜。

不過沒關係，不受寵就不受寵吧，武則天也沒有閒著，她在玩命地補課「充電」。唐朝後妃除了侍寢外，還需要值班。當李世民在工作或者讀書時，會有當天值班的后妃貼身伺候，等到休息時，再由侍寢的后妃接班。

在漫長的十二年中，武則天有無數次機會見到李世民。她可以親眼看著千古一帝處理政務，並且在旁邊仔細揣摩，也可以察言觀色，學習李世民如何待人接物。

這種事在一般人眼裡無所謂，可在有心人眼裡，則是千金難買的頂級課堂。聯想到多年後的武則天一出手就扳倒王皇后，再出手就和李治扳倒關隴門閥，這些招數都是從哪兒來的，還是老師教得好啊。

別人的少女時代是花季、雨季，她的少女時代只有孤單寂寞冷，可她並沒有變成怨婦，而是默默地積蓄能量。

沒有人認為后妃學這些有什麼用，武則天也只是憑著本能去學而已。至於當天后、做皇帝之類的事情，此時的她想都不敢想。

人一輩子積累學識的最佳時期，往往是成名前的幽暗歲月。一旦事到臨頭才想起來知識不夠，那時已經晚了。

4

六四九年，李世民病重。當時，李治已經做太子六年了，李世民經常把他帶在身邊，旁觀自己處理政務。而武則天也有值班檔期，二人見面的機會也不算少。如果她想和李治搭上話，基本是手到擒來。

李治那點可憐的情場經驗，基本是武則天玩剩的。於是二人精心編織了一頂草色的帽子，親切地送給了病床上的李世民。

不過和李治在一起，只能算一個起點。李世民去世後，作為沒有生育過的后妃，武則天依然要去感業寺做尼姑，為去世的李世民守身如玉。

幾乎所有后妃的命運都註定了，她們的後半生只有青燈古佛，沒有半點葷腥和人間煙火。

但是武則天有助攻，一個在後宮，一個在朝堂，這兩個王牌助攻成就了武則天的輝煌。

第二年五月，李治到感業寺進香，又和武則天相遇。老情人相見，兩眼淚汪汪，免不了一番互訴衷腸。武則天取出一張紙遞給李治。李治低頭一看，紙上寫著一首七言絕句，詩的名字叫作《如意娘》：

看朱成碧思紛紛，憔悴支離為憶君。
不信比來長下淚，開箱驗取石榴裙。

這場皇帝和後娘的苟且之事被王皇后看在眼裡。恰好王皇后和蕭淑妃爭寵，感覺有點艱難，就想拉攏武則天做小姊妹。於是，第一個助攻出現了。王皇后讓武則天偷偷留頭髮，又在李治身邊說悄悄話：「陛下既然喜歡，就接回來吧。」

李治正愁沒理由呢，王皇后就送來貼心的問候。六五一年五月，武則天挺著大肚子回到闊別已久的皇宮。沒錯，她懷孕了。具體時間估計是在感業寺上香之後，這個時間線想想也滿尷尬的。

我之前說了，武則天是殺伐果斷的女人。這樣的人經歷多年努力卻沒有換來絲毫回報，甚至還死過一次，如今獲得新生之後，她會怎麼做？

求生的希望讓她緊緊抓住擁有的一切，並且不擇手段地向上爬。她再也不會讓曾經的痛苦重演。單純少女和霸氣女皇，分界點就在這裡。

重回皇宮的武則天，時刻緊跟王皇后，做好棋子的本分。而當王皇后還沉浸在招兵買馬的快感中時，麾下的武則天已經開始暗地裡反叛了。

既然做棋子不能改變命運，那我就做棋手。武則天一邊緊緊抓住李治的心，一邊收買王皇后身邊的僕人，另一邊又和王皇后對付蕭淑妃。這才是高手，真的太厲害了。

一番操作下來，蕭淑妃被鬥倒了，王皇后也苟延殘喘，李治成為武則天的囊中之物。

5

武則天的第二個助攻來自朝堂。

剛繼位的李治在朝堂幾乎沒有話語權，一切事務全聽長孫無忌處理，只有無可無不可的小事李治才能做主。這是沒辦法的事。長孫無忌是元老功臣，在朝堂經營多年，說門生故吏遍天下也不為過。李治只是一個小青年，剛繼位就想說了算，沒門兒。

很多人以為做皇帝就可以為所欲為，所有人都要匍匐在其腳下顫抖，其實哪有那麼簡單。所謂的權力並不一定來自職位，而是來自聽命令的人。這是上下順序的問題。只有利用職位賦予的權力，把下面聽命令的人收拾得服服帖帖的權力才算數，這樣職位功能才能傳達到最下端。如果只是迷信於皇帝或者職位，很有可能政令不出太極宮。而李治此時面臨的就是這種局面。

此時的武則天已經在後宮取得壓倒性勝利，如果李治沒有朝堂的困局，她很可能只是一名寵妃。但是把後宮和朝堂連起來，就讓李治看到了一把合格的刀子。武則天是刀，李治是執刀人。

王皇后出身於太原王氏，蕭淑妃出身於蘭陵蕭氏，長孫無忌是北魏王孫，其他大臣也基本是士族子弟。這些人在國內掣肘朝廷，在廟堂制衡君主，歷代皇帝都想除之而後快。只是皇權的實力不夠，只能邊拉邊打，李治也不例外。

反觀武則天，她的家族不是根深蒂固的門閥，也沒有位高權重的家族成員，扶持起來也不會產生威脅，只能成為皇帝的臂膀。於是，李治以「廢王立武」向大臣攤牌，其實這也是讓大臣站隊。

長孫無忌當然不會同意。李治和武則天親自去拜訪，禮物送了十幾車，官帽送了好幾個，可長孫無忌就是不同意，因為一旦低頭認輸，以後就要變天了。

李治要的就是老臣低頭，拿回話語權。輔政大臣褚遂良也不同意，他好幾次上表勸諫，還說什麼「無面目見先帝於地下」，把李治說得十分尷尬，武則天也氣得怒吼：「何不撲殺此獠？」

到此為止，這對苦命鴛鴦依然是單槍匹馬。假如武則天不能做皇后，老臣的地位只會更高，那些搖擺的大臣也不敢追隨皇帝，李治的地位會更加虛化。

不過，事情皆有轉機。中書舍人李義府本來工作很穩定，長孫無忌不喜歡他，一句話就要把他貶謫到四川。李義府為了留京指標，拚死給李治上書：「我們都有深深的體會，武昭儀才是真正的一國之母，王皇后早就應該廢掉了，請陛下順從民意。」

沒過幾天，李義府就被破格提拔為中書侍郎，武則天也派人到他家裡表示感謝。這是明顯的信號。跟著皇帝就有肉吃，只要支持武昭儀做皇后，就是皇帝的自己人，於是，許敬宗、崔義玄、袁公瑜等人聞到肉味都來了。這些人就是李治和武則天的第一批嫡系。

從此以後，朝堂勢力對比逐漸逆轉，老臣麾下的勢力也不斷流失。老臣李勣關鍵時刻又說了一句：「此陛下家事，何必問外人。」李勣真的不參與嗎？當然不是。李治第一次請老臣商議時也請了李勣，只是他說肚子疼沒去而已。如今的風向越來越明顯，李勣趕緊站進了皇帝的隊伍。

由此，大局已定。

武則天作為一把利刃，被李治推到前臺遮風擋雨。她沒有選擇，只能硬著頭皮向前衝，這也是所有過河小卒的命運，畢竟能被人利用，說明自己還有價值。

此時，他們是新婚燕爾的夫妻，是患難與共的戰友，就連收攏而來的嫡系，也是二人共同所有，比如李義府、許敬宗就和武則天拉扯不清。

六五五年，武則天被立為皇后，李治收回大權。以後的幾年中，長孫無忌和褚遂良紛紛被貶謫，黨羽也煙消雲散。楊廣、李世民沒有完成的集權大業，終於在六五九年接近告成。

你說武則天有什麼陰謀？是有一點，但大部分都是堂堂正正的陽謀，可以說是歷史的進程在推著她向前走。

6

武則天的運氣遠不止於此。據後來的學者研究，唐朝皇帝可能有遺傳的心腦血管疾病。不過，唐朝的醫學不發達，飲食也以羊肉和奶漿為主，導致現在花幾塊錢就能控制的病，成為唐朝皇帝的魔咒。

李治就有終生不癒的頭疼。他的身體不能應付繁重的工作，只能選擇代理人衝在第一線，自己則隱藏在幕後掌握決定權。對於李治來說，這個選擇並不難做。如果選擇大臣，則有大權旁落的危險，說不定還會有第二個長孫無忌冒出來；如果選擇武則天，就沒有那麼多事情了。他們曾共同戰鬥，有很高的默契；太子是他們的兒子，奮鬥成果終究不會外流；武則天是女人，也不會威脅自己的皇位。

武則天在伺候李世民時，多年旁觀其處理政務，理論經驗甚至比李治都要豐富，如今她上手自然很快。

第一線的領導也很容易和下屬培養出感情。自六六〇年起，三十七歲的武則天開始處理政務，直到李治在六八三年去世時，已經整整二十四年。二十四年主持一線工作，能培養多少嫡系？積累多少威望？雖然李治去世前依然掌握宰相任免權，但在三省六部、各州恐怕已經有相當一批人是跟著武則天混飯吃的。

這也是他們二人的默契所在。李治緊抓上層人事，以確保自己的地位不受損害，那麼中、下層就只能放手留給武則天去管，夫妻二人在一起，政令暢通無阻。

上下層之間也有區別，上層宰相大多來自削弱之後、對皇權沒有威脅的門閥士族，中、下層官僚則以庶族為主。當然，庶族也不是老百姓，而是第二、三梯隊的中小士族。後來武則天能夠屢次平定叛軍、擊敗政敵，權力根基就在於此。

到李治生命的最後幾年，就算他想動武則天也是不可能了。廢王皇后容易，廢武皇后難。況且李治也未必想廢，只能說是互相依存吧。

六八三年，李治駕崩。他讓宰相裴炎輔政，並且告訴太子李顯：「軍國大事有不決者，兼取天后進止。」意思是，孩子乖，要聽媽媽的話。

這樣就形成了宰相、皇帝和太后的三角權力結構，不僅可以相互制衡，而且還能互相幫助。但是很可惜，新皇帝李顯太混帳了。他想封岳父韋玄貞為侍中，相當於宰相預備成員。裴炎當然不肯，這不是想搶飯碗嗎？

估計李顯想彰顯一下自己的權威：「我把天下給韋玄貞又有何不可？區區一個侍中，算得了什麼？」你看看，此人絲毫沒有其父母的神韻。

李顯的混帳話正好給了裴炎機會，或者說給了武則天機會。裴炎立刻入宮對武則天彙報，兩人一拍即合，聯手把李顯給廢了。權力鐵三角中的兩個人都看不上李顯，這件事基本就定了。

廢帝對裴炎和武則天有什麼好處呢？對裴炎來說，當然是獲得了擁立新帝的定策之功，普天之下再也沒有比「擁立」更大的功勞了；對武則天來說，則是地位更上一層樓。

本來李顯是沒有機會當皇帝的，全靠母親扶持才能坐在龍椅上過過癮。好好享受就好，想指手畫腳是沒資格的。對武則天來說，反正都是自己的兒子，誰當皇帝都一樣。所以《資治通鑑》中有句話：「政事決於太后，居睿宗於別殿，不得有所預。」這是帝國時代的常用手段，霍光、董卓都用過，只不過武則天用在了親兒子身上。

有了這樣的基礎，武則天不久後罷免了裴炎，逐漸掌握了宰相的任免權。當年二聖的權力，此時全集中在武則天手中。至此，未來的女皇幾乎大權獨攬。

7

為什麼武則天能夠當皇帝？其他王朝也有強硬的太后，可她們都不能再進一步，走向那個男人專屬的皇帝寶座。

這和當時的社會風氣有關。由於草原以打獵和畜牧為生，男人和女人都能做，所以沒有鄙視女子的傳統，不論家庭或者社會地位，男女都平等。

南北朝時期，草原部族紛紛南下建立王朝，不可避免地把草原風俗帶過來，讓中原女子的地位大幅度提高。而唐朝又是北魏、北周、隋朝的延續，它的源頭就是鮮卑人，更何況隋唐的朝廷多是鮮卑貴族，所以，這時的女子不講究依附別人。顏之推曾經說：「鄴下風俗，專以婦持門戶……代子求官，為夫訴屈。」婦女要負責在外與人周旋，打點家庭外交，這才是隋唐的社會風氣。

世人沒有鄙視女子的思想，反而對女子獨立自主發出熱烈的讚美，他們能夠接受女子當家，也能接受女子理國。正是這種熱烈奔放的社會風氣，為武則天搭起了通向帝位的橋梁。

8

武則天的上位史，其實沒有太多曲折，一切都是順理成章。但身處歷史的進程中，也不能缺少個人的努力和奮鬥，兩者缺一不可。

武士彠投機、李世民尋找美女、武則天充電學習、李治鬥大臣、皇室家族遺傳病、唐朝的北朝遺風……缺了任何環節，都不可能出現女皇武則天。可謂時也，運也。

在個人奮鬥和歷史進程中，武則天拉攏寒門庶族，代表大多數人的利益，這才是女皇堅實的基本盤。而這又順應了天下人望，所謂陰謀詭計只能用於一時，終究不能長久。

《岳陽樓記》今猶在，不見當年范仲淹

1

一〇四六年，滕子京給他的好友范仲淹寄了一幅畫，名字叫《洞庭晚秋圖》。畫中的洞庭湖煙波浩渺，遠處的堤岸芳草遍地，一座寫著「岳陽樓」三個字的建築聳立在那裡。

這是滕子京的政績工程，他想讓范仲淹為新建的岳陽樓寫一篇文章。范仲淹鋪開宣紙，拿起狼毫筆，正準備一揮而就時突然醒悟：「兩年前，我們這批人被貶到各地，雖然都在地方上幹得不錯，但大家還以為我們是在胡鬧。為什麼我不能借著這次機會，向世界發出我們的聲音呢？」

是的，范仲淹要借寫文章的機會做一件大事：「我要為改革代言，為天下蒼生代言。」眾所周知，「為蒼生代言」是歷代聖賢才能做的，范仲淹究竟有什麼底氣，敢做這樣的事情？

2

兩歲時，范仲淹就失去了父親，母親帶著他，改嫁給一戶姓朱的人家，范仲淹也改名為朱說。從小，他一直以為自己是朱家的孩子，也按部就班地跟兄弟們讀書、玩耍。直到二十三歲時，他看到兄弟們鋪張浪費，就勸他們要節儉一點。誰知道，朱家兄弟隨口就說：「我們用的是朱家的錢，關你什麼事？」從此以後，范仲淹才知道自己的身世。

在宋朝，想出人頭地，只有讀書做官一條路。范仲淹只有努力讀書，考取功名，成為官員，才能不再寄人籬下，抬起頭來做人。

明白了自己的命運後，他收拾包袱就去了應天府。因為生活費有限，他每天早上把粥分成四份，早晚各兩份。靠著吃清粥鹹菜，他把儒家經典背得滾瓜爛熟，成為學校裡品德、學業、身體都好的「三好學生」。

正好應天府留守的兒子也在這所學校讀書，他聽說范仲淹的事情後，回到家就隨口說了一遍。沒想到，留守聽了之後很是感動，就讓兒子回學校時，帶點飯菜給范仲淹補充營養。

面對著一桌子好菜，范仲淹卻拒絕了：「我吃了這頓美味，以後就吃不下清粥了。」由儉入奢易，由奢入儉難，范仲淹深知這個道理。更何況，要想安身立命，只有靠自己去爭取，拿別人的永遠低人一等。

范仲淹為了讀書，拿出了「頭懸梁，錐刺骨」的精神，晚上讀書犯困了，就用冷水洗把臉，清醒以後繼續讀書。皇帝路過學校，同學們都跑去一睹天顏，他依然坐在那裡，捧著書本攻讀。

一〇一五年，二十七歲的范仲淹考中進士，並被授予正九品的官職。職位不高，俸祿不多，但他依然把母親接到身邊奉養。一家人最重要的不是錦衣玉食，而是永遠在一起。這就是范仲淹的孝道。一碗粥、一盤青菜，也飽含著他對母親的愛。

一〇二六年，母親謝氏病故，范仲淹穿著喪服回老家守孝。現任應天府留守晏殊早已聽說范仲淹學問好、人品正，是個人才，於是，就請范仲淹主持應天府學校的教務。他在這裡學業有成，再回饋給學弟們，人生還有比這更美妙的事嗎？

范仲淹欣然上任。到任後，他制訂了一套教學計畫，不僅督促學生照章執行，自己更是以身作則。每當夜晚，他還要提著燈籠去宿舍察看紀律，以防有人玩耍，耽誤了第二天的學業。經過整頓，學校很快就扭轉了學風，並且吸引了很多外來學生旁聽。

有一天，一位姓孫的秀才來學校乞討，范仲淹看在他也是讀書人的份上，就給了他一千文錢。沒想到，第二年孫秀才又來了。范仲淹就生氣了：「你也是個讀書人，怎麼不好好做學問呢？」孫秀才歎了一口氣：「家中有老母親要養，我也沒辦法。只要一個月能有三千文的收入，我又何必乞討呢？」

范仲淹體會過貧窮的滋味，當然知道窮人每日奔波就已付出全力，哪裡還有精力讀書。於是，他為孫秀才在學院裡找了份工作，讓他領一份薪水，並且能靜下心來讀書。讓范仲淹沒有想到的是，他隨手的善舉，竟造就了一位大儒孫復。孫秀才經過刻苦讀書，十年後，竟然能在泰山腳下聚眾講《春秋》。

這時，范仲淹才讀懂了杜甫為什麼會發出「安得廣廈千萬間，大庇天下寒士俱歡顏」的呼喊，因為貧窮真的會限制人的想像力。從此以後，不論在哪裡做官，他都以「辦學校，興教育」為根本。因為他希望天下的學子都能像他一樣，靠知識改變命運，常懷悲憫之心，才有大慈悲之愛。

3

范仲淹三十六歲才做父親，在那個年代屬於「中年得子」。按照一般情況，他的孩子會被嬌慣成衣來伸手、飯來張口的「小皇帝」。可在范仲淹的教導下，四個兒子全部成為守禮君子、國家棟梁。

范氏家教只有四個字：以身作則。在宋、夏邊境戰爭中，范仲淹作為軍中主帥，為瞭解軍中的實際情況，派長子范純祐到基層去，並且特別叮囑：不許暴露身分。范純祐天天跟士兵們同吃同住同勞動，所以能瞭解到軍隊基層最真實的一面，然後他再把真實情況悄悄彙報給父親。一旦發現人才，范仲淹就立即提拔。

在每次戰鬥中，范純祐也沒有搞特別待遇，不上戰場，反而身先士卒。直到戰爭結束後，戰士們才知道，每天跟他們一起的，是主帥的兒子。

不僅長子沒有說「我爸是范仲淹」，而且次子范純仁更有趣。那年，范仲淹派他從蘇州往四川送麥子，結果在半路上遇到了朋友石曼卿。這時的石曼卿哪有帥哥的樣子，滿臉就寫著兩個字——心累。范純仁就問他：「兄弟，你怎麼了？」頓時，石曼卿就哭了：「親人去世，我卻沒錢扶靈柩回老家，你說悲哀不悲哀？」

范純仁悲傷之下，就把這船麥子送給了石曼卿，讓他賣掉換錢，帶著親人的靈柩回老家。回家之後，范純仁都沒敢說這事，還是老爸問起行程來，他才把石曼卿缺錢的事情說出來。沒想到范仲淹當場就發火了：「你朋友缺錢，你為什麼不把一船麥子都送他？」范純仁趕緊告訴老爸：「麥子我全送他了。」

有什麼樣的家長，就會有什麼樣的孩子。在范仲淹的影響下，長子范純祐一生守節，次子范純仁官至宰相，三子范純禮官至禮部尚書，四子范純粹官至戶部侍郎。所以說，什麼教育都不如家長以身作則，畢竟，父母才是孩子最好的老師。

4

在宋朝，有一點與眾不同的地方：官員被貶，是很光榮的事。被貶，證明官員不畏權貴、敢於抗爭，換句話說就是「積極作為」。范仲淹的仕途就在升遷、被貶、再升遷、再被貶中，慢慢地實現心中的夢想。

一〇二九年，范仲淹首次成為朝廷官員。大好前途擺在他眼前，該站隊就站隊，該巴結就巴結，熬個朝廷大員等退休就得了。可他偏偏要抬扛，因為他覺得宋仁宗已經長大了，太后繼續垂簾聽政不符合政治規矩，緊接著一封「舉報信」就扔向了劉太后。

要知道，劉太后的權勢堪比慈禧，范仲淹會有什麼下場都不用問。晏殊問他為什麼要跟太后對著幹，他說了一句很感人的話：「只要對朝廷有好處，即便有殺身之禍，也在所不惜。」

從此以後，范仲淹的仕途就沒順利過。被貶出京後，他不停地給朝廷提建議：修建宮殿太費錢，停了吧；各部門的閒雜官員太多了，裁一點吧；官員的工資少，容易腐敗，還是漲點吧。但得到的結果都一樣——沒人理。

劉太后去世，作為反對過她的人，范仲淹被調回京城擔任諫官。恰好那年旱災、蝗災一起爆發，他請宋仁宗派人去考察一下民情，宋仁宗也不搭理他。范仲淹脾氣上來了，一再力勸。最終，宋仁宗拗不過范仲淹，只好派人去地方撫慰民情。

宰相呂夷簡把持朝政、培植黨羽，范仲淹看不過去，也要去說一嘴：「人事工作、百官升遷，應該由皇帝說了算，哪有宰相包攬的？」不僅批評宰相的工作，還給宋仁宗送來一幅《百官圖》說明情況。

批評完太后批評皇帝，批評完皇帝批評宰相，這誰能受得了？很快，范仲淹就被貶到饒州。縣令梅堯臣給他寫了一篇《靈烏賦》：「你說點好聽的就行了，像烏鴉報喪一樣說話，誰受得了你？」范仲淹看了後，回家也寫了一篇《靈烏賦》。其中有一句話足以作為中國讀書人的行為準則：「寧鳴而死，不默而生。」

一〇四〇年，宋、夏邊境戰事吃緊，宋仁宗又想起了在「江湖之遠」的范仲淹：「朝廷考驗你的時候到了，去吧。」就這樣，范仲淹與韓琦成為安撫使夏竦的副手，開始衛戍西北的軍事生涯。多年的鬥爭和打擊讓范仲淹很心累，但是祖國需要，刀山火海也得闖。

范仲淹到任後，做了幾件工作：

（一）更改軍隊舊制度，加強訓練；

（二）修建青澗城、大順城，作為軍事基地；

（三）聯絡西羌部落，威脅西夏後方；

（四）建築城寨、山脈相配合的防禦體系；

（五）選拔猛將，威震三軍的狄青、种世衡，就是在此時被選拔出來的。

一套組合拳打下來，西北局勢徹底穩定，直到北宋滅亡，西夏都沒能跨過這道防線。在西北的夕陽下，范仲淹看著眼前的戰場，腦海中響起《漁家傲》的旋律：

塞下秋來風景異，衡陽雁去無留意。
四面邊聲連角起，千嶂裡，長煙落日孤城閉。
濁酒一杯家萬里，燕然未勒歸無計。
羌管悠悠霜滿地，人不寐，將軍白髮征夫淚。

戰爭啊，是所有人的悲哀。

5

在中國歷史上，人品正直，能治理地方，還會領兵打仗的人少之又少，能數得上來的就那麼幾個：諸葛亮、王猛、王陽明……范仲淹也是其中之一。

一〇四三年，西北戰事平息，范仲淹被召回京城，擔任參知政事，相當於副總理。剛一升官，他就把工作重點指向了改革。

下過地方，上過朝堂，喝得了清粥，也吃過豬肉，范仲淹清楚地知道，很多人還吃不飽飯，很多人賣兒賣女才能活命，很多人占有大片土地，很多人貪汙無數錢財。

這個世界很不公平，但政府的職責就是儘量讓它公平一點。抱有這種想法的人很多，他們都是希望用一腔熱血消除黑暗、迎接光明的理想主義者。范仲淹、富弼、韓琦、滕子京、歐陽修……他們奮力一搏，主導改革，史稱「慶曆新政」。

改革就是砸掉無數人的飯碗，再讓無數人端起新飯碗。可往往要砸掉的是擁有反抗能力的富豪，而希望端起飯碗的是沒有力量的農民。所以，大部分改革都是以失敗告終，這次也不例外。

「慶曆新政」只持續了一年，就因利益集團的反攻而難以為繼。改革派的大將也紛紛離開朝廷，到地方上繼續發光發熱。范仲淹去了鄧州，滕子京去了岳州。

一〇四六年，范仲淹收到滕子京的畫，請他為新建的岳陽樓寫一篇文章。他喝了一杯酒，看著滕子京送來的《洞庭晚秋圖》：煙波浩渺的洞庭湖上，打魚的船隻、天上的飛鳥、堤岸的芳草以及岳陽樓，詩意地浮現在畫面中，有一種難以言說的韻味。

這裡不僅僅是洞庭湖，更是大宋的江山，是祖祖輩輩繁衍生息的地方。肥沃的土地、厚重的歷史、璀璨的文明，都在這裡傳承。

慶曆四年春，滕子京謫守巴陵郡。
越明年，政通人和，百廢具興。
……
予觀夫巴陵盛狀，在洞庭一湖。
銜遠山，吞長江，浩浩湯湯，橫無際涯；
朝暉夕陰，氣象萬千。

此則岳陽樓之大觀也。

可如今，這片土地上是什麼景象呢？

富者田連阡陌，貧者無立錐之地。如果農民遭遇蝗災、旱災，本就不多的土地也要被迫賣掉，親生的兒女都保護不了。

官府也好不到哪裡去，只領工資不幹活兒的官員太多了。貪汙腐敗橫行，軍隊戰鬥力低下，這哪有一個大國的樣子？這樣下去，怎麼得了？

若夫霪雨霏霏，連月不開，
陰風怒號，濁浪排空，
日星隱耀，山岳潛行。
……
登斯樓也，則有去國懷鄉，
憂讒畏譏，滿目蕭然，感極而悲者矣。

我這一生的奮鬥，難道是為我自己嗎？不是的。

面對這樣的局面，我只能盡力去做，有不符合規矩的地方，我就提建議；地方沒有治理好，我就努力幹；西北邊境戰爭連綿，我就去奮鬥數年。身為宰相，我想和同伴改變這一切，讓天下人人有飯吃，人人有衣穿，人人有穩定的收入，遇災時能有保障。如果世界能變得如此美麗，那我做夢都能笑醒。

至若春和景明，波瀾不驚，
上下天光，一碧萬頃。
……
漁歌互答，此樂何極！
登斯樓也，則有心曠神怡，寵辱皆忘，把酒臨風，
其喜洋洋者矣。

可惜，我們畢生的努力最終還是失敗了。想觸動利益階層比登天還難。可人生就是這樣，努力奮鬥了，失敗了又有什麼關係？

在廟堂上，我就盡宰相的責任，濟世安民；在地方上，我就盡臣子的責任，為君王分憂。雖然我的努力沒能得到回報，但只要正氣長存，就會有人繼續我們的事業。

不以物喜，不以己悲；
居廟堂之高則憂其民，處江湖之遠則憂其君。
是進亦憂，退亦憂。然則何時而樂耶？
其必曰「先天下之憂而憂，後天下之樂而樂」歟。
噫！微斯人，吾誰與歸。

6

一篇《岳陽樓記》，驚豔了時光。千百年來，它早已成為仁人志士的座右銘，激勵著歷代英雄豪傑策馬揚鞭，鼓舞了無數君子以此為圭臬，在范仲淹的理想道路上，前赴後繼。范仲淹用他的人格和思想魅力成就了千年不朽的大功業。

范仲淹在被貶睦州時，曾寫過一篇《嚴先生祠堂記》，盛讚東漢隱士嚴光的氣節和操守：

雲山蒼蒼，江水泱泱。
先生之風，山高水長！

其實，這更像是他為自己寫下的墓誌銘。

若你覺得生活苦，不妨讀讀曾國藩

1

一八一一年，曾國藩生於湖南湘鄉縣，五歲時，爺爺和父親就開始教他讀書、寫字。可曾國藩好像不太聰明，別人一天就能學會的知識重點，他一個星期也未必能掌握。

十三歲的一個夜晚，曾國藩一如既往地進入書房。他要把一篇課文背下來，要不然明天的早飯就沒了。他坐在那裡一遍一遍地背誦，可他不知道房梁上有人在一直盯著他。

這人是個小偷，他打算偷點東西回家養老婆、孩子，沒料到曾國藩進來了，於是只能在房梁上等著。沒想到曾國藩背書到三更半夜，還是結結巴巴地背不下來。這位梁上君子急了，看這樣子，等到天亮也沒完。他「唰」地從房梁上跳了下來，把曾國藩嚇了一跳。然後，這人開始大聲地背誦那篇文章，背完後在曾國藩崇拜的目光中大搖大擺地離開了。

連小偷都比曾國藩聰明，你看他得笨到什麼程度。但曾國藩硬是靠著自己的方法，從千萬人中脫穎而出，成為「讀書改變命運」的典範。

他讀書的方法很簡單：下笨功夫，死記硬背。他說：「一句不通，不看下句。今日不通，明日再讀。今年不精，明年再讀。」

他憑著一股韌勁把一句話、一篇文章、一本書慢慢讀熟、讀透，日積月累，他的才學也與日俱增。靠苦練的水磨功夫，笨小孩曾國藩終於在二十二歲時考上了秀才，緊接著中舉人、登進士，繼而成為士大夫中的一員，真正實現讀書報國的願望。

人生的路其實很簡單，認準一個目標，持之以恆地做下去，終究會有回報。

2

一八三八年，曾國藩被選為翰林院庶吉士，開始了他的仕途生涯。畢竟是剛進入繁華的北京城，曾國藩很開心，他每天喝酒、看戲、下棋，反正什麼都幹，就是不讀書。而且他脾氣也不好，還經常跟別人吵架。

有次翰林院給他放了四十天假，他給自己列了個「假期清單」：讀兩本書、鍛鍊身體、學一門手藝……可當四十天過去後，他一樣都沒做，就這麼喝酒、看戲混過去了。曾國藩痛定思痛後，給自己立下了終身修行目標：成為聖賢。

他的修行計畫分為兩項：寫日記和勤讀書。

從一八四二年開始，曾國藩每天睡覺前都要反思當天的得失，看哪一點不符合聖人的標準，就用蠅頭小楷寫到日記本上。一八七二年，在他去世前四天，他還在日記中反省：「余精神散漫已久，凡應該了結之件，久不能完；應收拾之件，久不能檢，如敗葉滿山，全無歸宿，通籍三十餘年，官至極品，而學業一無所成，德行一無可許，老大徒傷，不勝惶悚慚赧！」

曾國藩只要空閒下來，就會拿起書本閱讀，不論風吹雨打、生病忙碌。他每天必做的一項任務就是：讀十頁史書。歷史就是過去發生的事，如果能從前人的教訓中吸取經驗，對自己的人生大有裨益。讀書的習慣他保持到生命的最後一刻。曾國藩是我們「終身學習」的典範。

而寫日記是為了自我監督，是磨煉自己的心性；勤讀書則是為了認識世界，讓外部精華充實頭腦。

一內一外，長久地自我修煉，讓曾國藩在成為一代名臣的道路上越走越順。

3

憑藉自己的努力，曾國藩逐漸名滿京城，而他良好的品德更是給朝廷留下了深刻的印象。朝廷每次考察官員，他總是名列前茅。再加上他辦事踏實，工作認真，在短短十年間，竟然獲得七次升遷，從一個小小的翰林成了從二品的禮部侍郎。

當時的清朝早已不復康乾時期的吏治清明，取而代之的是人浮於事、貪腐成風。曾國藩對此早已不滿，他在等待機會。

一八五〇年，新登基的咸豐皇帝立刻燒了一把「大火」：「大家都說說，我大清有什麼不好的地方，都來提意見。」機會來了，曾國藩抓緊寫了《應詔求言書》交上去。

咸豐看了很是高興，在朝堂上狠狠地誇獎了他一番。曾國藩本以為皇帝會按照他的建議治理朝政，但結果並沒有。咸豐皇帝本質上是個守舊之人，做皇帝的新鮮勁兒過去後，一切照舊。這樣一來，曾國藩就不樂意了。他直接上了一道奏摺，痛斥咸豐的缺點和毛病：一是只有小聰明；二是只做表面文章；三是說話不算話。

不出意外，咸豐大怒，恨不得立刻治曾國藩的罪。幸虧曾國藩的人緣好，在大家的合力勸說下，皇帝才消了氣。

命是保住了，但京城已經容不下曾國藩了，因為他破壞了所有人都要遵循的「潛規則」。既然你跟我們不是一條心，那就不是自己人了。以後我們吃肉，招呼都不跟你打。

在這樣的環境下，還怎麼工作？偌大的京城再也沒有曾國藩的容身之地。曾國藩心裡雖然苦悶，但他從沒後悔過。

4

一八五二年，曾國藩的母親去世，他回老家丁憂。這時，太平軍出廣西、入湖南，沿途各地紛紛陷落。眼看江南的半壁江山就要落入太平軍手中，朝廷鼓勵大家招兵買馬，抵抗太平軍。

曾國藩和湖南巡撫張亮基辦了團練，這就是後來名震天下的「湘軍」。他招募貧困山區的農民為士兵，選擇親戚、同鄉、師生為軍官，依靠血緣關係為紐帶，組建了一支「拖不垮，打不爛」的全新軍隊。

誰也沒想到，這支全新的軍隊剛遇到太平軍，就在靖港水戰中被擊敗。曾國藩彷彿聽到了「啪啪」的打臉聲。「以後還怎麼見人？不如死了算了。」他一頭扎進水裡，打算自我了斷，幕僚章壽麟跳進水中把他撈了起來。

事實證明，曾國藩不是一出手就成為戰神的，他的敗績仔細算來，能數出一籮筐。

一八五五年，石達開敗湘軍水師於湖口，曾國藩的座船被俘虜，會議紀錄等檔全部丟失。曾國藩衝向敵軍，打算壯烈殉國，幸好又被拉了回來。

一八五六年，曾國藩坐鎮南昌，老朋友石達開又來攻城。眼看曾國藩就要壯烈犧牲，幸虧彭玉麟千里回援，才解了南昌之圍。曾國藩從來都不是威風凜凜的戰神，他經常狼狽得如喪家之犬。那他為什麼能取得最後的勝利呢？

原因只有四個字：屢敗屢戰。靠著這四個字，曾國藩率領湘軍屢次從失敗中站起來，最終包圍南京，取得與太平軍作戰的最終勝利。

而我們學習曾國藩，就是要學習他這種不死不休的勇氣和意志。

5

一八五六年，曾國藩的父親去世，他招呼都沒打就回家丁憂去了。咸豐皇帝大怒：「你無組織、無紀律，趕緊回到戰場上去。」沒想到曾國藩趁機提出要求：「要我回去也可以，但是我要當實權巡撫，這樣我才能統一調度資源。」咸豐皇帝笑了：「那你就不要回來了。」

這裡需要解釋一下。因為曾國藩上奏摺罵他，所以咸豐皇帝一直都不喜歡曾國藩，再加上此時正規部隊打了幾個勝仗，讓咸豐皇帝看到了希望，他覺得此時不必再依靠曾國藩的湘軍了，於是順勢解了曾國藩的兵權。

曾國藩又鬱悶了，本來想以退為進，結果卻被皇帝「鳥盡弓藏」。在極度的鬱悶中，他開始讀《莊子》。經過兩年的仔細揣摩，他終於大徹大悟：「我總覺得自己是最厲害的，其他人都是傻子。其實當這個想法冒出來時，我就成了最大的傻子。」

俗話說，一個好漢三個幫，一個人再厲害，也需要有人配合，才能發揮出更大的力量。曾國藩在意識到自己「自傲、剛直」的毛病後，就有意識地改變自己的行事風格。

一八五八年，曾國藩復出。在回到軍營之前，他給當地的官員寫了一封信。上到都撫大員，下到縣令，無一遺漏，人人有份。在信中，曾國藩的姿態降低了很多，他說：「我們都是為朝廷效力，我能力不夠，請諸位多幫幫我。」曾國藩的低姿態，讓他與同僚打成一片。從此以後，他的工作開展也大為順利。

不僅如此，他還學會了「貪汙受賄」。一八六一年，湘軍大將鮑超給曾國藩送來幾車「戰利品」，其中很多都是古董、珠寶之類的值錢玩意兒。當他打開看了一遍之後，只拿出一頂花帽：「我喜歡這個玩意兒，這個我收下了，其他的你拿回去。」

鮑超是個血戰沙場的硬漢，這一刻卻被曾國藩的氣度感動了。如果一個人特立獨行，必然會被眾人排斥，所以曾國藩必須向現實妥協，但他又能夠一直堅守內心的良知。他不再認為自己是最獨特的人，他不再頑固地拒絕「同流合汙」，他不再爭搶所有的功勞。

正因為他放低了姿態，大家才把他捧到最高。

6

古往今來，中國人的最高追求就是「三不朽」：立德，立功，立言。在立德上，曾國藩一輩子修身，可稱聖人；在立功上，曾國藩平定太平天國，縱橫天下；在立言上，曾國藩留下《家書》、《語錄》，著作等身。他被稱為「立德、立功、立言三不朽，為師、為將、為相一完人」。

曾國藩的一生沒有任何浪漫，少年天才、神威蓋世、揮斥方遒，統統與他無緣。他更不是官二代、富二代，他只是個小地主的兒子，硬生生靠自己的努力拚出一生輝煌。他用一生的努力告訴我們：「普通人也可以通過努力成就偉大的事業。」

著名學者張宏傑說：「自古聖賢可佩但不可學，唯有曾國藩可佩亦可學。」

「強騾子」左宗棠

1

在「晚清四大名臣」中，左宗棠是一個異類。

曾國藩會做人，朋友、弟子滿天下；李鴻章會做官，用圓滑的手腕在朝野打太極；張之洞學問大，「中體西用」風靡一時；而左宗棠的外號是「左騾子」。從外號就可以看出，此人屬於性格剛烈、執拗的一類人。

一八一二年，左宗棠生於湖南的「寒素之家」。他的父親和祖父都是秀才，除了讀書，他們也是農民。生在這樣的家庭，左宗棠從小就被設計好了人生路線：讀書—科舉—做官—光宗耀祖。

要走好主流路線，就一定要鑽研「四書五經」。可左宗棠對尋章摘句的學問煩透了，經常偷偷找課外書來看，比如顧祖禹的《讀史方輿紀要》、顧炎武的《天下郡國利病書》、齊召南的《水道提綱》……這些被視為洪水猛獸的書，他都爛熟於心。

現在提倡的素質教育，在當時卻是不務正業，所以結局也很明顯，左宗棠連續三次進京考試，全部名落孫山。

一八三八年，二十七歲的左宗棠黯然離開北京。在南下的路上，他做了一個影響一生的決定：「既然考不上，那我就不考了。」歷盡生活的磨難後，他終於發現了自己想要的是什麼。從此以後，他不再為別人而活，只聽從內心的呼喚。

左宗棠開始讀自己喜歡的書，做自己想做的事，見自己欣賞的人。一旦把自己喜歡的事做到極致，生活就從此充滿了意義。

2

世事就是如此有趣，當左宗棠摒棄正統學術之後，卻又因「學問高深」而成為湖南的風雲人物。第一個賞識他的，是賀熙齡兄弟。

左宗棠曾跟隨賀熙齡讀書，師生關係十分親密。賀熙齡也很喜歡這個學生，還專門寫詩誇獎他：

六朝花月毫端掃，萬里江山眼底橫。
開口能談天下事，讀書深抱古人情。

不僅寫詩，賀熙齡還在詩下做了注釋：「季高近棄辭章，為有用之學，談天下形勢，瞭若指掌。」賀熙齡的哥哥賀長齡也很欣賞左宗棠，稱其為「國士」。他們兩人都是清朝的高官，這樣的評價必然有一定的道理。

第二個賞識左宗棠的是兩江總督陶澍。

一八三六年，陶澍請假回家掃墓，路過醴陵[57]，恰好左宗棠在這裡當老師，縣令就請他為陶大人的行館寫一副對聯。

57 今湖南省株洲市。

春殿語從容，廿載家山印心石在；
大江流日夜，八州子弟翹首公歸。

這副對聯有水準，既說了道光皇帝親自題「印心石屋」贈送陶澍，又代表家鄉人民對其歌功頌德，高明啊！

陶澍也特別喜歡這副對聯，於是他把左宗棠叫來問話。這一問不得了，左宗棠立刻就把陶大人給折服了，並且當場就定論：「君將來功業當在我之上。」這一年，左宗棠才二十五歲，相當於大學畢業的年紀。

第三個賞識他的是林則徐。

一八四九年，林則徐在雲貴總督的崗位上辭職。路過湖南時，他特地派人請大名遠揚的左宗棠前來相見。兩人在船上談了整整一夜，除了談論歷史、社會，重點還談論了新疆。三十年後的那場大戰，也許可以從這裡找到一些端倪。

3

有了滿腹才學，左宗棠便給自己起了一個很厲害的暱稱——今亮。但很快他就證明，自己不是在吹牛。

一八五二年，太平天國圍攻長沙，湖南巡撫張亮基派人去請左宗棠：「你不是很厲害嘛，趕緊出來幹活兒。」自此，四十一歲的左宗棠開始了輝煌的後半生。

左宗棠當時的工作相當於幕僚，但張亮基心大，他把巡撫的活兒全部推給了左宗棠，自己當甩手掌櫃。左宗棠也沒推辭，如此大任，舍我其誰？他「晝夜調軍食，治文書」，讓太平軍三個月都進不了長沙城，最終掉頭北上，撲向武漢、南京。自此，左宗棠一戰成名。

兩年後，張亮基離開湖南，他又成了新巡撫駱秉章的幕僚。在當時，巡撫可以換，但左宗棠換不了。所以就有了那句著名的評價：天下不可一日無湖南，湖南不可一日無左宗棠。在之後的六年中，他輔佐駱秉章「內清四境」、「外援五省」，以幕僚之身行巡撫之任，大家還心服口服。

在「晚清四大名臣」中，左宗棠和曾國藩、李鴻章的關係都不是太好。但曾國藩的修養很好，能容人。一八六〇年，太平軍攻破江南大營，浙江財賦之地徹底暴露在太平軍的刀鋒下。這時，必須有人能獨當一面，帶兵收復浙江。此時的曾國藩正在向南京進攻，無暇他顧，於是就放手讓左宗棠組建「楚軍」，並在第二年舉薦他為浙江巡撫，南下收復浙江。

四十九歲的左宗棠，抓住了人生中最大的機遇。短短四年時間，他率軍橫掃浙江，官職從四品閒官，一路升為閩浙總督，封爵一等恪靖伯，後又晉封為二等恪靖侯。

4

對歐美列強來說，十九世紀的中國是一塊讓人垂涎的肥肉。

十九世紀七〇年代，沙俄武裝強占伊犁，並且扶植阿古柏政權盤踞新疆喀什等地。正當朝廷準備派左宗棠帶兵入疆之際，東南地區又傳來了壞消息——日本入侵臺灣。在這種局勢下，清廷內部又爆發「海防」、「塞防」之爭。

李鴻章主張重點防禦海疆，防止英、法、美、日等國從大海而來，擾亂大清的財賦重地。而左宗棠則主張「海塞並重」，因為西邊有強大的俄國和從印度而來的英國。

平心而論，二人堅持的立場都有道理，大清國的土地一塊都不能少。但是李鴻章主張放棄新疆：「我們的國土太大，新疆不要了。」

此時的新疆壓根兒不在大清手中，而是被俄國支持的叛軍阿古柏占據，並且已經得到了英、俄的外交承認。這就把「鋼鐵硬漢」左宗棠惹火了，一百六十萬平方公里的土地，說不要就不要了？敢情不是你李中堂家的地，你就一點兒都不著急是吧？

於是左宗棠給朝廷寫了一封萬言書，大意是：「天山南北兩路糧產豐富，牛羊遍野；煤、鐵、金、銀、玉石藏量極為豐富。所謂千里荒漠，實為聚寶盆。因此，東則海防，西則塞防，二者並重。」

幸好，還有明事理的人，一個是軍機大臣文祥，另一個是慈禧太后。不管後世給老太太什麼評價，但是涉及利益的問題，慈禧的態度還是很堅定的。她決定支持左宗棠收復新疆。於是，六十四歲的陝甘總督左宗棠再一次披掛上陣。

當時的新疆，早已被阿古柏割據，建立起「洪福汗國」。一八六八年，英國贈送了大批軍火給「洪福汗國」，維多利亞女王還寫了親筆信，向阿古柏致以親切的問候。一八七二年，俄國也與「洪福汗國」簽訂了條約。

這樣一來問題就變得很嚴重了。在「安史之亂」以後，新疆已有近千年不與中原交流，直到乾隆時期才再次收復，到此時，也不過一百多年。我們可以想像，如果沒有左宗棠的強硬態度，新疆有可能脫離中國，那今天真的就是「西出陽關無故人」了。

既然下定了決心，那就幹吧。左宗棠親手制定了西征的戰略：緩進速決。接下來，他還有兩個重要問題要解決。

首先是錢。左宗棠預計需要八百萬兩白銀的軍費，但實際到賬只有五百萬兩。剩下的差額該怎麼辦呢？他準備向外國銀行借錢應急。朝廷也還算給力，在左宗棠借錢之後，朝廷看到了他的決心，也大力支持。

據統計，從一八七六到一八八〇年，收復新疆共花費五千萬兩白銀，平均每年要用一千萬兩白銀，占朝廷年收入的十五％。

然後是武器。左宗棠通過向洋人買、問朝廷要的方式，費盡心機地為西征軍弄來了劈山炮、來福大炮、後膛槍等裝備。英國歷史學家包羅傑（Demetrius Charles Boulger）說：「這支軍隊基本近似一個歐洲強國的軍隊。」

一八七六年三月，左宗棠離開蘭州，揮師西進。戰鬥過程毫無懸念，一八七八年一月，盤踞新疆十二年的阿古柏軍事集團被全殲，新疆收復。

這次戰役，幾乎是左宗棠以一己之力扭轉乾坤，他足以配得上「左公千古」的讚譽。

阿古柏被全殲，但伊犁被俄國占據。俄國的說法是「代清朝占領伊犁」，一旦清軍收復北疆就立刻歸還。在他們的腦子中，清軍都爛成什麼玩意兒了，還能遠征？可左宗棠還真就來了，並且連招呼都沒打。

一八七八年十月，朝廷派崇厚出使俄國，希望能要回伊犁。但到了俄國後，估計是伏特加喝多了，崇厚就把伊犁送給了俄國，他沒有通報朝廷就大搖大擺地回家了。

左宗棠怒了：「老子從南走到北，又從東打到西，你一句話就把伊犁送了？」回家後，崇厚被判「斬監候」，最終花三十萬兩白銀買了一條命。左宗棠向朝廷報告：「這次不算數，請重新派人去談判，談不攏我就帶兵開戰了！」

最終去俄國談判的是曾國藩的長子曾紀澤。為了給曾紀澤在談判桌上增加籌碼，左宗棠在後方也定下「三路大軍收復伊犁」的新方案。

一八八〇年，他已經六十九歲了。由於水土不服，他經常早上咯血，還有渾身的濕疹。這樣的身體早已不適合遠征，但想要回伊犁，自己就必須出關。

左宗棠讓人抬著一口棺材跟在自己身後，踏上平生最壯烈的征程。六十九歲的老人，不能在家含飴弄孫，甚至有家難回，他圖什麼？只因此身早已許國。

第二年，曾紀澤與俄國簽訂《中俄伊犁條約》[58]，爭取回部分主權和領土。在當時，這已經是最好的結果了。條約簽訂的那一天，左宗棠剛好抵達北京，弱國外交的勝利，他也會感到些許欣慰吧。

5

在晚清名臣中，左宗棠是一個異類。他與其他人最大的不同之處在於，他點燃自己的一身正氣作為火把，在渾濁的時代照亮前路，也溫暖了整個世界。

二十三歲時，左宗棠就寫下一副對聯：身無半畝，心憂天下；讀破萬卷，神交古人。其氣勢之豪邁，絲毫不像前途未卜的年輕人。近五十年後，垂垂老矣的左宗棠依舊一身肝膽。在西征新疆之前，他曾寫過一封家書：「西事艱阻萬分，人人望而卻步，我獨一力承當，亦是欲受盡苦楚，留些福澤與兒孫，留點榜樣在人世耳。」

當大清的袞袞諸公在醉生夢死時，他們是否知道，這個「抬棺上陣」的老人在萬里戈壁中的奮鬥？左宗棠在不顧生死拚殺時，是否知道，他所保衛的江山被一群癮君子、真小人腐蝕得千瘡百孔？

他是知道的。儘管如此，左宗棠依然背對浮華，面向艱險，深一腳、淺一腳地走下去，拖著身後的

58 根據條約規定，清朝收回伊犁九城及特克斯河流域附近的領土，但仍割讓了塔城東北和伊犁、喀什噶爾以西七萬多平方公里的領土。

老帝國艱難地前行。

這才是真正的英雄，十年飲冰難涼熱血的真英雄。世人都說左宗棠太強了，可我就喜歡他這樣的「強騾子」。在任何時代，最缺的就是這樣的鋼鐵硬漢，他們才是民族的鋼鐵脊梁。

「匯通天下」喬致庸

1

一九三七年八月下旬，一架飛機在祁縣喬家堡上空盤旋三圈後，向北飛去。駕駛員喬倜要去晉北的寧武、雁門關一帶，協助陸軍對日作戰。兩個月後，喬映庚收到兒子的來信，他迫不及待地打開：「兒於月前奉命調直某空軍基地（軍祕，諒兒之衷），聞閻督近電總裁告急求援，總司已派衛立煌部馳晉增援，兒所部亦為配合此次行動作特級準備，不日將有一次鏖戰也。數月軍訓雖備受艱苦，然體質倍健，勿勞大人掛念。兩月前曾將全副戎裝之照片一幀奉寄，觀兒壯實體態，想必可使懸思冰釋矣！國之將傾，家何以為，大人對兒幼時之教誨，至今猶歷歷在耳，未敢一日忘。兒雖不才，不敢與岳武穆、文天祥等先聖比，但以堂堂熱血男兒，值此國難當頭，豈敢以兒女之私廢大公乎……戰事日迫，民無寧時，兒不能親侍左右，望大人善自珍重，亦須明哲保身，設處境日危應速作南旋計，以度此風雲之秋，唯霜風漸厲務希珍攝，祖母大人處亦望婉轉慰藉，勿以實情相告。」

剛收到信沒幾天，喬映庚就收到了兒子戰死沙場的消息，不禁老淚縱橫，又感欣慰：「不辱門風。」八十年後，歷史撥開迷霧，人們不禁感慨：「重利輕離別的商人之家，也有忠勇烈士。」而喬映庚口中不辱的「門風」，也來自一手將家族帶向輝煌的爺爺——喬致庸。

今天，我們不讀喬致庸，就不知何為晚清商人，更不會知道，在風雨飄搖的晚清時代，一介書生用資本撬動的仁義本色。

2

一八五五年，三十八歲的喬致庸滿懷信心地準備鄉試，打算一舉奪魁，進而中進士、點翰林，實現耕讀傳家的夙願。可一個噩耗傳來，徹底打亂了他的陣腳：「太平天國占據江南，導致喬家的茶路斷絕、資金鏈斷裂，家族生意危在旦夕，哥哥一口氣上不來，撒手西去。」這時哥哥的兒子還小，作為弟弟的喬致庸必須讓生意恢復運作，才對得起祖父兄三代人的心血。

仕途夢斷，喬致庸只能放下書本，操起算盤，承擔起自己作為男人的責任。

祖父由走西口[59]起家，所以家族的店面大部分都在包頭。喬致庸知道：恢復茶路是其次，首先得穩住包頭的生意。來到包頭後，他發現情形遠比想像中更為嚴重：員工擠兌薪水、人心浮動、資金短缺，每一項都要抽掉喬家的根基。

面對這種情況，喬致庸提出了「頂身股」的概念。一個小夥計進入店裡當學徒，三年後如果成績合格，就成為正式員工。再勤勉工作三個賬期（十年）後，如果成績優良、沒有任何失誤，就可以由掌櫃推薦、股東認可，拿到一、二厘的身股，也叫「乾股」。這種股份不能買賣，只能參與分紅，人不在了，股份也要收回。但是只要員工表現良好，拿到的身股也會隨著工齡增長，喬家可以養他一輩子。

喬致庸的「頂身股」制度一經施行，馬上穩定住了浮動的人心。老夥計們都拿到了合適的股份，新夥計的心也安定了下來，真正把喬家的生意當作自己的事業來做。

當別的商號夥計還在眼巴巴地盼著漲薪時，喬家的夥計已經成為商號的一份子。當時山西有這樣一句話：「做官的入了閣，不如在茶票莊當了客。」可見「頂身股」的誘惑力有多大。

[59] 編按：指明、清至民國初年，山西、陝西北部、河北及鄰近地區的居民，因經商或謀生而移民至長城外少數民族地區。

穩定了自家員工，喬致庸又吸引其他商號的人才，並且靠家族長年積累的聲譽借到了貸款，因此，喬家在包頭的生意迅速起死回生。

隨後，喬致庸在「復盛公」、「復盛全」的基礎上，又投資六萬兩白銀開設了「復盛西」當鋪、「復盛興」和「復盛和」糧店、「復盛協」和「復盛錦」錢鋪等復字型大小產業。後來，他又把生意擴張到呼和浩特、祁縣、太谷，經營日用百貨、皮毛、糧食、錢莊、酒店，一張遍布西北的商業網絡，在喬致庸的手中鋪開。

平定太平天國以後，南北茶路重新疏通，喬致庸再一次前往南方販茶，經過包頭，遠銷恰克圖、蒙古、俄羅斯，從地方豪紳，變成了北方雄商。包頭至今都流傳著喬家的諺語：「先有復盛公，後有包頭城。」

如果說普通員工參與分紅，能夠有一份安身立命的收入，那麼對管理商號的人才，喬致庸只要認定，就能立刻破格任用。

一八八一年，平遙「蔚長厚」的掌櫃閻維藩遭排擠，他決定返回山西老家另謀高就。喬致庸聽說此人才能了得，於是派了兩路人馬，帶著八抬大轎，分別在閻維藩可能出現的路口等候。一連等了八天，閻維藩的身影終於出現。

看著風塵僕僕的喬家人，閻維藩頓時感動得熱淚盈眶，但他堅持不上轎，他要與喬家人並肩而行。最後實在相持不下，他才在轎子裡放了一頂帽子，算是代替他坐轎了。

回到祁縣後，年僅三十六歲的閻維藩當即出任大德恒票號的掌櫃。他憑藉出色的才能，在後來的二十六年裡，讓大德恒票號每股分紅都在八千到一萬兩白銀，真正是「一言興家，一言振業」。

還有「文盲掌櫃」馬荀，這個大字不識一籮筐的夥計，因為出色的業務經營能力，被喬致庸一舉提拔為大掌櫃，將包頭的「復盛西」商號經營得日進斗金。

喬致庸散了錢財，卻聚集了人才；他的生意，富了自己，也富了眾人。

3

在晚清時期，票號最初由平遙的「雷履泰」發起。但經過幾十年的發展，全國的票號也不過五家，最大的「日升昌」也只有七家分號，而且他們還不和中小商人做生意，只選擇大商人合作。這樣一來，大部分商人仍然得帶著沉甸甸的銀子走南闖北，一不小心就會被土匪、惡霸謀財害命。

喬致庸接掌家業後，看到了票號業的前景，決定挪動多餘的資金開設票號。眾人紛紛勸阻：「現在入局，很難賺到錢了。」但在喬致庸的構想裡，票號的功能不僅是賺取利息，而是要「匯通天下」。

為打造「清朝銀聯」，喬致庸投資二十六萬兩白銀成立「大德恒」票號，並在三年後將「大德興」也改組成票號。兩大票號火力全開，讓所有商家都能實現「異地匯取」的夢想，只用帶著一張收據，就可以走南闖北。即便收據在路上被土匪搶劫，如果沒有密碼，在票號中也換不到銀子。所以，在喬家的票號史上，沒有一例誤兌錯兌，他們將票號生意做到了極致。

大格局下的大夢想讓喬家票號業務迅速開遍全國二十多個城市，喬家的資本在全省乃至全國的排名，也像坐火箭一般往上躥。當初的行業前輩，早已被喬致庸拋到身後，無法望其項背。

4

祁縣深宅大院裡的喬家，再也不是祖上娶不起老婆的落魄樣了。喬致庸走在街上，人人都笑臉相迎，叫一聲「亮財主」，但他知道：「有國才有家，資本要用來愛國。」

左宗棠在收復新疆時，負責籌措軍費的有兩人：胡雪巖和喬致庸。當胡雪巖在江浙籌措到軍費後，就由喬致庸的票號運送到前線，保障軍隊的用度；當軍費緊張時，還要向喬家票號貸款。可以說，左宗棠收復新疆的軍功章上，也有喬致庸的一份功勞。

正因為這份功勞，左宗棠在回京任軍機大臣時，還特意經過祁縣，拜訪了喬致庸。一見面，左宗棠就拉著喬致庸的手說：「亮大哥，久仰了。我在西北有所作為，全賴亮大哥支持。」感激之情，溢於言表。在臨走時，左宗棠還給喬家留下一副對聯：損人欲以復天理，蓄道德而能文章。

當北洋大臣李鴻章組建「北洋水師」時，聽聞晉商富甲天下，便派人到山西商人中去募捐。

四十年前，英國人就是用堅船利炮打開了國門，從此國運淪喪。大清國要組建水師，在喬致庸看來是再正義不過的事，他帶頭認捐十萬兩白銀。

這個出手大方的山西商人喬致庸，馬上就被李鴻章記住了。為了表示感謝，李中堂親手寫了副對聯派人送到祁縣：子孫賢，族將大；兄弟睦，家之肥。

商人苦心經營積累的財富，到底是用在花天酒地的個人享受，還是花在資助國家回饋社會上，喬致庸在一百年前就給出了自己的答案。

5

喬致庸擬定的《喬氏家訓》中，開篇就告誡子孫要謙和謹慎。

能知足者天不能貧，能忍辱者天不能禍。

求醫藥不如養性情，多言說不如慎細微。

當時山西很多豪商的大院子裡，都有供族人享樂的戲臺，但喬家沒有。現在「喬家大院」裡的戲臺，是民國年間生意敗落、子孫腐化時修建的。在喬致庸掌家期間，最怕的就是子孫玩物喪志，以至於家裡的丫鬟都不敢招年輕漂亮的，而是專門找粗枝大葉的中年婦女，就怕家裡男子惹出難堪的事情。

喬致庸親自擬定了六條家規：不准吸毒，不准納妾，不准虐僕，不准賭博，不准嫖娼，不准酗酒。如果家人違背其中任何一條，必須跪在大院中，在大家的目睹下背誦《朱子格言》，直到痛哭流涕地認錯後，才能磕頭謝罪，起身離開。

在嚴格的家規下，喬家的子孫都兢兢業業、勤勉樸素，隨便拉出一個來，都能被其他晉商家族視作優秀接班人。

在銀子大量流通的商號中，喬致庸也將「規矩」貫徹到底。每開一家店、每設一個分號，喬致庸都會跟經理一起擬定適合本地的號規，包括嚴厲的獎懲制度、人事制度，甚至還要跟新招募的夥計磕頭發誓，用道德的力量來約束新人。

在喬家的商號裡，從掌櫃到夥計一律不准抽鴉片，更不能嫖娼，一旦被發現，就會沒收身股，情節嚴重的甚至會被開除出號。其實喬致庸想讓他們記住的，只有兩句話：

求名求利莫求人，須求己；
惜衣惜食非惜財，緣惜福。

也只有在這樣的家族氛圍中，才能培養出優秀商人喬景儼、革命先驅喬映霞、抗日英雄喬惘、戶部銀行行長賈繼英。因為人才從來都不在學區房中，而在長輩的一言一行、商號的一規一矩中。

6

一八七七年，橫掃北中國的「丁戊奇荒」進入高潮。在這種百年難遇的大災荒中，農田乾旱，蝗蟲肆虐，瘟疫流行，華北大地在短短四年間就減少一千萬人口。山西祁縣更是重災區，「光緒三年，人死一半」。作為祁縣有名的大商家，喬致庸責無旁貸地承擔起救助災民的責任。

喬致庸讓家裡各房都減少用度，以至於一月到頭都吃不上幾頓肉。對於搭粥棚救災，他卻只有一個要求：「筷子插上不倒。」那些常年吃不飽飯的災民，大災之年卻在喬家粥棚吃上了飽飯。

對外人尚且如此，對同村的鄉親他更是有求必應。只要有人去喬家大院的「在中堂」，喬致庸總不會讓他們空著手出門。誰家有人病了買不起藥，喬致庸就會派人送去幾兩銀子，讓他治病；有人父母去世卻買不起棺材，他又派人送來幾十兩銀子，讓他料理後事；甚至有傭人偷家裡的東西被抓現形，喬致庸也是一副菩薩心腸：「家裡東西多，不差這一件，再說有困難才偷呢，隨他去吧。」

在人下時把自己當人，在人上時把別人當人；手握富可敵國的財富而不驕，始終儉以修身、平以待人，商人做到喬致庸這個份兒上，古往今來，難得一人。

7

一九〇〇年，八國聯軍攻入北京，慈禧太后帶著光緒皇帝倉皇「西狩」。在進入山西太原後，他們才放下心來，終於不用再為「身死國滅」而憂慮了。由「大德興」改組而來的「大德通」票號總部，被朝廷徵用為臨時行宮。

看到逃難的朝廷日子過得淒涼，跑街的業務員賈繼英當場保證，要借十萬兩銀子給朝廷。回到辦公室後，他跟大掌櫃閻維藩一說，閻大掌櫃直誇他做得好：「五百年必有王者興，一千年也出不了賈繼英。」

就憑這十萬兩銀子，喬家換來了慈禧御賜的匾額「福種琅環」，還為商號換來了兩筆生意：一是由各省輸送朝廷的稅款，全部由山西票號來經營，喬家當然占大頭；二是庚子賠款連本帶利共十億兩白銀，也由山西票號經營，喬家又占大頭。

隨後的十年裡，喬家票號業務一直往上躥。每股的賬期分紅能達到一萬七千兩白銀，真是撐破了天。可在這個風雨飄搖的晚清，喬致庸用一生心血賺來的錢又有什麼用？國勢危亡，行將就木的大清帝國即將走到盡頭。喬致庸坐擁兩千萬兩白銀的家產，卻活得異常艱難。他的努力是那個時代所有中國人的掙扎，他的仁義也是那個時代的最後一抹溫柔。

8

一九一一年，辛亥革命爆發。原本放出的貸款，一夜之間全部化為烏有；票號遭遇擠兌，這讓喬家的資金鏈雪上加霜。從此以後，包括喬家在內的晉商元氣大傷，只剩苟延殘喘。

中華民國混戰三十八年，各家晉商票號紛紛關門歇業。論家大業大，喬家並不算晉商中頂級的，而恰恰是喬家的生意，能挺過閻錫山洗劫、馮玉祥攤派、日軍搶占。一九四九年，「大德通」票號關門歇業；一九五五年，包頭的幾家店鋪被改造為公私合營制，直到這時，喬家的生意才算正式結束。

究其緣由，竟是夥計戀舊不肯離去，鄉親幫忙挺過歷次劫難。喬家多年行善積德、扶弱濟困，最終得到這樣的回報。喬家以這樣的方式，給了輝煌五百年、縱橫九萬里的晉商最體面的落幕。

第五章　氣質篇

尋找感動的力量

歷史人物的性情，讓讀懂的人歎息。

世間最好的朋友，恐怕非關羽莫屬。他和劉備、張飛攜手闖蕩，羨煞文人騷客。世間最美的夢想，應當是歸隱田園的陶淵明。唯有遵從內心的指引，方能活出真正的自己。世間最好的反省，則是文天祥。他在宋朝滅亡後，一次次否定之前的自己，最終成就偉大的人格。

千載之後，他們的性情早已化為民族氣質。

不讀懂屈原，不足以談情懷

1

西元前二七八年，五月初五。汨羅江上波光粼粼，不時響起打魚的號子[60]聲。形容枯槁、頭髮蓬亂的屈原，拖著沉重的步伐在江邊來回走著，嘴裡還不停地念叨：「為什麼會這樣？我做錯了什麼？」「白起攻破郢都，楚國還有什麼前途？」「國破家亡，我活著還有什麼意義？」……

一個打魚的船夫看這個老頭眼熟，就將船靠岸，大喊一聲：「呦，這不是三閭大夫屈原嘛，你怎麼成這般模樣了？」屈原抬起頭，露出悲涼的眼神：「舉世皆濁我獨清，眾人皆醉我獨醒。躁動的靈魂無處安放，所以我才會變成這樣。」

屈原的事蹟在楚國流傳了四十年，船夫怎會不知他的悲傷：「既然世界這麼黑暗，你何不隨波逐流？因為堅守自己的情懷而受幾十年的苦，這樣值得嗎？」

值得嗎？屈原也在問自己。「我即便跳到大江裡餵魚，也不與黑暗的世界同流合汙。要不然，與禽獸又有什麼分別？」說罷，他緊抱起一塊石頭，縱身跳入滾滾的汨羅江，只留下一篇《懷沙》，向世人做最後的傾訴：

60 編按：中國民間歌曲中最早產生的一種音樂體裁，源自於勞動節奏。

易初本迪兮，君子所鄙。
章畫志墨兮，前圖未改。
……

既然楚國容不下屈原的高潔秉性，那麼他寧願徹底告別，也不願委屈了自己的內心。這就是屈原的人生態度，也是他感動一代又一代人的情懷。

2

西元前三四〇年，屈原生於楚國丹陽（今湖北秭歸）。當時的楚國除了王族「熊氏」外，最有地位的就是「屈、景、昭」三族，而這四家又有一個共同的姓氏——羋姓。相傳，顓頊帝的後代中有一分支以「熊」為氏，他們建立了楚國。楚武王熊通的兒子被封在「屈」地。既然另立門戶了，他便以「屈」為姓氏，來表明自己這一支的身分。屈原就是這一分支的後裔。

生在這樣的家族中，他對楚國有著血脈相連的天然認同。

西元前三二一年，秦國的小股軍隊偷襲秭歸。二十歲的屈原充分發揮了主人翁意識，敲鑼打鼓召集小夥伴，進行了一番慷慨激昂的愛國主義教育。之後他們深入敵後，不停騷擾秦軍。秦軍擅長正面硬打，卻受不了這種搶完錢、糧後就撤退的打法。

沒過多久，這個消息就傳到楚懷王耳朵裡：「學問大、文章好、能打仗，王族既然有這樣的人才，絕不能浪費。」於是，屈原被提拔為鄂渚副縣長。在累積了兩年基層工作經歷後，他又被破格提拔為左徒，職銜相當於楚國副總理。

命運女神向屈原張開懷抱，他將在這裡書寫美好的畫卷，也將承受常人不可及的苦難。

3

春秋戰國時期，中國落後的社會制度嚴重拖了日益先進的生產力的後腿。誰能打破舊的社會制度，重新確立適應時代發展的新制度，誰就能成為國家競賽的老大。

而這種事，我們有一個統一的稱呼——變法。

魏國重用李悝變法，呼風喚雨幾十年；秦國重用商鞅變法，就能東征西討；楚國重用吳起變法，國力日強。可惜吳起被舊貴族陷害，導致變法失敗。

屈原看到了楚國最大的問題：貴族勢力強大，農民淪為奴隸，人才流通不暢。他對楚懷王說：「我們也應該變法。」國家能夠強大，楚懷王也很開心：「好啊，好啊，那就由你來辦吧。」

屈原回到家中，列了幾條變法意見：限制貴族權力，擴大王權；剝奪貴族土地，獎勵給有功的戰士；鼓勵自耕農開荒，並減稅；獎勵軍功，賞田授爵。

學過歷史的都知道，這才是符合時代潮流的正確舉措。但在當時的舊貴族看來，這明顯是野蠻人進門來搶劫：我們祖傳的資產，憑什麼分給鄉下人？

雄心勃勃的屈原，就此上了達官顯貴的黑名單。

4

秦國也不知道是哪根筋不對，想搞一個大新聞，刷點存在感。人家是漂洋過海去愛你，秦國是翻山越嶺去打齊國，而齊國的合作夥伴就是楚國。

秦國害怕楚國出兵，怎麼辦呢？張儀告訴秦王：「只要鋤頭揮得好，沒有牆腳挖不倒。」在得到秦王的支持後，張儀帶著大量的現金來到楚國。在楚懷王的辦公室裡，張儀胸脯拍得震天響：「你只要跟齊國『分手』，我們就把商於的六百里土地全部送給你當見面禮。」

楚懷王高興了，竟然還有這種好事？天上掉餡餅，不要白不要，於是派人去齊國大使館裡大罵，要跟齊國斷交。

就在所有人沉浸在成功的幻想中時，屈原說：「你們都傻了啊，這分明是秦國的陰謀！」所有人都轉頭看向他，像在看一個傻瓜。為了拿到秦國送的六百里土地，大家一致同意：把屈原調離重要崗位。於是，他被降級為專管「屈、景、昭」三族事務的三閭大夫。

回到家中，屈原怎麼都想不明白：「秦國明顯是詐騙，為什麼所有人都信了？」自己堅持正確的意見反而被貶職、被排擠。屈原愁容滿面，萬般思緒化作筆下的《離騷》：

帝高陽之苗裔兮，朕皇考曰伯庸。
攝提貞於孟陬兮，惟庚寅吾以降。
皇覽揆余初度兮，肇錫余以嘉名：
名余曰正則兮，字余曰靈均。
……
惟草木之零落兮，恐美人之遲暮。
不撫壯而棄穢兮，何不改乎此度。
……

何桀紂之猖披兮，夫惟捷徑以窘步。
惟夫黨人之偷樂兮，路幽昧以險隘。
豈余身之憚殃兮，恐皇輿之敗績。
……

「我也是顓頊的後裔，有家譜為證，這片江山我也有份，我必須承擔起自己的責任來。做人做事，無不是腳踏實地地慢慢積累，指望天上掉餡餅，肯定是靠不住的啊，夏桀、商紂等昏君就是前車之鑑。你以為我是打自己的小算盤嗎？不是，我只是怕楚國大業遭受挫折啊。」

5

屈原這首《離騷》很快就流傳了出去，風靡楚國的大街小巷，連街上賣草鞋的都知道：屈原是楚國的顏值擔當、正義擔當、才華擔當。可他們都忘記了，好事都讓屈原幹了，那楚懷王就是壞人嘍？楚懷王出面親身作證：「我不是壞人，屈原才是破壞秦楚聯盟的搗亂份子。」作為破壞國家聯盟的壞蛋，屈原被扒去所有官職，流放到漢江以北去體驗生活。

面對急轉直下的命運，屈原很委屈。

對齊國翻臉之後，楚懷王興沖沖地派人去秦國接手土地，結果張儀來了一句：「什麼，我說的是自己的六里地，怎麼可能是秦國的六百里呢？你肯定是聽錯了。」秦國不僅沒有拿出六百里土地，還派兵搶了楚國六百里地，設置漢中郡。齊國一看，也加入了對楚國的大戰，楚國頓時腹背受敵。楚懷王懵了，大臣也懵了：「我們被秦國耍了，只有重新結交齊國，才能報仇雪恨啊。」

可這種丟人的事，誰都不願意做，大家一致推舉在漢江釣魚的屈原去做。然而，只要祖國需要，哪怕上刀山、下火海，他也會去闖一闖。屈原扔下魚竿，起身就去了齊國。最終，他成功完成了任務：不僅說服齊王撤兵，還重新建立了外交關係。

6

從齊國返回江南時，屈原經過剛打過仗的齊楚戰場。他看到楚國衰落後，在戰場上任人欺淩，戰士的屍體無人收殮，被拋棄在荒野，任野狗啃食。這些戰士有什麼錯？他們已經盡力了，為保家衛國拋灑熱血，即便失敗了，也是英雄好漢啊。

於是，屈原提筆寫下《國殤》來祭奠犧牲的將士：

操吴戈兮被犀甲，車錯轂兮短兵接。
旌蔽日兮敵若雲，矢交墜兮士爭先。
凌余陣兮躐余行，左驂殪兮右刃傷。
霾兩輪兮縶四馬，援玉枹兮擊鳴鼓。
天時墜兮威靈怒，嚴殺盡兮棄原野。
出不入兮往不反，平原忽兮路超遠。
帶長劍兮挾秦弓，首身離兮心不懲。
誠既勇兮又以武，終剛強兮不可凌。
身既死兮神以靈，子魂魄兮為鬼雄。

屈原重新打通了國家的外交，立下了大功，得以重新回到三閭大夫的崗位。

有人為國家奮鬥，就有人敗國家根基。西元前三〇一年，在秦國做人質的太子熊橫，跟秦國大夫下棋時悔棋，被秦國大夫給罵了。熊橫惱羞成怒：「我的名字橫，手更橫！」他隨手抄起棋盤，把秦國大夫打得腦漿四濺。

這傢伙，殺了人還沒有自首的覺悟，居然跨越千里跑回了楚國。這還得了？一個小小的人質就這麼橫，得給楚國點教訓了。

秦國率領諸侯聯軍南下伐楚。雖然楚國橫跨千里，占據了江南大地，可沒有經過變法的洗禮，仍然是人民窮困、貴族盤踞、軍無戰力的弱國，就像是虛弱的胖子一般，任人蹂躪。被聯軍一頓猛打之下，楚國喪將失地，朝野上下一片哀號。

就在此時，秦昭襄王發來議和信：「打打殺殺多費糧食，不如我倆到武關聊聊？如果能簽個不平等條約，我就撤兵回國，你也能舒舒服服地過你的小日子。」

看看，秦國這麼多年都沒換過套路，它在詐騙楚懷王的道路上越走越遠。可楚懷王就是記吃不記打，還能怎麼辦呢？就在他收拾行李、準備出發時，屈原說話了：「秦國是虎狼之國，實在不可信啊，大王，你要是回不來怎麼辦？」

有多麼熱愛國家的大臣，就有多麼坑爹的兒子。楚懷王的大兒子熊橫跑回楚國後就當起了縮頭烏龜，小兒子熊子蘭又對屈原「開炮」：「不去？惹惱了秦國怎麼辦？你負責嗎？」楚懷王也是個沒有主見的人：「秦王已經換人了，套路也該換換了，估計不會坑我，我還是去試試吧。」

結果不幸又被屈原說中。楚懷王一到武關，就再也沒能回到楚國的土地上，五年後竟然死在咸陽。

7

曾流傳一句話：一流的領導愛人傑，二流的領導愛人才，三流的領導愛蠢材。

屈原是人傑，可不幸的是，楚懷王和繼位的熊橫都是三流甚至以外的領導。當楚懷王被扣押在秦國後，熊橫和熊子蘭這兄弟倆，一個當了新楚王，一個做了楚國總理，他們開開心心地吃香喝辣，至於父親過得怎麼樣，並不在他們的考慮範圍之內。

雖然脫貧致富奔小康了，可屈原還在旁邊嘮叨：「大王，不能再這樣下去了，這樣楚國遲早要完。」「大王，必須要變法了，時不我待。」「大王，外交策略要修改了，這樣不行啊。」

以至於後來哥兒倆看著屈原就煩。西元前二九六年，經過一番深夜密談後，他們決定把屈原流放到更遠的江南去。

在春秋戰國時期，人才是沒有國界的。各國紛爭幾百年，無一不在尋求人才，變法圖強，所以各國的人才市場總是冷冷清清，因為只要一有人才冒頭，就被搶走了，根本沒有「懷才不遇」的說法。

衛國人商鞅跑到秦國成就了大功業；衛國人吳起先後出仕魯、魏、楚，他不僅個人事業成功，還帶動這三國事業蒸蒸日上；洛陽人蘇秦並沒有效忠周天子，而是當了六國宰相，向西圍堵秦國；魏國人張儀離開老家去了秦國，親自出謀劃策，幫助秦國攻打父母之邦。可見在那個年代，個人發展是大於國家忠誠的。

如果屈原在楚國遭受委屈，到其他國家去，勢必會前途一片光明。可他在「以追求個人前途為時尚」的潮流中，堅守「忠誠」二字，默默地在江南浪跡天涯。

因為靈魂純粹，才能忍受人生苦難；因為追求高尚，才能照耀後世千年。

8

十六年間，屈原不斷地被壞消息折磨：「楚國又戰敗啦。」「秦國又奪取了楚國一大片土地。」「朝廷太昏庸了，忠奸不分。」

國家江河日下，敵國蒸蒸日上，朝廷寡廉鮮恥。屈原奮鬥幾十年，卻看不到楚國振興的希望，到頭來卻面臨這樣的局面。他心裡十分苦悶，於是，寫下《九章．悲回風》來訴說心中的悲傷：

惟佳人之獨懷兮，折若椒以自處。
曾歔欷之嗟嗟兮，獨隱伏而思慮。
涕泣交而淒淒兮，思不眠以至曙。
終長夜之曼曼兮，掩此哀而不去。
寤從容以周流兮，聊逍遙以自恃。
……

我原本也是佳人啊，如今卻只能獨自感慨身世飄零。愁啊愁，愁得我一整晚都睡不著覺，一不小心就睜眼到天亮了。起床後還得繼續流浪，我只能安慰自己：這才是逍遙的日子。

在浪跡天涯的日子裡，屈原思考了很多。人從哪裡來？要到哪裡去？國家存在的意義是什麼？世界到底是什麼樣子的？白天、黑夜的轉換開關是誰在操控？天地之間這麼高，是誰在支撐？東南為什麼多水？西北為什麼乾燥？

對世界思考得太多，屈原也感到很迷惑。他不禁怒指蒼天，大聲發問：

遂古之初，誰傳道之？
上下未形，何由考之？
冥昭瞢暗，誰能極之？
馮翼惟象，何以識之？
明明暗暗，惟時何為？
陰陽三合，何本何化？
圜則九重，孰營度之？
惟茲何功，孰初作之？
斡維焉系，天極焉加？
八柱何當，東南何虧？
九天之際，安放安屬？
……

一首《天問》，讓屈原超越了政治家、詩人的頭銜，成為一名偉大的思想家。他將制約凡人認知的一切煩惱，都向這個世界提出疑問。他期待後人能夠沿著這條道路，將人類的認知逐步推進。

清朝劉獻廷在《離騷經講錄》中說：「《天問》真可謂千古萬古至奇之作。」

9

西元前二七八年，白起率秦軍攻破郢都，楚王和貴族大臣倉皇逃竄。國土淪喪，一生努力奮鬥的國家已經走到窮途末路。屈原的心也死了，他抱起一塊石頭，投入滾滾的汨羅江。

屈原這一生，在世俗意義上是徹底失敗的：少年得志，卻因耿言直諫被流放；中年謀國，卻因楚王昏庸而志不得伸；晚年落魄，卻因熱愛母國而不願逃離。

屈原這一生，在歷史長河中卻是光耀千古。司馬遷環遊天下，到達長沙後，看到屈原投江處，不禁感慨「未嘗不垂涕，想見其為人」。

賈誼被貶長沙，將自身命運與屈原融為一體，作《弔屈原賦》：

恭承嘉惠兮，俟罪長沙；側聞屈原兮，自沉汨羅；
造託湘流兮，敬弔先生；遭世罔極兮，乃殞厥身。
……

一〇五九年，二十三歲的蘇軾路過忠州的屈原塔，感慨屈原一生的際遇及其畢生堅守的精神情懷，提筆寫下感人肺腑的《屈原塔》：

楚人悲屈原，千載意未歇。
精魂飄何處，父老空哽咽。
至今滄江上，投飯救飢渴。

遺風成競渡，哀叫楚山裂。
屈原古壯士，就死意甚烈。
世俗安得知，眷眷不忍決。
南賓舊屬楚，山上有遺塔。
應是奉佛人，恐子就淪滅。
此事雖無憑，此意固已切。
古人誰不死，何必較考折。
名聲實無窮，富貴亦暫熱。
大夫知此理，所以持死節。

是啊，功名富貴如過眼雲煙，唯有堅毅的靈魂才能撐起空虛的皮囊。屈原以自己的信仰，撐起了楚國的半邊天空。

屈原在《國殤》中的一句話「身既死兮神以靈，子魂魄兮為鬼雄」，被南宋女詞人李清照化為更有名氣的一句詩「生當作人傑，死亦為鬼雄」。

陸游面對金兵鐵騎橫行的國破山河，不知不覺就站到了屈原曾經的位置上，憂心國家的淪喪，感懷故國的離難：

遠接商周祚最長，北盟齊晉勢爭強。
章華歌舞終蕭瑟，雲夢風煙舊莽蒼。
草合故宮惟雁起，盜穿荒塚有狐藏。

離騷未盡靈均恨，志士千秋淚滿裳。

蒙古鐵騎南下，橫掃四海八荒之際，文天祥也讀懂了屈原的精神。人這一生，榮辱成敗還在其次，只有胸懷大格局、滿心為蒼生的人，才能得到世界的認可，才能永垂不朽。

田文當日生，屈原當日死。
生為薛城君，死作汨羅鬼。
高堂狐兔遊，雍門發悲涕。
人命草頭露，榮華風過耳。
唯有烈士心，不隨水俱逝。
至今荊楚人，江上年年祭。
不知生者榮，但知死者貴。
勿謂死可憎，勿謂生可喜。
萬物皆有盡，不滅唯天理。
……

屈原這一生，豐功偉績與他無緣，但他的文字所承載的高貴情懷，早已融入民族的血液中。當我們遭受挫折，面臨苦難時，屈原就站在我們身邊，告訴我們，路，該怎麼走。

不讀懂屈原，不足以談情懷；不懂得情懷，又何足道人生。

關羽，你站住，我要和你做朋友

1

東漢末年，河東郡解縣，兩名公差喝醉之後，在大街上橫衝直撞，一名小攤販躲避不及，被公差抓起來劈頭蓋臉地一頓揍。小攤販跪下求饒：「小人的賤體，怎敢汙了大人的貴足啊？」

可惜一味求饒根本沒什麼用，公差腳上更用力了幾分。此時，路邊有一個叫關羽的人，出身貧寒，內心卻熱血沸騰。進了官府就了不起呀？窮人招誰惹誰了？他立刻衝上去，掄起碩大的拳頭就開打，瞬時把小攤販救出了魔掌。

只是沒想到，兩名公差不過是仗勢欺人，哪能承受關羽的暴擊？不小心就死了一個，另一個倉皇而逃。大事不好，打死公差可是謀反的大罪，關羽只好回家拿了幾件衣服，連夜跑路。

2

一八四年，亡命天涯的關羽看到劉備的交友啟事：「誠招兄弟，管吃管住。若能發財，絕不獨吞。」要求只有一個：「不拋棄、不放棄。」經過一番慎重的考慮，他和張飛成功進入劉備的小圈子。三人在一片桃園裡燒香磕頭，義結金蘭。

從此以後，關羽就成了劉備的兄弟。他跟著劉備打黃巾軍，鞭打督郵後接著跑路，多年來，在劉備軍中做馬前卒。總之，劉備去哪兒，關羽就去哪兒。不論前途多麼黯淡、道路多麼崎嶇，關羽就這麼陪著劉備一路走下來。

劉備也沒有辜負關羽、張飛對他的感情。在顛沛流離的路上，他們有肉一起吃，有衣服一起穿，有床一起睡。軍隊中的其他軍官羨慕得眼紅：「能不能帶我一個？」不好意思，一張床只能睡三個人。

二〇〇年，曹操東征徐州，打敗劉備。劉備發揚一貫的風格，騎馬跑到山東投奔袁紹，而曹操則活捉關羽。

奮鬥十六年的事業看不到任何希望，相守十六年的朋友被打得生死難料，天地雖然廣闊，關羽的人生卻是一片灰暗。這時，曹操對他拋出了橄欖枝。三天請他去「五星級酒店」吃一頓，五天再來一頓「大漢全席」，「高級定制套裝」更是動不動就送。還沒一個月呢，關羽就被養得紅光滿面。

關鍵是，曹操給了他事業上的希望：拜他為偏將軍。十六年的努力，換來的只是顛沛流離，如今一個月，就什麼都有了。換作其他人，估計早就趁機改換門庭了。關羽卻對曹操說：「你對我這麼好，我可以幫你。但要是有我兄長的消息，我就必須要走。」

也許這時，曹操才知道什麼是朋友。酒桌上的阿諛奉承不過是逢場作戲，只有在落魄時依然對你不離不棄的人，才是值得終生相交的真朋友。

那一年，曹操與袁紹終於拉下臉皮，在黃河兩岸列隊互攻。

袁紹的大將顏良率兵攻占白馬，掌握了作戰的先機，這讓曹操感覺如芒在背。他轉身對張遼說：「考驗你的時候到了，你去把白馬奪回來。」關羽一聽，心想，這正是報恩的好機會。如果能幫曹公解憂愁，自己就再也不欠他了。於是，他主動請纓和張遼一起出征。

到了白馬前線，顏良的大將羽蓋特別顯眼，在風中搖擺。關羽微微一笑：「看我來砍了你的腦袋。」

看著顏良倒在馬下，關羽的嘴角露出了微笑：「曹公，我不欠你了。不義而富且貴，於我如浮雲，我畢生追求的，不過是『不負』二字。」

3

二〇〇年七月，劉備奉袁紹的命令騷擾河南。從城外傳來的消息不斷刺激著關羽的耳朵：「有個雙手過膝的人，在河南打游擊。」幾乎是一瞬間，關羽就斷定是劉備來了。

於是，關羽回到曹操送他的豪華別墅，把收到的高級套裝整理好，全部放到衣櫃中。還有曹操封的偏將軍官印、斬顏良得來的「漢壽亭侯」的金印，他全部掛在房梁上，然後轉身出城，不帶走一片雲彩。

萬戶侯又如何？如果不是自己追求的人生，即便權傾天下，又有什麼稀罕？

此時，曹操身邊的將軍都要氣死了：「曹公對他那麼好，他居然還敢背叛，真是不識好歹。」他們吵著請求帶兵去追關羽，恨不得把他大卸八塊。

可曹操是個明白人。他知道關羽是真正的國士，這樣的人追求的根本不是權力、財富或女色，而是心中所秉持的信仰和道義，這樣的人可以暫時被打敗，但絕不會屈服。

曹操不喜歡關羽的背叛，但是尊重他的堅持，所以，他寧願看關羽遠去，也不捨得派人追殺。其實從本質上說，他們都是為了信仰而願意付出生命代價的人。

關羽一路過五關、斬六將，演繹了一齣「千里走單騎」的傳奇故事，才來到劉備的身邊，而一起會師的，還有張飛。

多年的艱苦奮鬥，到頭來終究是一場空。不過，好在人沒丟，只要有人在，希望就不會熄滅，他們總會等到發光發熱的那一天。

二〇八年，在等待八年之後，機會終於來了。曹操掃平中原群雄後，造大船，練水軍，南下荊州橫槊賦詩，甚至說出了「山不厭高，海不厭深，周公吐哺，天下歸心」的豪言壯語。

接下來就是「赤壁之戰」。過程我們都知道了，曹操失敗而歸，江東繼續固守，劉備奪取荊州。

4

荊州是關羽生命中最重要的地方，他人生中最輝煌的時刻，都是奉命鎮守荊州時取得的。從「赤壁之戰」出任襄陽太守時，關羽就承擔起東抗孫權、北拒曹操的使命。這是三方勢力匯聚的風暴中心，情勢極其複雜。

可劉備入川時，把所有人都帶走了，偏偏留下關羽獨當一面。這是多年相知相隨培養出的深厚感情，也是對他出色能力的信任。

二一四年，馬超帶著西涼騎兵前來投奔劉備。對這個出身西北豪族的將領，關羽只是聽說過，卻從來沒見過。聽說以後就要一起共事了，他就寫信給諸葛亮：「馬超的才幹怎麼樣？跟誰類似？」

客觀地說，這只是一句尋常的問候，並沒有《三國演義》中所說的心胸狹隘的表現。諸葛亮的回信也很有意思：「馬孟起屬於文武雙全的人物，只能跟張翼德並駕齊驅，怎能比得過美髯公的絕倫逸群？」

本來只是打聽一下新同事的情況，沒想到諸葛亮居然誇獎他是美髯公，才幹還在所有人之上。收到諸葛亮的回信，關羽開心得快要飛起。

都說「願你出走半生，歸來仍是少年」，可又有幾人能做到？人人都說關羽是嫉賢妒能，我卻覺得他率真得可愛。五十五歲的老頭，被人誇一句就能開心半天，還讓部下傳閱，你可以想見他那副得意的勁兒。

二一九年，劉備第一次堂堂正正地戰勝曹操後，登上了人生小巔峰，喜提漢中王。在成都，劉備大封群臣，關羽、張飛、馬超、黃忠分別為將軍。當費詩帶著任命狀去關羽軍營時，他卻大發雷霆：「老子跟漢中王奮鬥多少年，才有了今天的地位，黃忠是個什麼玩意兒？一個老兵而已，竟然與我同列？」

說實話，在這件事情上，關羽確實有點過了。費詩勸他：「開創大業，所用的人都是不一樣的。比如劉邦吧，蕭何、曹參跟他都是從小到大的玩伴，可開國的時候，韓信的地位最高，即便這樣，人家也沒說什麼。在漢中王的心中，黃忠怎麼能跟您比？」還真別說，關羽被他這麼一勸，心裡馬上就轉過彎來了。

5

二一九年，荊州這個風暴中心即將有一齣大戲拉開帷幕。

或許是為了給劉備登基送上大禮包，關羽率兵去攻擊曹仁。戰事進展得很順利，曹仁一敗再敗，就連曹操派來的援軍于禁，也被關羽用水攻計全部淹沒。還有西北猛將龐德，也被關羽一刀斬於馬下。

這時的關羽，真正地登上了人生巔峰，湖北、河南的「游擊隊」全部聽從關羽號令。曹操為了避其鋒芒，恨不得立刻遷都。進可北伐中原，退可守護西南，以一人之身而左右天下局勢，當時的關羽「威震華夏」。

多少次半夜裡苦讀兵書，多少次戰陣前死裡逃生，多少次與劉備謀劃將來的偉業，幾十年的艱苦卓絕，終於在這一刻開出最美的花朵。

可有一個道理是亙古不變的：家賊難防。在蜀漢政權中，關羽素來看不起糜芳、傅士仁。他們兩人也對關羽滿腹怨言：「都是出來混的，憑什麼看不起我？」如果真要關羽來回答的話，估計他會說：「都是出來混的，你們有什麼業績？」

在這次戰爭中，糜芳、傅士仁負責後勤工作。他們工作一貫不認真，有一次糧草沒跟上，導致大軍餓了兩天肚子。關羽發火了：「回去再收拾你們倆。」

這哥兒兩貽誤軍機，心中惶恐不安。恰好這時孫權派人來了：「跟我混吧，吃香喝辣。」兩人一咬牙，一跺腳，反了。

局勢發展到這一步，神仙來了也無能為力。關羽出征在外，後勤卻斷絕，這樣怎麼能打得過救援曹仁的徐晃大軍？而老巢也被糜芳、傅士仁出賣給呂蒙，他徹底成為一支沒救援、沒糧食的孤軍。

最狠的一招是，關羽每次派去跟呂蒙談判的使者，都會帶回一些家屬平安的消息，而這些消息都是呂蒙有意放出來的。在得知家人平安以後，戰士們誰還有心思繼續打仗啊？如此，關羽這邊的軍心就這麼散了。

麥城帶著英雄落幕的餘暉，走入歷史。

6

在漢末風起雲湧的大時代中，關羽從社會最底層的平民起家，在那個豪門遍地的亂世，與劉備、張飛走南闖北數十年，最終創下「三分鼎立」的蜀漢基業。

關羽為人正直，領兵數十年卻沒有濫殺、屠城的惡行，他真正做到了軍人的普世價值。他對待朋友義氣，只要許下諾言，就終生不負。像他這樣的朋友，誰人不想交往？

可這樣一個能力、品德完美無缺的人，終究兵敗被殺，死後「頭枕洛陽，身臥當陽，魂歸故里」，連好好睡一覺都做不到。可話說回來，在亂世中，誰又是真正的勝利者呢？

僅僅幾十年後，三國的基業又被司馬懿祖孫三代取而代之，大家都是在「為他人做嫁衣裳」。那個白衣渡江的呂蒙在哪裡?曹仁、于禁又在哪裡?

千年之後,依然挺立於天地之間的,只有「武聖」——關羽!

王羲之的《蘭亭集序》

1

三一二年，匈奴大軍攻破洛陽，西晉王公貴族被胡人軍隊一網打盡。鎮守下邳的司馬睿在王導、王敦兄弟的扶持下，占據江南虎踞龍盤之地，並在五年後正式稱帝，史稱東晉。

這時，最顯赫的士族是「琅琊王氏」。王導做丞相主文治，王敦掌軍事重鎮荊州，家族的叔伯、兄弟、子侄紛紛占據要津，東晉幾乎一半的大權都被「琅琊王氏」收入囊中。一切都在向美好的方向發展，王家人很開心，連走路都虎虎生風。在後院裡，卻有一個小孩不高興，他叫王羲之。

他的父親王曠一路官至淮南太守。三一〇年，王曠率領三萬兵馬直奔山西，想要收復被匈奴人占據的上黨郡，結果全軍覆沒，王曠也下落不明，留下小小的王羲之在寒風中獨自淩亂。在無數個孤寂的夜晚，王羲之都在懷念那個寬厚的身影。雖然他是個領兵的軍人，但他眼中的溫柔騙不了人。現在，再也見不到父親了，王羲之每天面對的，都是來自同齡人的白眼和鄙視。

2

家族裡那些人的冷眼、父親的失敗，讓王羲之從小就立下大志向：「讀書做官，光耀門楣。」對於「琅琊王氏」來說，他的志向只是錦上添花，但對王羲之來說，則是一條必須走到盡頭的不歸路。

不過，好在「琅琊王氏」家大業大，沒有父親的王羲之，還是能享受到頂級的教育和生活，這讓他小小年紀就表現得出類拔萃。

在他十三歲那年，名士周顗在府裡請客吃飯。在熱鬧的客廳裡，達官顯貴在周顗面前賣力表演，希望能得到提攜。那天，王羲之也來了，但他不跟別人爭搶表演機會，而是在角落裡默默地吃著美食。或許是看慣了世人的虛情假意，突然冒出個不爭不搶的王羲之，讓周顗感覺像是高山流水間的泥石流，如此惹人注目。像吃貨一樣的王羲之，結果被周顗看中了。

因為欣賞王羲之，周顗把壓軸菜──「牛心炙」端到他面前，請他吃第一口。這原本是最尊貴的客人才能得到的待遇，這也是王羲之第一次享受到萬眾矚目的滋味。

王羲之的好運氣來了，真是擋都擋不住。

三年後，太尉郗鑒想為女兒擇婿，於是派親信下屬去拜謁王導，想讓他推薦幾個優秀的子弟。誰知王導大手一揮：「王家的孩子很多，個個都很優秀，你還是去家裡挑吧。」

聽說太尉大人派人來挑女婿，王家的子弟們梳髮型、穿新衣、包香囊，一個個打扮成選美型男。就在兄弟們忙著參加選秀時，王羲之正躺在書房讀書呢。

太尉親信興沖沖地來選女婿，結果一扭頭看到王羲之四仰八叉地躺在那裡，一隻手摸著肚皮，一隻手捧著書，這畫面著實「太美」。當王家的情況傳到郗鑒那裡時，他偏偏喜歡小王同學不走尋常路，於是馬上就定下來：「我要把女兒嫁給他。」王羲之「人在家中臥，妻從天上來」，順便還創造了一個成語：東床快婿[61]。

短短三年時間，王羲之接連撞了兩次大運，從此有名、有妻、有靠山，光明前程正向他大步走來。

61 東床快婿，指為人豁達、才能出眾的女婿。

有家族的背景和岳父的提攜，王羲之想不當官都難。在之後的二三十年間，他從祕書郎起步，然後做到征西將軍府長史、寧遠將軍兼江州刺史，再到右軍將軍、會稽內史。他頂著「王右軍」的名頭行走江湖，到哪裡都有人讓著、敬著、巴結著，人生看似走到了巔峰。

但王羲之一輩子做官，他都做了些什麼？他又能做什麼？

在朝廷做官時，為了適應「清談」的大環境，他不得不加入其中。可王羲之內心清楚地知道：「清談是沒有前途的。」他在跟謝安遊覽建康冶城時，就曾站在城頭指著山河說：「你看周圍的大小山頭，連綿起伏。現在天下局勢也是這樣，我們必須整軍經武，不能清談了。」看著王羲之義憤填膺的樣子，謝安不禁感到好笑：「你看秦國任用商鞅變法，結果呢？還不是二世而亡？」

王羲之怒了：「這是一回事嗎？」

在東晉這片汙泥濁水中，沒有一滴甘霖能夠生存。要麼同流合汙，要麼選擇離開。在王羲之內心苦悶時，殷浩不失時機地幫了他一把。

三四七年，桓溫平定四川，成為朝廷的實力派。總領朝政的會稽王司馬昱提拔揚州刺史殷浩來對抗桓溫。

自從南渡以來，東晉就懷著一個偉大的北伐夢想。誰能完成北伐，恢復中原，誰就是再造乾坤的功臣，裂土封疆，甚至走向九五至尊，也是有可能的。殷浩和桓溫爭奪的就是北伐的主導權，而司馬昱主導的朝廷，支持的當然是殷浩。

作為朋友，王羲之覺得有義務提醒一下殷浩。於是，他寫了封信給殷浩：「現在國內經濟形勢不好，農民的收入也不高，隨時都會有陳勝、吳廣之輩出來搞事情。你不如好好整頓軍隊、養精蓄銳，等到實力足夠了再北伐，這樣必定大功告成。」

殷浩看了信後，就回了倆字：「呵呵。」

三五三年，北伐失敗。在桓溫的彈劾下，殷浩被廢為庶人。如果說殷浩是咎由自取，那麼對王羲之來說，幾萬將士的犧牲、懷才不遇的人生，就像一根繩子勒在脖子上，讓他喘不過氣來。

出身貴族、身懷絕技、志存高遠，卻偏偏遇上黑暗的時代，王羲之欲哭無淚。再加上他和揚州刺史王述不和，痛定思痛之後，他做了一個決定：「辭職不幹了。」

既然不能改變世界，那就去適應世界，哪怕眼前山崩地裂，心裡也要歌舞昇平。從此以後，那個官場上的王羲之死了，「書聖」王羲之涅槃重生。

3

在忙忙碌碌的官場生涯中，王羲之留下的傳世作品很少，一方面是他公務繁忙，另一方面是他境界不夠。直到他放棄半生執念後，才感受到了真正的自由。不知不覺中，王羲之的心境變了。

他早年學習衛夫人的書法很是飄逸：「書如插花舞女，低昂美容。又如美女登臺，仙娥弄影，紅蓮映水，碧沼浮霞。」在半生的琢磨、學習中，他又博覽秦漢以來的篆、隸、碑等古字，形成古樸剛硬的另一種風格。現在一柔一剛、一文一武兩種字體風格，在「自由、博大」的心境中合二為一。就像打通了「任、督二脈」一般融會貫通，真正納百家為一爐，成自家之風格——動必中庸。

以「中」為核心，求取楷書與草書的平衡，形成獨創的行書。而「中」也成為他的人生哲學，在理想與現實、人生與山水之間形成平衡，真正活出了自己的人生境界。

王羲之的字太好了，當時的人們就有一個評價：翩若驚鴻，婉若蛟龍，形容其字優美矯捷。其實用這個評價形容他的後半生，也恰如其分。

在王羲之的生命中，他唯一的朋友是書法。孤獨寂寥時，他身邊只有毛筆和紙張陪伴；難過無助時，龍飛鳳舞的漢字帶著他直上雲霄；失意彷徨時，無數的帖子在聽他喃喃自語。

為什麼千年以來，無數人學習王羲之的字，卻從沒有人能達到他的境界？答案就在於，王羲之把書法當作最親密的朋友，他們相互瞭解、相互交融，你中有我，我中有你，最終在自由精神的指引下，成就「人書合一」的最高境界。

4

剛到浙江任會稽內史時，王羲之就看中了這塊風水寶地，打算將來在此終老。所以辭官後，他徹底展現自我真性情，每天遊山玩水、吃喝玩樂。

在諸多動物中，王羲之唯獨喜歡鵝。他聽人說會稽有位老太太養了一隻鵝，鳴叫的聲音特別好聽，彷彿在唱歌一樣。王羲之頓時來了興趣，他帶著親友，不顧山高路遠，跑去聽這位「動物歌星」的曼妙歌聲。

到達地方後，王羲之剛敲開門：「大嬸，能把你家的鵝給我們看看嗎？」老太太一看來人豐神俊朗，就說：「你是王羲之吧？早聽說你們要來，我就把鵝燉了招待你們。你看，就在鍋裡呢。」

王羲之一聽，臉拉得比驢臉都長，二話沒說，掉頭就走了。

沒過多久，他又聽說山陰有位道士養的鵝也不錯，他拿了根拐杖，拔腿就走。這次他誰都沒帶，自己悄悄地去了。到了山陰，王羲之看著白白胖胖的鵝，頓時心滿意足。

王羲之說：「道長，賣我一隻鵝吧？」道士說：「如果你能給我寫一篇《道德經》，我就送給你。」

寫字對王羲之來說是小意思，一張紙哪有可愛的鵝珍貴？他開開心心地寫完了《道德經》，帶著一籠子鵝高高興興地回家了。

王羲之就是這麼任性。

有一年秋天，王羲之看到房子旁邊的橘子成熟了，於是打算給朋友送點。他親自摘了三百個橘子，並寫了一封信：「我這兒有三百個橘子，給你嘗嘗鮮。但還沒有霜降，再多就沒有了啊。」

後來橘子被朋友吃了，信卻保留了下來，這就是現在藏於臺北故宮博物院的《奉橘帖》。

又一年冬天，茫茫山野間下了一天大雪，到傍晚時分大雪才停。王羲之在屋子裡吃著燉肉，喝著小酒，看著屋外銀裝素裹，正愜意得很。突然，他想起一件事，馬上給山陰的老張寫了一封信：「這裡下了一陣雪，還好現在停了，你那裡好嗎？那件事情一直沒能幫上忙，實在不好意思。」

老張有沒有想開不知道，可這封信成了國寶，它就是《快雪時晴帖》，如今也在臺北故宮博物院。乾隆皇帝曾對這幅帖子愛不釋手，評價它是「天下無雙，古今鮮對」。

在勇敢做自己後，王羲之的書法造詣更加爐火純青。沒有任何約束，全憑天馬行空，隨手一寫就是流傳後世的珍品。點、畫、勾、挑都不露鋒芒，結構平穩、勻稱，在優美的姿態中，流露出質樸內斂的意蘊。

其實人活到極致，就是兩個字：捨得。捨去人生中不能改變的人和事，得到的會是陪伴一生的伴侶。在刪繁就簡中培養一兩項癖好，才能有深情、有真氣。

5

三五三年，那一年的王羲之還沒有辭職。他在勸誡殷浩無果後，就知道北伐必然失敗。懷著悲憤的心情，他和謝安、孫綽等名人雅士來到山陰，喝酒賦詩，玩著「曲水流觴」的遊戲。那天，他們四十二人喝了無數的酒，並乘興寫下了三十七首詩。

當夜幕降臨、聚會結束時，他們把三十七首詩編成詩集，請王羲之作序。王羲之仰身而起，望著「群賢畢至，少長咸集」的場面，在「天朗氣清，惠風和暢」的好日子裡，他們「仰觀宇宙之大，俯察品類之盛，所以遊目騁懷，足以極視聽之娛，信可樂也」。

在國勢沉淪、仕途夢斷的時刻，這是他難得的消遣。王羲之很開心，雖然每個人的興趣不同，但無論誰遇到開心的事，就會發自內心地滿足，不覺時間流逝。

> 雖趣舍萬殊，靜躁不同，當其欣於所遇，暫得於己，快然自足，不知老之將至。

今天這麼開心，是因為逃離了城市的喧囂。重歸苟且的生活後，開心的記憶也將成為永久的懷念，這真是太遺憾了。

如果把目光放長遠一點，人生又何嘗不是如此呢？不論富貴還是貧賤，終究是過眼雲煙，一抔黃土掩此生。

> 向之所欣，俯仰之間，已為陳跡，猶不能不以之興懷，況修短隨化，終期於盡。
> 古人云：「死生亦大矣。」豈不痛哉！

世界如此廣大，人生如此無情，人該如何自處呢？放眼宇宙，不管是身邊事，還是蠅營狗苟，每日羈絆於瑣事。

不，生活不應該是這樣的。人在世間幾十年，不應該默默地來、悄悄地走，而應該為後世留下些什麼。當後人看到時也會感同身受，就會知道，他來過。

後之視今，亦猶今之視昔，悲夫！故列敘時人，錄其所述，雖世殊事異，所以興懷，其致一也。後之覽者，亦將有感於斯文。

其實，王羲之盡興而寫的《蘭亭集序》想說的是：每個人都有自己的價值，不要渾渾噩噩地了此一生。捨去不必掛懷的瑣事，養護陪伴一生的癖好，向世界發出深情的問候，對人生抱有「真氣」地活著。每個人都要用自己的方式在世上留下痕跡，可以是高尚的道德，可以是內心的友善，可以是傳世的文字。它不在於你權力的大小、財富的多寡，只要你願意，你就可以向世界表達你的存在。

有一種氣質叫嵇康與《廣陵散》

1

在中國歷史上，「竹林七賢」是三國時期玄學的代表人物。阮籍、嵇康、山濤、劉伶、阮咸、向秀、王戎，七個好朋友經常在竹林裡喝酒、唱歌、寫文章。高興了，還要仰天長嘯。

如果你以為他們是吃飽撐的，不務正業，那就大錯特錯了。當時司馬氏已經大權在握，時刻準備著改朝換代。時局不清明，社會又處在向士族政治過渡的時間節點上，有才華的文人也不好過。他們話不能亂說，文章不能亂寫，官也不能亂做，甚至連一腔熱血都不能亂灑。

七個人沒事就到竹林中聚會，只有在遠離城市喧囂的山野之中，他們才能說說真心話。

在中國歷史上，「竹林七賢」代表的是文人的自由意志。面對世事無常的局面，有人選擇逃避，有人選擇妥協，而他們的精神領袖——嵇康則選擇堅守。

千年以來，當世道不公時，嵇康就會成為有志者的精神寄託；當人生成為悲劇時，嵇康也是我們心中的光明憧憬。

人生漫漫，我們都在世事蹉跎中變成了自己最討厭的人，唯有嵇康抱著本真的個性笑對世事，做著他少年時最想成為的那個人。

2

在講究門第出身的魏晉年間，嵇康出身的門第並不算高。他的父親嵇昭，是治書侍御史，哥哥嵇喜雖然做到揚州刺史，但在嵇康出道時，他依然默默無聞。

這樣的家庭出身，與潁川荀氏、河東裴氏、太原王氏相比，可謂雲泥之別。所以，當曹操的兒子──曹林提出：「叔夜，你來做我的女婿吧。」嵇康根本沒有任何拒絕的理由。做了曹操的孫女婿，就相當於邁進了權貴的圈子，以後就是自己人了。

雖然權貴的圈子願意吸納有才華的人，但當你深入那個圈子時才會發現，維持關係鏈的，只有血脈，人人只認親戚。

看著二十五歲的嵇康，曹林很滿意。看著給自己挑開蓋頭的丈夫，長樂亭主也很滿意。

嵇康「身長七尺八寸，風姿特秀」，「巖巖若孤松之獨立，其醉也，傀俄若玉山之將崩」。一米九的大高個子，肯定是美男子，站在那裡彷佛青松挺立。

外表帥、氣質佳也就算了，嵇康的才華也出眾，年紀輕輕就成為專家、教授級的學術大咖。二十四歲時，他就寫出指導營養學、醫學行業規範的《養生論》，剛一發表就成為魏國養生愛好者的枕邊書。嵇康也自動升級為中老年人之友。

他隨身攜帶著一把琴，閒來無事時就在樹下輕輕地撫、慢慢地哼。良好的音樂素養又為他吸粉無數，以至於嵇康每次彈琴唱歌，都會被圍得水泄不通。

嵇康還會寫詩。在送哥哥參軍時，他寫了一首送別詩《贈秀才入軍》，其中有幾句我特別喜歡，你們感受一下：

良馬既閑，麗服有暉。
左攬繁弱，右接忘歸。
風馳電逝，躡景追飛。
凌厲中原，顧盼生姿。

寫《從前慢》的木心先生最推崇嵇康的詩：「嵇康的詩，幾乎可以說是中國唯一陽剛的詩，不同於李白、蘇軾的豪放是做出來的架子，嵇康的這種陽剛是內在的、天生的。」尤其是「凌厲中原，顧盼生姿」這兩句，簡直美極了。

3

在「高平陵之變」中，原本的計畫是士族與親貴達成妥協，共同執掌朝政。可當政變結束後，司馬懿仔細一琢磨：「不對啊，我不能背這個黑鍋。」那麼等待司馬懿的便只有登頂一條路。只有像曹家那樣坐上皇位，才沒有後顧之憂，於是，被承諾活命的曹爽死了。何晏、夏侯氏等親貴死的死，散的散，剩下的，只有不合作的士族和文人了。

嵇康在迎娶長樂亭主後，就趕上了這樣的時代。作為曹家的女婿，他是潛在的威脅；作為有才的文人，他又是拉攏對象。

在生活中面對複雜的工作環境，有再多的不情願和看不慣，我們也只能告訴自己：「習慣就好。」即便心有不滿，也只能默默幹好手中的事，下班後喝杯小酒，安撫一下不甘的內心，然後繼續迎接明天的苟且。

然而嵇康活得很「真」。他看不慣司馬氏的作為，於是就領了一個「中散大夫」的閒職，按月領工資卻不去上班。我就是不喜歡你，我就是不喜歡朝廷的氣氛，所以我寧願辜負一身才華，也不願明珠蒙塵，你能奈我何？

他把家裡的院子改造成打鐵的作坊，每天「叮叮咣啷」地打造農具，做好一套就送給周圍有需要的人。人家把錢送來，他死活不要。不過，如果人家拿來美酒和燒雞，嵇康就樂了。他還會搬個小板凳和人家喝酒聊天，閒扯生活八卦。

身處困境，嵇康活得那麼純粹，那麼真切。

4

雖然只領工資，不求進步，嵇康依然是那個時代的國民偶像。司馬昭掌權後，特別希望嵇康能積極出來工作，來做他司馬氏這朵紅花旁邊的大綠葉。

當「竹林七賢」之一的山濤離職時，為了幫嵇康謀一條出路，他主動推薦嵇康接替自己的職位。司馬昭很期待嵇康，可他等來的是《與山巨源絕交書》。

> 吾新失母兄之歡，意常淒切。女年十三，男年八歲，未及成人，況復多病。顧此悢悢，如何可言！今但願守陋巷，教養子孫，時與親舊敘離闊，陳說平生，濁酒一杯，彈琴一曲，志願畢矣。

表面上看是與山濤絕交、拒絕推薦，實際上是拒絕司馬昭的拉攏，不選邊站、不參與，固守清白。

後來，滅蜀的鍾會也是嵇康的粉絲，為了接近偶像，他曾帶著自己寫的書《四本論》去求指點。嵇康看不上鍾會，就沒搭理他——作為曹魏開國功臣鍾繇的兒子，你居然投靠司馬氏當「魏奸」，還有臉到我家裡來?!

過了幾年，鍾會升官發財後又來了。嵇康繼續埋頭打鐵，依然沒有搭理他。過了一會兒，嵇康斜眼看他：「何所聞而來？何所見而去？」鍾會說：「聞所聞而來，見所見而去。」說完，大袖一甩，一臉鐵青地離開了。一顆熾熱的紅心獻給嵇康，卻被他嫌棄，鍾會既難過又悲憤，這個仇也就此結下了。

5

嵇康有個朋友叫呂安，兩人關係十分要好。他們經常在一起談論詩文、飲酒彈琴，喝醉了就在外面睡，第二天再回家。偏偏呂安的老婆徐姑娘十分漂亮，成天獨守空房，這就引來無數「蒼蠅」在她身邊嗡嗡叫。

二六三年的一天，呂安又跟嵇康出去玩。他的哥哥呂巽本著「肥水不流外人田」的想法，就下藥把徐姑娘給迷奸了。第二天呂安回家以後，知道了這個事，當場就氣炸了，轉頭就要去衙門告狀。

這事一旦傳揚出去，呂家的名聲就毀了。在「九品中正」的體制下，除了出身以外，沒有好名聲就等於沒有了一切，官丟了，財產也保不住，子孫的出路都會被封死。

於是嵇康就勸呂安：「為了大局著想，要不就私下解決吧。」畢竟關係重大，呂安冷靜下來後答應私下解決。這時，呂巽害怕了，他怕半夜睡覺時會被弟弟抹了脖子，於是就惡人先告狀，跑去衙門誣告呂安不孝。

司馬氏掌權後，鑑於自己沒有忠於曹魏，所以也不敢提「忠」，只敢言「孝。」現在呂安居然敢不孝，如果不嚴肅處理，那這張僅有的「招牌」也保不住了。於是，呂安就被抓了起來。

事情的來龍去脈，嵇康是十分清楚的。犯罪的惡人逍遙法外，被冤枉的人卻進了監獄，這叫什麼事？他挺身而出，為呂安作證，卻被鍾會抓住機會。他對當年的羞辱念念不忘，這次就趁機對司馬昭說：「嵇康是條臥龍，不除掉遲早是禍害。」

司馬昭也記著仇呢，一拍大腿：「正合我意。」於是在洛陽的監獄裡，又多了一名含冤的人。

當嵇康以「謀反」罪名入獄的消息傳出後，天下沸騰。他的高潔品行是有目共睹的，這麼多年來他不理世事，只顧著打鐵，如今卻被告謀反，你司馬昭騙誰呢？

三千太學生拉起隊伍就上街遊行，要求朝廷赦免「國民偶像」嵇康；洛陽的讀書人也到衙門前請願，請求與嵇康一起坐牢；外地的士子也騎馬坐車趕往洛陽，紛紛要求釋放嵇康。

這樣的場面，嚇壞了司馬昭。他知道嵇康的影響力大，沒想到有這麼大。影響力這麼大的嵇康，還不願意合作，如果有一天他真想謀反了該怎麼辦？再加上鍾會在旁邊煽風點火，司馬昭的嘴裡便輕飄飄地吐出一句：「那就殺了吧。」

二六三年，洛陽晴空萬里。嵇康和呂安盤腿坐在刑場上，等待最後時刻的到來。他抬頭看看太陽，離行刑的時間還早，於是提了最後一個請求：「時間還早，不如讓我撫琴一曲吧。」在得到監斬官同意後，他平常用的那把琴被送到刑場。一曲《廣陵散》在他修長的雙手中彈奏出來，金戈鐵馬的氣息瞬間瀰漫整個刑場，讓圍觀的人打了一個冷戰。

中國古典音樂以溫和的曲調為主，《廣陵散》是少有的以殺伐為主旋律的音樂。它以「刺韓」、「衝冠」、「發怒」為主線，將戰國大俠聶政為報知遇之恩，孤身入陽翟刺殺權臣於庭前的壯烈表現得淋漓盡致。

嵇康在刑場彈奏《廣陵散》，就是在對司馬昭說：「你殺了我又能怎樣？正義是殺不盡的。將來我青史留名，而你將遺臭萬年。」

刀起頭落，《廣陵散》絕。一種知識份子的精氣神，也隨著那一刀，消散在歷史中。從此以後的「司馬天下」，只有唯唯諾諾的大臣、鮮衣美服的風流、貴族門富的奢豪，卻再無堅守正義的勇士和甘於平淡的節操。

嵇康堅守一份信仰，守護一份承諾，尋找一份光明，對抗一份黑暗，對生活不將就，最終活成了自己想要的樣子。此生必然無悔。

每個人的心中，都藏著一個陶淵明

1

四〇五年，東晉王朝有兩個人做出了不同的人生選擇。

劉裕在徹底平定了「桓玄之亂」後，又收復淮北十二郡，被封為「豫章郡公」，食邑萬戶，從此，成為東晉王朝最大的權臣。最終，他也逐漸走上「挾天子以令諸侯」的道路，在十五年後廢帝自立，開創宋朝。

另一個人則是彭澤縣令陶淵明，他再一次辭職回家了。

當時的東晉吏治腐敗、經濟崩潰，門閥士族吃香喝辣，升斗小民每天都在為糊口而奔波，大家都認為這是掌權的司馬道子父子造成的。

六年前，江州刺史桓玄起兵「清君側」，面對「為國建功」的機會，陶淵明的小宇宙爆發了：「桓將軍，我來助你一臂之力。」

可歷史證明，凡是「清君側」，往往是要把皇帝拉下馬。在感受到桓玄想要稱帝的野心後，陶淵明立刻辭去工作，轉身就投奔了討伐桓玄的劉裕，成為劉裕麾下的一名參軍。

等到桓玄失敗、劉裕大勝時，陶淵明才發現：「天下烏鴉一般黑，劉裕也想稱帝。」他再一次掛印辭官，去投奔建威將軍劉敬宣，並在劉敬宣手下擔任參軍一職。

可他沒想到，劉敬宣在風雲激蕩的亂世中，竟然沒有半點擔當，於是他辭官了。這一次，陶淵明徹底失望了。

當他孑然一身回到家中時，面臨的是家徒四壁的窘境。家人吃飯要米糧，孩子上學要學費，自己還愛喝點酒，在現實的壓力下，陶淵明在叔叔陶夔的勸說下再次出仕，擔任彭澤縣令。

三個月後，督郵來檢查公務。這位督郵凶狠貪暴，每到一地都「吃拿卡要」，貪汙收賄。縣吏提醒陶淵明：「我們要穿正裝、備好禮，恭恭敬敬地迎接。」陶淵明一聽就怒了：「我連桓玄、劉裕都不願伺候，還能伺候這等卑鄙無恥之人？豈能為五斗米折腰，拳拳事鄉里小人？」

既然不能達濟天下，那就獨善其身吧。陶淵明決定與這個黑暗的世道劃清界限，於是揮筆寫了一封流傳千古的辭職信——《歸去來兮辭》。

> 歸去來兮，田園將蕪胡不歸？既自以心為形役，奚惆悵而獨悲？悟已往之不諫，知來者之可追……
>
> 富貴非吾願，帝鄉不可期。懷良辰以孤往，或植杖而耘耔。登東皋以舒嘯，臨清流而賦詩。聊乘化以歸盡，樂夫天命復奚疑。

田園都快荒蕪了，還是回去吧，那裡才是我該去的地方。心靈早已成為身體的奴隸，讓我不得自由，還有什麼值得留戀的呢？

我根本不羨慕富貴，也不羨慕神仙，只有人間的清閒生活，才是我所期盼的。要麼趁良辰吉日去踏青遊玩，要麼在田裡種點蔬菜，要麼就登山狂嘯，伴隨著潺潺流水聲填詩做賦。如果人生能夠這樣過，還有什麼可猶豫的呢？

陶淵明離開喧囂的名利場，回歸到原始質樸的鄉村田園。

2

回到農村老家後，他開闢了一塊宅基地，用茅草、土坯蓋了幾間簡陋的屋子。後院栽幾株榆樹和柳樹，前院種滿了桃樹和李樹，吃飯時就坐在樹下，與黃狗為伴；晨起時就在院子裡活動筋骨；果子熟了，順手摘下就能吃。

簡潔的庭院沒有喧囂紛擾，寧靜的內心沒有功名利祿。

方宅十餘畝，草屋八九間。
榆柳蔭後簷，桃李羅堂前。
曖曖遠人村，依依墟里煙。
狗吠深巷中，雞鳴桑樹顛。
戶庭無塵雜，虛室有餘閒。
久在樊籠裡，復得返自然。

陶淵明如此詩意，那他怎麼生活？

每天早晨，他就扛起鋤頭走向農田深處。他在南山下種了點豆子，結果沒好好打理，野草長得比豆苗都多。陶淵明「吭哧吭哧」地鋤草、翻土，到晚上才能披星戴月地回到家裡。但是辛苦一點又算得了什麼呢！人活著，開心最重要。

種豆南山下，草盛豆苗稀。

晨興理荒穢，帶月荷鋤歸。
道狹草木長，夕露沾我衣。
衣沾不足惜，但使願無違。

東晉出了陶淵明這朵奇葩，引得很多人前來圍觀。一名基層軍官來拜訪陶淵明，正好趕上他在釀酒。當時的酒糟剛好煮熟，需要用布過濾一下，陶淵明隨手就解下頭巾用來過濾酒糟，用完之後又戴到頭上去，結果弄得頭上全是酒糟沫子。但他根本無所謂，轉身就接待了軍官，兩人端著新釀的酒痛飲三大碗。

陶淵明的朋友顏延之要去南京上班了，臨行前來他的隱居地告別。二人借著痛飲的機會互訴衷腸。就在送別時，陶淵明為顏延之寫了一首送別詩。顏延之大概作詩水準不太行，所以他想用舞劍來回贈陶淵明，可一摸腰間：「出門竟然忘記帶劍了。」陶淵明就隨手從樹上折了一截樹枝：「你就用這個代替吧，反正都是直的。」就這樣，顏延之以樹枝代替劍，舞得風生水起。陶淵明則在樹下撫琴，彷彿「高山流水」的故事重新上演。

江州刺史王弘特別欣賞陶淵明，於是向他發出邀請：「我們做朋友吧。」陶淵明好不容易逃出官場，怎麼可能再結交高官顯貴？於是回絕了。

在被陶淵明拒絕之後，王弘就成了陶淵明的瘋狂「粉絲」。有一天，陶淵明準備去廬山遊玩，王弘請陶淵明的朋友在半山腰備好酒菜，等他爬到半山腰時，看到朋友在那裡喝酒，立刻跑過去蹭吃蹭喝。就在這時，王弘假裝剛好路過，也趁機來到酒席前。陶淵明心知肚明，但他把表面功夫做得十足，三人在那裡舉杯暢飲，直到日落山頭才盡興而歸。

為什麼陶淵明辭官歸隱，還被大家羨慕不已？因為陶淵明用他的率性、灑脫，活成了所有人最想成為的樣子：不為金錢名利而活，只為取悅自己。

3

早年的陶淵明並沒有這麼「任性」，他和大部分人一樣，也曾對功名利祿十分渴望，希望能夠用自己的才華，去實現濟世安民的政治抱負。

憶我少壯時，無樂自欣豫。
猛志逸四海，騫翮思遠翥。
荏苒歲月頹，此心稍已去。
值歡無復娛，每每多憂慮。
氣力漸衰損，轉覺日不如。
壑舟無須臾，引我不得住。
前塗當幾許，未知止泊處。
古人惜寸陰，念此使人懼。

再如：

少時壯且厲，撫劍獨行遊。
誰言行遊近？張掖至幽州。
飢食首陽薇，渴飲易水流。
不見相知人，惟見古時丘。

路邊兩高墳，伯牙與莊周。
此士難再得，吾行欲何求！

陶淵明少年時就立下大志向：此生定要建功立業，橫行天下。他像所有年輕人一樣，滿懷欣喜地擁抱世界。可現實的打擊，一次次地折磨著陶淵明。

二十九歲時，他成為江州祭酒。在這個年紀就成為高級幹部，可謂前途無量。不幸的是，江州刺史名叫王凝之。此人沒有繼承其父王羲之的半分神韻，甚至沒有妻子謝道韞的文學才華，他能得到江州刺史這個重要的職位，只因為他是琅琊王氏的子弟。王凝之迷信五斗米道，成天拋下公務不管，跑去求神祭祀，以至於把堂堂公務大廳辦成水陸道場。

作為副手的陶淵明只好每天幫他處理工作：上級來視察，王刺史在求神，陶淵明去接待；群眾來陳情，王刺史在念經，陶淵明去挨罵；同事來請示工作，王刺史在打坐，陶淵明去協調。

如果只是工作上的事也就罷了，可偏偏陶淵明與琅琊王氏是仇人啊。當初他的曾祖父陶侃憑藉實力和機遇，從縣級公務員一路升遷為江州刺史，卻因王敦要擴充家族勢力，就被排擠到當時還是蠻荒之地的廣州。不過，後來王敦叛亂，陶侃被任命為征西大將軍、荊州刺史，成為平定王敦叛亂的大功臣。

祖傳的仇恨和現實的困境，讓陶淵明終於決定不伺候王刺史了。兩個月後，他辭職回家。

此後，陶淵明就在理想與現實之間來回搖擺。

五年後，桓玄起兵「清君側」，他為了報國理想而積極參與。當理想遭到褻瀆時，他同樣可以轉身投奔劉裕，討伐桓玄。當劉裕彰顯野心時，他絲毫沒有留戀功名，轉身就走。只要身段軟一點，就能留在縣太爺的位置上繼續作威作福，可他還是選擇離開，從此與山林為伴。

為什麼陶淵明受後世如此推崇？因為他只遵從自己內心的感受，活出了真正的自我。當世人紛紛成為名利的奴隸時，陶淵明不留戀、不爭搶，只留下一個瀟灑的背影，讓世人心生嚮往。

4

陶淵明的境界，我們都是身不能至、心嚮往之。在中學國文課上，我們學習過陶淵明的《飲酒》：

結廬在人境，而無車馬喧。
問君何能爾？心遠地自偏。
采菊東籬下，悠然見南山。
山氣日夕佳，飛鳥相與還。
此中有真意，欲辨已忘言。

當時我十分不以為然：「男子漢大丈夫，怎能不砥礪奮進，而去過自己悠閒的小日子呢？」可當我走出校園、步入社會後，面對社會中的潛規則、職場上的人情、公司裡的鉤心鬥角，無數次對自己說：「算了，別幹了，大不了回家種田。」

可當早晨醒來，看著節節攀升的房價、寥寥可數的存款、沒有還完的債、還未到賬的薪水，還有嗷嗷待哺的孩子、滿面疲憊的妻子，我真的沒有一絲勇氣把辭職報告交上去。這時，我才明白成年人的世界，不是誰都有資格說「放棄」二字的。

這才是生活本身。放棄疲憊的生活，離開艱難的職場，大部分人是想過的。可我們終究不是陶淵明，做不到一言不合就離開。為什麼陶淵明被懷念至今？因為他敢於放棄眼前的苟且，奔向詩和遠方的田野。

5

王國維評價陶淵明說：「三代以下之詩人，無過於屈子、淵明、子美、子瞻者[62]。此四子，若無文學之天才，其人格亦自足千古。」

四二〇年，劉裕篡位稱帝，建立宋朝。面對改朝換代的局勢，陶淵明做出了自己的選擇：改名為陶潛，發誓永不出仕，並寫下著名的《桃花源記》：

> 林盡水源，便得一山，山有小口，彷彿若有光。便舍船，從口入。初極狹，纔通人。復行數十步，豁然開朗。土地平曠，屋舍儼然，有良田美池桑竹之屬。阡陌交通，雞犬相聞。其中往來種作，男女衣著，悉如外人。黃髮垂髫，並怡然自樂……

正如學者費勇所說：「陶淵明所表達的意思是，你們去鬧吧，折騰吧，我就在這裡喝著酒，看著你們得勢又失勢。而我在自己的人生莽原上開疆拓土，桑麻日以長，我土日以廣，不亦樂乎！」

陶淵明建造了一座與世隔絕的桃花源，任何人都不可能找到那裡，因為它只存在於自己的心中。

> 既出，得其船，便扶向路，處處志之。及郡下，詣太守，說如此。太守即遣人隨其往，尋向所志，遂迷，不復得路……

62 這四人分別是屈原、陶淵明、杜甫和蘇軾。

人生不如意事十之八九，想要逃，可世間哪有真正的桃花源？只有在心中開闢一方天地，建造一個無人打擾的世界，在那裡安放我們的情懷、信仰和理想。

在夜深人靜時，獨自一人輕輕地來到這裡，拿起潔淨的手帕，擦拭著那盞名叫「初心」的明燈，讓它永遠綻放出璀璨的光芒。若如此，我們每個人都是陶淵明。

蘇軾：忘記年齡後，我的人生開掛了

1

一〇七五年，一個春日的早晨，天還沒有透亮，蘇軾就翻身而起，穿衣、洗臉、梳頭一氣呵成。三十九歲的他，身體沒有半點疲憊。

半個時辰後，密州衙門，一群「保溫杯中泡枸杞」的官吏，熱烈討論著大宋帝國的局勢。他們唾沫橫飛、手舞足蹈的樣子，像極了「鍵盤俠」[63]。

有人說：「聽說司馬光在編歷史書，進展很大。」

有人說：「去年王安石被罷免宰相職務，今年二月又被召回去了，看來變法要繼續了。」說罷，小心翼翼地看一眼蘇軾。

有人說：「西北的王韶才厲害，他在熙河打敗羌人開邊千里，真是大宋男兒的楷模啊。」

蘇軾激動地喝了一口茶，眼中閃過莫名的神采。突然，有人打斷了討論：「都別閒聊了。密州連著幾個月都雨雪未降，田裡的麥子都快旱死了，想想辦法吧。」不下雨，小麥就長不大，老百姓就沒飯吃，這可是天大的事。眾人都轉頭看向蘇軾，意思是有事找領導。

63 網路詞語，指部分在現實生活中膽小怕事，而在網上占據道德高點發表「個人正義感」和「個人評論」的人群。

2

一年前，旱情肆虐著整個大宋帝國。百姓家家無餘糧，米缸比臉都乾淨。而官府公差依舊在催青苗法的本息，百姓一夜之間跌入地獄。強有力者吃糠咽菜，老弱無依者只能以草木為食。

那時的中原大地，舉家逃荒者不絕於道。朝廷官員鄭俠繪製《流民圖》呈送神宗皇帝，請求罷除新法：「如果您聽我的，十天不下雨，我自願赴死。」神宗皇帝無奈，便將青苗法、保甲法等一同罷除。三天後，東京大雨，王安石被罷相。

一年後，大旱再次席捲密州，蘇軾到底該怎麼做才能挽救百姓的生計？經過大家討論，終於從老祖宗的智慧中發現一條妙計：到常山上向老天爺求雨。

幾天後，蘇軾穿著乾淨的布衣、布鞋，從衙門徒步二十公里來到常山，擺好豬頭和水果，然後點燃三炷香，虔誠地向上天祈雨。說來也奇怪，不久之後，大雨傾盆，蘇軾也分不清究竟是天心，還是民意。

3

那年十月，蘇軾去常山還願。華北早已入秋，白霜滿地，猶如天賜銀毯。蘇軾帶領一些官員在前方跋涉，百姓在後方追隨，浩浩蕩蕩，黃土漫天。

從杭州北上已經一整年了，他從來沒有這麼開心過。四年前，蘇軾請求出京，到地方上踏踏實實地做點實事。如今求雨成功、百姓豐衣足食了，他的成就感豈是寫幾篇文章能比的？

還願結束後，蘇軾一行人進行了一場狩獵，收獲了很多獵物。當天晚上，蘇軾就把政府官員、圍獵士兵、群眾都召集起來，搞了個篝火晚會。火光搖曳，人們爭相向蘇軾敬酒，清脆的碰杯聲不絕於耳。

美酒漲紅了臉龐，猜拳聲不絕於耳。

主席臺上，蘇軾腳步不穩，高聲喊道：「此時、此地、此刻，都聽我的命令！我需要一百名壯士到臺上來。」

其他人都不知道蘇大人到底要幹什麼，但十分鐘後，所有人都閉上了嘴。

主席臺上，由一百名壯士組成的「合唱團」發出了低沉的嘶吼，然後逐漸昂揚，最終變成直上雲霄的怒喝。歌詞是蘇軾剛剛寫好的《江城子．密州出獵》：

老夫聊發少年狂，左牽黃，右擎蒼。錦帽貂裘，千騎卷平岡。為報傾城隨太守，親射虎，看孫郎。
酒酣胸膽尚開張，鬢微霜，又何妨？持節雲中，何日遣馮唐？會挽雕弓如滿月，西北望，射天狼。

如果你還不能理解的話，請想像一下《黃河大合唱》的場景：「風在吼，馬在叫，黃河在咆哮，黃河在咆哮……」

幾天後，蘇軾寫信給朋友說：「數日前獵於郊外，所獲頗多。作得一闋，令東州壯士抵掌頓足而歌之，吹笛擊鼓以為節，頗壯觀也。」

4

《江城子．密州出獵》是蘇軾寫的第一首豪放詞，因為不同於柳永的風格，他沾沾自喜了很久。

其中有幾個典故。「為報傾城隨太守，親射虎，看孫郎」，說的是江東英主孫權。孫權喜歡打獵，還特別勇猛，他經常和猛獸正面硬拚，就算老虎撲到馬鞍上了，他都能用手戟刺死。「射虎孫郎」的功夫，恐怕不亞於「打虎武松」。

在詞中，蘇軾自比少年英雄孫權，意思是：「我還是個年輕的小夥子，渾身有用不完的力氣，來日方長呢。」

「持節雲中，何日遣馮唐」，說的是漢文帝的典故。雲中太守魏尚的能力很強，匈奴人十分怕他。可他因為在給朝廷的報告中寫錯了幾個字，就被罷官。大臣馮唐覺得魏尚實在太冤枉了，於是向漢文帝求情。後來，漢文帝就派馮唐代表朝廷，去雲中赦免魏尚，官復原職。

對了，馮唐曾經在王勃的《滕王閣序》中出現過，就是「馮唐易老，李廣難封」中的那個老頭子。

蘇軾身在密州，也在時刻盼望著朝廷派一個「馮唐」來，早日撤掉對他的處分，然後能輕裝上陣，參與大宋帝國的建設。

至於「西北望，射天狼」，則是在向王韶致敬。宋神宗時期，王韶率軍擊潰羌人、西夏的軍隊，設置熙州，主導熙河之役，收復熙河、洮、岷、宕、亹五州，拓邊兩千餘里，對西夏形成包圍之勢。

5

林語堂在《蘇東坡傳》中說：「他是個不可救藥的樂天派。」身處密州，蘇軾依然像少年一般永遠充滿希望，永遠熱淚盈眶。

對蘇軾來說，只要困難沒把他壓垮，只要還有一口氣在，他就能拿起傢伙，跟生活鬥到底。就算屢戰屢敗，也要屢敗屢戰。

正所謂：「生死看淡，不服就幹。」

「造反者」文天祥

1

一二五六年春，臨安街頭有點躁動。那天是科舉公布成績的日子。就像今天查高考分數時的忐忑一樣，宋朝學子們捂著「怦怦」跳的胸口，焦躁不安地向皇榜走去，絲毫沒有注意到手心早已滲出汗水。

二十一歲的文天祥也站在皇榜下。他伸長脖子，渴望在榜單中找到自己的名字。一行一行地看下去，直到看見「文天祥」三個字，他才長歎一口氣，中了。

中了進士，隨後就是在集英殿對策。這些都是該走的流程，只是為了區分名次，不會再有落榜的危險。文天祥當真了，難得有面見皇上的機會，此時不表現，更待何時？

當時的皇帝是已經在位三十年的宋理宗趙昀。趙昀晚年沉湎於醉生夢死的荒淫生活中，朝政相繼落入丁大全、賈似道等奸相之手，國勢急衰。

文天祥來到臨安就聽說了皇帝的事蹟。他有點不能忍，於是在集英殿對策時就提筆開罵：「陛下，您要做一個高尚的人啊！這麼多年都熬過來了，再忍忍啊。」他連草稿都不打，一口氣寫了將近萬字。他說得忠貞懇切，據說把趙昀感動得直抹眼淚。或許是因為文天祥的真情和文采，被罵得狗血淋頭的皇帝竟然把他選為狀元。

自隋朝開創科舉至一九〇五年被廢除，一千三百年間出現了無數的狀元，而最不可思議的，當屬文天祥了。

2

《宋史》中對文天祥有兩句很特殊的記載。第一句是：「體貌豐偉，美皙如玉，秀眉而長目，顧盼煒然。」就是說文天祥身高體長，皮膚白皙，一雙細長的丹鳳眼鑲嵌在美貌的臉上，顧盼生姿。文天祥不僅長得帥氣，還是才氣側漏的狀元郎，無論在哪個時代都是國民「男神」。

第二句是：「天祥性豪華，平生自奉甚厚，聲伎滿前。」文天祥的家庭條件不錯，在他考中狀元後，父親不幸去世，給他留下了大筆遺產。三年後，二十四歲的文天祥被任命為海寧軍節度判官，開始走上仕途，也開啟了他的浪蕩生涯。豐厚的遺產再加上宋朝的高工資，不難想像文天祥過著什麼樣的生活。

五星級酒店的豪華大餐吃起來，三十年的女兒紅喝起來，滿座的同僚朋友嗨起來，還有請來的歌姬唱起來……宋朝官員典型的奢靡生活，他一過就是十七年。

這時的文天祥也不過是個普通人，他寫的文章別人也能寫，他過的生活別人也能過，他和其他的進士、狀元沒什麼區別。

可當歲月靜好的生活一旦被打破，有的人就此崩潰，而有的人卻能涅槃重生。

3

南宋的暖風熏得遊人醉，南宋人早把杭州做汴梁。他們忘記了曾經受過的苦難，也忘記了祖先曾經蒙受過的恥辱，只要自己過得好，哪管死後洪水滔天。可高原上的蒙古人不一樣，他們的目標是星辰大海。

一二〇六年，鐵木真在斡難河畔登基，被眾人奉上尊號成吉思汗。這時的成吉思汗已經成就輝煌，他一點不比以往的草原領袖遜色。大蒙古國也繼承了匈奴、突厥的疆域，一統廣袤的草原。

被成吉思汗改造過的大蒙古國，潛力顯然不是那些前輩可以比擬的。蒙古鐵騎四面出擊，一座座城池在馬蹄聲中陷落，一寸寸土地在蒙古人的呼喊中被占據。男人屠殺、女人為奴、工匠留用，遼、金、西夏、花剌子模、波斯等國逐一滅亡。西至裡海，東至大興安嶺，北達西伯利亞，南抵黃河，都成了蒙古人的牧場。

一二七三年，襄陽城破。沒有郭靖和黃蓉守護襄陽，也沒有楊過燒毀二十萬大軍的糧草，更沒有郭襄十六歲的煙花，只有國破家亡的淒慘和悲涼，南宋也即將走到生命的盡頭。

4

一二七五年，蒙古軍攻破安慶，刀鋒直指建康，南宋王朝危在旦夕。而這時，文天祥「造反」了，他反的當然不是大宋王朝，而是自己。

國家危亡在旦夕之間，文天祥想想以前的奢靡生活，感覺就像是在犯罪。他把良田、豪宅、香車統統變賣，連同家中的存款和現金，全部作為勤王的軍費。「痛自貶損，盡以家貲為軍費。」不久後，他帶著一萬多人的烏合之眾，東進勤王。

從江西出發前，他的朋友前來勸阻：「你去了有什麼用啊？還是明哲保身吧。」文天祥不願苟且偷生：「國家養育臣民將近三百年，可到了關鍵時刻，卻沒有一個人站出來。我這麼做不是為了自己，而是希望做一個表率，希望忠義之士能夠挺直腰桿，保家衛國。」

文天祥不知道蒙古人的強大嗎？他不怕死嗎？不，他當然知道，但他更不願意違背自己的內心，在自責、悔恨中苟且偷生。

這是文天祥的第一次「造反」。他放棄了過往的舒適生活，與奢靡、放蕩徹底決裂。他放下了手中的筆和酒杯，拿起殺人的劍，穿起生銹的鐵甲，迎著蒙古人的鐵騎走向戰場。

四十歲的文天祥開啟了新的人生，走上了一條悲壯卻也光輝的道路。

5

相比文官領兵的范仲淹、虞允文而言，文天祥的軍事能力相對較弱。他帶兵來到臨安後就上書皇帝：「大宋為什麼軍事上屢戰屢敗呢？就是因為地方政府沒權力，全由朝廷說了算。不如把天下分為四大軍區，全部交給司令員統領，由前方負責戰爭。朝廷只要任命人員就行，其他的事別管了。」

平心而論，文天祥的提案基本不可行。自古以來的勝仗，都是靠朝廷整合資源，集中力量辦大事。權力下放的結果只能是軍閥割據，投降的速度只會更快。

在蒙古鐵騎如泰山壓頂般南下時，文天祥最終沒能力挽狂瀾。整整三年時間，他帶著殘兵一路迎戰一路敗退，蘇州、臨安、溫州、江西……最終在廣東汕頭潮陽縣被元軍千戶王惟義俘虜。

一二七八年十一月，文天祥被押解至元軍張弘範的大營中。手臂粗的牛油燈閃爍，張弘範露出得意的笑容。他抿著嘴看著早已貴為丞相的文天祥，說：「你給張世傑寫封信，讓他投降吧。」文天祥說：「好，我寫。」文天祥給張世傑的信中只有一首《過零丁洋》。他不是勸降，而是在勸他不要降。

辛苦遭逢起一經，干戈寥落四周星。
山河破碎風飄絮，身世浮沉雨打萍。
惶恐灘頭說惶恐，零丁洋裡歎零丁。

人生自古誰無死，留取丹心照汗青。

國勢飄零如雨打浮萍，我輩不能挽救社稷和百姓，能做的只有不愧對祖先。

6

這首《過零丁洋》並沒有到達張世傑的手中，而是被張弘範截留了。他看著墨蹟未乾的字跡，不禁對這個亡國丞相生出敬意。隨後，一份報告送到忽必烈手中：「這是一名義士，不能殺。」

做領導的都喜歡忠臣，最好是對自己盡忠。如果是敵人的忠臣，也要表揚，意思是讓自己手下的人好好學著點。

文天祥躲過一死，被一輛囚車押往北京。一二七九年四月，文天祥邁出了北上的第一步。囚車從廣東出發，一路經過韶關、贛州、吉安，再過鄱陽湖、南京、徐州，最終到達元朝的首都北京。杏花春雨江南的碧綠色，逐漸變成乾燥的枯黃。

文天祥第二次「造反」了。他放棄抗爭，尋求精神不朽。既然反抗已經失敗，那就只能接受現實。在渡過長江後，他就知道事情再也沒有挽回的餘地，於是在北上的路上，他不斷尋找精神上的知音。沿途經過的每一個地方，都是先輩曾經奮戰過的熱土。那些忠誠的靈魂，都給文天祥帶來別樣的溫暖。這種「同是天涯淪落人」的感覺，讓他有了「吾道不孤」的欣慰。

徐州的燕子樓，是唐朝張愔為愛妾關盼盼所建。張愔去世後，美貌的關盼盼遭到無數人覬覦。唐朝的妾是可以相互贈送的，更何況在丈夫死後改嫁，正常得很。但面對踏破門檻的提親者，關盼盼都拒絕了，她要為張愔守節，最終十五年未再嫁人。

四百年後，文天祥在北上途中登上燕子樓。他想起獨居並終老於此的關盼盼，一個女子尚且可以為丈夫守節，何況自己是亡國的士大夫。於是，他寫下一首《燕子樓》自勉：

因何張家妾，名與山川存。
自古皆有死，忠義長不沒。
但傳美人心，不說美人色。

當囚車來到山東德州時，他想到了顏真卿。這裡曾經叫作平原郡，「安史之亂」前，顏真卿被貶到此地。當安祿山的大軍橫掃河北時，州郡紛紛開城投降，只有顏真卿的平原郡做了「釘子戶」，死死地扎在那裡。就連他的堂兄顏杲卿都被叛軍殺死，只找回一隻胳膊。

二十年後，顏真卿最終還是被安史餘孽殺害。文天祥想起顏氏兄弟的節義，又寫下一首詩來自勉：

亂臣賊子歸何處，茫茫煙草中原土。
公死於今六百年，忠精赫赫雷行天。

此時的文天祥明白了一個道理：眼前的成敗榮辱，在歷史中不過是滄海一粟，百年後，判定成敗的不是權勢、金錢，而是精神。

這個世界終究不負正能量。

7

在北京，文天祥是願意活下去的。元朝皇帝忽必烈正在大力求才，尤其是南宋的文人學士。聽說文天祥是南宋的第一等人才後，忽必烈就勸他留在北京，還幫他買房子、上戶口。

文天祥說：「如果讓我以道士的身分做顧問，可以，官就不做了。」這本來是一個很好的建議，一個有命，一個有名，可極力反對的恰恰是南宋的投降派。

如果讓文天祥這樣的反抗者都活著，那他們舉國投降的人又算什麼？漢奸就不要臉的嗎？於是南宋宰相留夢炎上書說：「如果文天祥回到南方，再次號召民間起義，那可怎麼辦？」

文人玩起文字遊戲，最是歹毒。這樣一來，事情就很簡單了。文天祥要想活，就得投降；如果不做元朝的官，就得死。

文天祥最終第三次「造反」。他不再苟且偷生，決意從一而終，向死而生。一二八二年十二月，忽必烈問他：「你還有什麼想說的？」文天祥說：「忠臣不事二主，但求一死。」第二天，文天祥被斬於菜市口。元朝人卻說：「宋之亡，不在崖山之崩，而在燕市之戮。」

8

近幾年有個很流行的概念，叫「走出舒適區」。其目的在於，鼓勵大家不要沉溺在舒適感當中，而是要尋找艱難的路，在一次次的難題破解中磨煉自己，最終才能成就美好人生。

文天祥不就是這樣嗎？他在舒適區中生活到四十歲，當時代大潮來襲時，他卻好像換了一個人，首先放棄精美的生活，然後尋求精神的不朽，最終放棄求生的希望。

文天祥不斷對過去的自己「造反」，剔除生命的雜質，只留下最璀璨的一部分，那才是人之所以為人的內核——正氣。

我們不能成為文天祥，但也要做到問心無愧。就像文天祥被殺後留在衣帶中的遺言：

孔曰成仁，孟曰取義，惟其義盡，所以仁至。

讀聖賢書，所學何事？而今而後，庶幾無愧。

徐文長：半生困頓，一世鏗鏘

1

有一個人，歷史上對他的評價頗多。鄭板橋說：「我是他家門下狗。」近代山水畫家黃賓虹說：「他三百年無人能及。」齊白石說：「恨不能早生三百年，為他研磨理紙，哪怕他看不上我，我餓死在門口也不走。」這些人對他可謂是愛得深沉。

然而他的一生是：一生坎坷，二兄早亡，三次婚姻，四處幫閒，五車學富，六親皆散，七年牢獄，八試不中，九番自殺，十堪嗟歎！

這個人就是大明朝的徐渭，著名的文學家、書畫家、戲曲家、軍事家。

一五二一年，徐渭生於浙江紹興府。他一生最大的愛好就是給自己取名字：徐文清、田水月、漱老人、青藤道人……當然，最有名的，還是徐文長。

少年時的徐渭絕對符合「成名要趁早」的標準。徐渭與所有大藝術家一樣，小時候也是個神童。什麼「讀書過目不忘」、「舉一反三」之類的話，都可以用在他的身上。

> 六歲受《大學》，日誦千餘言。
>
> 書一授數百字，不再目，立誦師聽。

指掌之間，萬言可就。

十歲的時候，他讀了揚雄的《解嘲》，覺得不過如此，於是就想惡搞一下。他與揚雄針鋒相對地寫了一篇《釋悔》。雖然原文我們不得而知，但可以想見，十歲的孩子嘲弄一千五百年前的揚雄，能夠引起多大的轟動。

徐渭從小就與眾不同，因為他太出色了，人們根本不把他當作一個小孩子，而是把他與歷代的那些文人名士放在一起談論，比如楊修、曹植、劉晏等。徐渭交的朋友個個都是當代的才子名士，與沈鍊、陳海樵等人，被稱作「越中十子」[64]。但同為「越中十子」之一的沈鍊不敢與他並列，說「關起城門來，只有徐渭一個」。

如此出色的才華，自然會被邀請出席各種宴會，以示主人的風雅。

有一次，徐渭出席一個酒宴，主人有意考驗一下這位才子，就指著一個小東西請徐渭作賦，暗中卻指使僕人奉上丈餘長的紙卷。徐渭到底是徐渭，站起身來喝了一杯酒，拿起筆就開始寫，沒一會兒工夫就把丈餘長的紙卷寫得滿滿當當。眾人驚歎！

2

有一些連環畫之類的書中經常會出現徐渭的身影：不是智鬥地主，就是智懲貪官。傳說雖然動聽，但大部分都是假的，真正的徐渭根本沒有能力幹這些事情。因為在他出生一百天時，他的父親就去世了。

64 指明朝嘉靖年間，徐渭、沈鍊、蕭勉、陳鶴（陳海樵）、楊珂、朱公節、錢楩、柳文、諸大綬和呂光升十人。

按說老么應該更招人疼愛吧，但不湊巧的是，他的親生母親只是正室苗夫人的陪嫁丫頭，在家中根本沒有任何地位。

在他的父親去世後，苗夫人就把他的親生母親趕出家門，自己撫養徐渭，且對他極好。在他十四歲那年，苗夫人也去世了，最後，徐渭只好跟著比他大三十七歲的哥哥一起生活。

這個從小就是「別人家孩子」的徐渭，其實內心是很脆弱的。寄人籬下、缺少關愛，使他特別渴望能夠出人頭地，因此開始了他的漫漫成功路。

徐渭二十歲就考上了秀才，這是一個不錯的開始。他精神抖擻，準備一鼓作氣考舉人、中進士，最終當大官，光宗耀祖。但現實是殘酷的，小時候有多麼輝煌，長大就有多麼悲哀。

他一次又一次地參加鄉試，結果一次又一次地失敗，直到四十一歲，他依然還是個秀才。考試考不中，家裡的大哥也不想要他，這可怎麼辦呢？幸虧他有才華傍身。隔壁的潘地主想讓他做贅婿。在萬惡的封建社會，入贅的女婿可不像現在這樣，給房給車，只要你對女孩好就行。那時候的贅婿地位很低，一家人吃飯，你得坐到角落去；早上起床了，你還得倒尿盆。總之，就是大戶人家怎麼對丫頭，岳父家就怎麼對贅婿。

人在屋簷下，不得不低頭，徐渭為了吃飯，只得去做贅婿。有時候，人們總是想著應該這樣，應該那樣，但真的事到臨頭了，其實並沒有那麼多的選擇，有時候只有一條路可以走，並且只能一路走到黑。無奈莫過於此。

3

人要是倒楣了，真是喝口涼水也塞牙。好不容易吃上了軟飯，還沒吃幾年呢，妻子潘氏就因肺病去世。這樣一來，老丈人潘地主對他恨之入骨，怨他沒有照顧好自己的寶貝女兒，把他攆出了潘家。

這時，徐大哥因沉迷煉丹而去世，徐二哥也早已病死貴州，家業敗落，被豪紳無賴給霸占了。徐渭真的是家破人亡、走投無路。他依仗讀書的本事，開設了「一枝堂」，招收學童，掙點教書錢。

照道理說，神童考試，逢考必過。可到了徐渭這裡，似乎不太靈驗，因為他的心思根本不在「四書」、「五經」上，而是致力於經世致用之學，書法、詩詞、繪畫，甚至兵法他都懂。

一五五〇年秋，蒙古首領俺答汗率軍在北京一帶擄掠，嘉靖皇帝被困北京城，首輔嚴嵩卻毫無退敵辦法。徐渭在老家聽說後義憤填膺，揮筆寫下了《今日歌》、《二馬詩》，痛斥嚴嵩誤國。

徐渭雖然一直沒有考中功名，但他的才華是有目共睹的。因為經常指畫山河、談論天下軍政，所以得到了閩浙總督胡宗憲的關注。胡宗憲想把這個才子請入自己的幕府當師爺，於是派人去請徐渭來。誰知道徐渭一點面子都不給，說：「從哪裡來，回哪裡去。誰叫你來，你叫他來。」

這個下屬回去哆哆嗦嗦地回復了胡宗憲，沒想到胡宗憲並沒有發火，而是平靜地說：「我去找他。」這次徐渭沒有再推辭，乖乖地去當了胡宗憲的師爺。雖然徐渭沒有功名，也沒有錢財，但是人窮志不窮，你來請我，就得有請我的規矩，這叫講究。

4

胡宗憲是什麼人？抗倭寇名將俞大猷是武功高手，據說年輕時去過少林寺，為的是求取少林寺的武功祕笈，結果去了一看，傳說中的高手全是廢物，自己一個人挑了整個少林寺，後來參軍又成了悍將。這麼一個厲害角色，在文官胡宗憲面前都小心翼翼，連頭都不敢抬，兩腿還要發抖。

據說胡宗憲相貌非凡，更有種逼人的氣勢，不怒自威。此時手握閩浙兩省軍政大權，正是如日中天的時候。胡總督來請徐渭出山，是為了抗倭大業。

自從來到胡宗憲的總督府，徐渭絲毫沒有幹大事的覺悟，成天穿著破衣爛衫到處晃，沒事就在街上跟一幫人喝酒。總督府有事找他商議，可找不到他人，只好開著大門等他到半夜。

喝完酒回到總督府，進入議事廳，胡宗憲和一干軍政大員正在議事，他繞著會議室走了一圈，在所有人的注視下大搖大擺地走了出去，留下一幫人傻眼了。在總督大人面前竟然敢這樣？莫不是個神經病吧？

事實證明，徐渭絕不辜負胡大總督的盛情。在過了開始的磨合期後，徐渭對胡宗憲說了八個字：先定大局，謀而後動。

照著這八個字的總方針，胡宗憲制定了詳細的作戰方案，取得抗倭的巨大勝利。除了做軍師，他還當起了總督府的祕書長，凡是胡宗憲的公文往來，全部交由徐渭來操辦。

一五五八年，舟山捕獲白鹿，這可是上天降下的祥瑞。徐渭代替胡宗憲寫了《進白鹿表》，與白鹿一起送入京城。嘉靖帝高興壞了，覺得自己離成仙又進了一步，給了胡宗憲大大的褒揚。

趁此機會，徐渭一鼓作氣寫了《再進白鹿表》、《再進白鹿賜一品俸謝表》，以此鞏固了自己在胡宗憲心中的地位，也鞏固了胡宗憲在朝廷的地位。

君子之交淡如水，你看得起我，我就誓死報答你。

5

事實上，徐渭沒能等到報答胡宗憲的那一天。因為嚴嵩倒臺了，作為下屬的胡宗憲也跟著倒了楣。眼看著好友和恩人慘死獄中，他卻什麼忙都幫不上，更擔憂自己也被迫害，這位「東南第一軍師」崩潰了，為胡宗憲，也為自己。

好不容易有點起色的人生，再也看不到半點希望。嚴重的精神壓抑，讓他陷入自殺的情緒中。他先是用斧子砍自己的頭，「以利斧擊首，血流被面，頭骨皆折」。接著拔下牆上三寸長的鐵釘，插入耳朵好幾寸，血流如迸，醫治數月才好。最後用錐子擊碎了自己的腎囊，但結果還是沒死。

因為懷疑續弦的妻子張氏不貞，他手起刀落殺了自己的老婆。殺人可是犯法的，徐渭被抓進了大牢。在牢獄中，徐渭披戴著枷鎖，身上長滿了蝨子，冬天床頭積起了厚厚的雪，連朋友送來的食物也被人搶走。

一五七三年，坐了七年牢的徐渭借著萬曆登基、大赦天下的時機終於出來了。經歷了幾十年的風雨滄桑，他已經沒有任何人生理想和政治雄心。

徐渭已經死了，但青藤先生浴火重生。

6

五十三歲的徐渭，真正地拋開了仕途，前半輩子為了稻粱謀，後半輩子想為自己而活。

少年便是神童，中年上表得皇帝稱讚，經過幾十年的磨煉，輝煌、跌落、死過、活著，徐渭的才情早已爐火純青。人生的無望、夢想的破碎、接連的打擊，他已經一無所有，能夠陪伴他的，只有走過的路和讀過的書。

出獄後，徐渭先後遊覽了杭州、南京、富春江一帶，並結識了許多的書畫圈朋友。五年後，宣大總督吳兌邀他北上，他欣然前往，並擔任了吳兌的文書一職。出任這個職務完全是出於幫朋友的忙，所以有事他就做，沒事就四處玩。

後來，經戚繼光介紹，他繞過居庸關，到遼東拜訪李成梁。他把自己一生的兵法心得，結合在東南抗倭的實際案例，全部教給了李成梁天資聰穎的長子李如松。多年後，李如松在朝鮮大破日本，延續了東南抗倭的勝利與榮耀。

各位大哥都想把徐渭留在身邊。李成梁說：「留在遼東吧。」吳兌說：「留在宣大吧。」戚繼光說：「留在我這兒吧，咱們幹大事。」徐渭說：「罷了，歸去吧。我不得志，我窮困，我潦倒，但我知道我是個男人，伺候人一次就夠了，要不然就真以為自己的膝蓋直不起來了。」

窮可以，但是得講究。

7

徐渭曾向人說：「吾書第一，詩第二，文第三，畫第四。」就是他認為自己最不成才的一項技能，也讓後世幾百年的大師們望塵莫及。

從寒冷的北國返回溫潤的江南，他的身邊只有年輕時的朋友和追隨他的門生。因為一生不治產業，錢財隨手散盡，此時的他只得靠賣字畫度日，但手頭稍微寬裕後他就不肯再作畫。

這些拿去賣的畫作中，有很多傳世珍品，如《墨葡萄圖》，不僅用墨的濃淡顯示了葉的質感，而且題詩的字體結構與行距的不規則，猶如葡萄藤蔓一樣在空中自由延伸，書與畫融為一體；如《梅花蕉葉圖》，將梅花與芭蕉放在一起，並題詩：「芭蕉伴梅花，此是王維畫。」梅花在北方雪地，芭蕉在炎熱的南國，二者在這裡相遇，如陰陽相交、日月凌空，構成了一種禪機。正如張岱所言：「今見青藤諸畫，離奇超脫，蒼勁中姿媚躍出。」

他的書法也特別有性格。

如果說董其昌破壞了墨法，那麼徐渭就是破壞了筆法。自身孤傲的性格、隨性的思維，讓他的書法大開大合、酣暢淋漓，這在晚明以「臺閣體」為主的寂寞書壇引起了軒然大波，文人名士紛紛驚歎：「字還能這樣寫?!」

陶望齡說：「稱為奇絕，謂有明一人。」袁宏道則稱：「先生誠八法之散聖，字林之俠客矣。」大家紛紛來請教學習。他很驕傲：「非特字也，世間諸有為事，凡臨摹直寄興耳，銖而較，寸而合，豈真我面目哉？臨摹《蘭亭》本者多矣……亦取諸其意氣而已矣。」

不單單是字，世間的所有事情，都不必刻意模仿別人，那樣就不是真正的我。只要明白其中的道理，再結合我的風格做的人、寫的字，才是真正的我。

8

晚年閒居的日子，徐渭絲毫沒有「東南第一軍師」的風采。他披頭散髮、破衣爛衫，住在幾間破房子裡。他自己還寫了一副對聯：「幾間東倒西歪屋，一個南腔北調人。」

有人慕名來訪，站在破門外恭敬地等候，他張口就哄人走：「徐渭不在。」

他的書畫作品也被晚輩、門生或騙或搶，全部拿走，家中所藏的數千卷書籍也變賣殆盡。即便這樣，他還是經常吃不上飯。在這樣的困境下，他仍然創作了雜劇《四聲猿》。其中，《狂鼓史漁陽三弄》有感於嚴嵩殺沈鍊而創作，具有狂傲的反抗精神；《女狀元辭凰得鳳》、《雌木蘭替父從軍》都是寫女扮男裝建功立業。

這部雜劇高華俊爽，湯顯祖讀後大為驚歎：「《四聲猿》乃詞壇飛將，輒為之演唱數通，安得生致文長，自拔其舌。」

9

一五九三年，徐渭貧病交加，最終在自己那幾間破屋中離開了人世。他死前，身邊唯有一隻大黃狗與之相伴，身下是雜亂無章的稻草，床上連一床席子都沒有。

徐渭這一生，可謂是極其失敗。他為自己寫了一首詩：

半生落魄已成翁，獨立書齋嘯晚風。
筆底明珠無處賣，閒抛閒擲野藤中。

徐渭這一生，又可謂極其成功。少年求學，文采飛揚；中年歷事，坐斷東南；晚年潦倒，名滿天下；死而不朽，橫亙古今。

在他不得志時，他沒有放棄自我，仍然在讀書論事；他在胡宗憲身邊時，沒有任何貪汙、墮落之行為，堅守君子之交；當他窮困潦倒時，面對李成梁、戚繼光、吳兌的招攬，能夠堅守自己的內心，不為名利所折腰。

如此足矣。

王國維：中國文化最後的堅守者

1

一九二四年秋，清華大學正在籌辦國學研究院。校長曹雲祥希望聘請胡適進入國學院，擔任其中一位導師。但胡適拒絕了：「非第一等學者，不配做研究院的導師，我實在不敢當。你最好去請梁任公、王靜安、章太炎三位大師，方能把研究院辦好。」

梁任公就是攪動「戊戌變法」的梁啟超，章太炎更是大名鼎鼎的國學大師，王靜安就是最神祕的王國維。

當時王國維正擔任清朝遜帝溥儀的「南書房行走」，如果接受了清華大學的邀請，就不再方便跟清室頻繁往來。正在進退兩難之際，好友蔣汝藻在信中勸慰他：「清華每月有四百大洋，有屋可居，有書可讀，又無須上課，為吾兄計，似宜不可失此機會。」

但這不是最重要的，真正打動王國維的是後面的幾句話：「從此脫離鬼蜮，垂入清平，為天地間多留數篇文字，即吾人應盡之義務。」

「脫離鬼蜮，垂入清平」正是王國維最盼望的事：「為天地間多留數篇文字」也是他最大的心願。就這樣，王國維進入清華大學國學研究院，和梁啟超、陳寅恪、趙元任並稱為「清華四大導師」。

這所研究院有多厲害？存在的四年中，畢業生僅七十餘人，其品質之高，有五十餘人成為中國文學界的著名學者，王國維也因此桃李滿天下。令人詫異的是，號稱「國學大師」的王國維，年輕時崇尚的卻是西方「新學」。這是怎麼回事呢？

2

一八七七年，王國維生於浙江海寧縣。從小「體質羸弱」的王國維，人生道路早已被父親王乃譽規劃好：讀經書、考科舉、點翰林、做高官，這也是傳統士大夫走過千年的老路。

要想在科舉中金榜題名，就要讀「四書」、「五經」。可王國維從小就不喜歡這類書，他就這麼馬馬虎虎地讀了幾年，竟然在十五歲那年考中秀才，成為「海寧四才子」之一。

一八九二年，他前往杭州繼續參加考試，此時的他再也沒有了好運氣，結果不出意外地名落孫山。當世界為他關閉一扇窗戶時，也很貼心地為他打開了一扇門。他在杭州第一次知道「四書」、「五經」之外還有更寬廣的天地。後來，他在《三十自序》中回憶：「十六歲見友人讀《漢書》而悅之，乃以幼時所儲蓄之錢，購前四史於杭州，是為平生讀書之始。」

他的父親也是開明的家長，沒有阻攔王國維讀這些課外書。王國維選書的理由也很簡單：能夠救國救民的書就必須讀。而要救國救民，當時只有學習西方的文化知識。從此，他開始憑藉自己的興趣，走上了一條望斷天涯的登天路。

3

既然背離了「四書」、「五經」，也就直接導致他在科舉中再無寸功，金榜題名的榮耀也與他徹底無緣。一八九八年，王國維來到上海謀生，在《時務報》報館做些抄寫校對的工作。清貧的生活沒有讓他忘記來上海的目標——「讀書救國」。在短短幾年的時間裡，他勤奮刻苦地學習了德文、英文、日文，並且通讀了康德、叔本華、尼采等哲學家的著作，成為最精通西方哲學的中國人之一。

如果按照這條路走下去，王國維很可能會像胡適一樣，成為西裝革履、吃麵包、喝牛奶的「全盤西化」人士。羅振玉的出現，卻造就了「中西合璧」的王國維。

在《時務報》報館工作時，王國維每天午後會去隔壁的東文學社學習三個小時。有一次，他在學習之餘順手在扇面上題了一首詩，其中有句是這麼寫的：「千秋壯觀君知否？黑海東頭望大秦。」如此大氣雄渾的詩句，瞬間讓東文學社的老闆羅振玉大感驚異，於是，他決定資助這個年輕的學子，讓他好好學習，沒有後顧之憂。

羅振玉不僅資助王國維東渡日本留學，還讓他在自己主辦的《教育世界》上發表了大量的學術性文章。就在一顆學術明星冉冉升起時，羅振玉卻又給了他當頭一棒。

當時的王國維沉溺在尼采的唯意志論中不可自拔，羅振玉就勸他：「尼采諸家學說，賤仁義、薄謙遜、非節制，欲創新文化以代舊文化，則流弊滋多。」王國維的反應是：「聞而懼之。」

西方的學問發軔於西方的土壤，依據的也是西方的傳統習俗，如果照搬到中國的大地上，可能會水土不服。而一個國家失去了自己的傳統文化，那麼就成為顧炎武口中的「亡天下」。

在那個烽火連天的年代，縈繞在讀書人心中的一種情結就是——國已將亡，天下不可再亡。

明白了這層道理，王國維大徹大悟。從此以後，他在研讀西方經典的同時，更是花費大量的心思去研究諸子百家和宋明理學。西學與中學的融會貫通，彷彿讓王國維打通了任督二脈，從此一發不可收拾。

一九〇三年，王國維發表《哲學辯惑》；一九〇四年，他撰寫了《紅樓夢評論》；一九〇八年，他寫下了《人間詞話》。

辛亥革命以後，他和羅振玉東渡日本，暫時避開國內的紛爭，只求能夠靜心做學問。王國維的學術功底經過十幾年的積累，終於在日本爆發出巨大的能量：第一部關於戲曲的著作《宋元戲曲考》發表；將中國歷史向前推進一千年的《殷墟書契考釋》發表；最早研究敦煌漢簡的《流沙墜簡考釋》發表。

北宋張載說：「為天地立心，為生民立命；為往聖繼絕學，為萬世開太平。」王國維知道自己沒有文韜武略，沒有用兵奇謀，能做的只有「為往聖繼絕學」。他清楚了自己該如何報國，於是就在這條道路上一路狂奔。

在禮樂崩壞的清末至民國年間，所有人都向「美麗自由」的西方世界看齊，只有王國維在人群中逆行而上，證明中國的學問一樣精彩。

4

在民國初期，最洶湧的群眾運動就是剪辮子，畢竟要走向現代化，就要與過去決裂。可王國維的腦後仍然拖著那根小辮子，終生都沒有剪掉。

夫人問他：「大家都剪掉了，你怎麼還留著？」王國維說：「都到這個時候了，我還剪它幹什麼？」在那個年代，大家都剪了辮子、換上了西服，爭先恐後地表達自己的進步；王國維卻還穿著長袍馬褂，紮著小辮子。行走在大街上的他，看上去那麼顯眼。

王國維認為，三百年前，中國人已經歷過一次剃髮易服，但文脈好歹還是傳承了下來，如今面臨三千年未有之大變局，若沒有一兩個護道者，恐怕連皮帶囊都要被換了。到那時，中國還是堯舜禹湯的中國嗎？中國人還是炎黃子孫嗎？

人們都以為王國維一輩子都在為清朝守節，其實在他的心裡，皇帝、朝廷、髮服是幾千年來中國的象徵。面對洶湧而來的西方文明，他的堅守像是大海浪濤中的一葉扁舟，孤獨無助卻又堅定前行著。我們可以站在上帝視角去批判他的愚鈍，卻不能否定他付出巨大勇氣的堅守。

5

遍觀王國維的照片，表情都是嚴肅、古板、不苟言笑。

趙元任的妻子楊步偉很直爽，喜歡跟人開玩笑，但只要見到王國維，她就收斂起來，大氣都不敢出。即便在老師們聚餐這種放鬆的場合，楊步偉都不敢跟王國維坐在一桌，因為那種不怒自威的氣場，讓所有人都在他面前保持由衷的克制。

事實上，王國維不僅面目嚴肅，生活中也無趣得很。他能寫出《宋元戲曲考》，卻沒有看過一場戲。他每天都會經過頤和園，卻從沒有進去好好玩一玩。跟學生在一起，如果沒有問題要回答，他就一根又一根地抽菸，兩人相對無言，也不覺得尷尬。

他的孩子王東明回憶說：「父親的一生中，可能沒有『娛樂』這兩個字。」徐中舒卻評價他：「他是有熱烈的內心情感的人。」

王國維在家中書房讀書寫作時，別人一般不敢去打擾他的清淨。但孩子玩耍時還是會不小心闖進他的書房。每當這時，夫人就來到門口，裝作很凶的樣子叫孩子出來。王國維被打擾了清淨，卻沒有絲毫的懊惱，反而擋在孩子前面，跟夫人玩起「老鷹抓小雞」的遊戲。

孩子在他休息時也喜歡纏著他讀詩。王國維就拿著書本一遍一遍地讀，甚至還跟他們玩他不擅長的畫畫。他隨便勾兩筆，胡話張口就來：「這是一艘船，這是個老頭子。」這樣的老頑童，跟那個令人生畏的王先生簡直判若兩人。

6

一九二四年，馮玉祥發動「北京政變」，將溥儀的小朝廷逐出紫禁城。王國維作為溥儀的老師，也在被逐之列。這次事情，他視之為奇恥大辱，一直如鯁在喉。

一九二六年春夏，馮玉祥的西北軍加入國民革命軍，命其部下開進河北。兩年前的悲慘遭遇，再一次浮上王國維的心頭。如果僅僅是這樣，那也不過是再難受一次，可事情遠不止這麼簡單。當年北伐軍攻入長沙，自命清室遺老且留有辮子的學者葉德輝，被軍隊強勢鎮壓。這哪裡是簡單的改朝換代，而是要徹底除舊布新啊。

一九二七年，更是人心惶惶的一年。學生姜亮夫去拜訪王國維。王國維就問他：「有人勸我剪辮子，你怎麼看？」姜亮夫只好說了些寬慰的話，讓老師放寬心，還是順應時事的好。王國維說：「我總不想再受辱，我受不得一點辱。」

一生堅守的中國文化被所有人棄如敝屣。本想著多讀書、多教點學生，可時代要徹底掃清舊文脈存在的土壤。作為一介書生的王國維，在激烈動盪的大時代浪潮中進退失據，面對彷徨前路，他徹底失去了方向。

同樣是禮崩樂壞的時代，孔夫子還能「注六經、修春秋」，王國維卻無力反抗，只能眼不見為淨。

一九二七年六月二日，頤和園昆明湖邊，王國維平靜地抽了一根菸，然後無悲無喜地向前走去，一頭扎進平靜的昆明湖中。後來，眾人在他的口袋中發現了一封遺書：「五十之年，只欠一死。經此事變，義無再辱。」

面對翻天覆地的世界，王國維那瘦弱的肩膀怎能接續老舊中國的脈搏？他能做的只有給時代的斯文和士人的體面找個平靜的歸宿。就像陳寅恪在為他撰寫的紀念碑文中說的：「士之讀書治學，蓋將以脫心志於俗諦之桎梏，真理因得以發揚。思想而不自由，毋寧死耳……先生以一死見其獨立自由之意志，非所論於一人之恩怨、一姓之興亡。嗚呼！樹茲石於講舍，繫哀思而不忘。表哲人之奇節，訴真宰之茫茫。來世不可知者也，先生之著述，或有時而不章。先生之學說，或有時而可商。唯此獨立之精神、自由之思想，歷千萬祀，與天壤而同久，共三光而永光。」

王國維用弱小的身軀點亮一盞微弱的油燈，在時代的大潮中迎風搖曳，卻發出耀眼的光芒。

第六章　情感篇

女性從來不止一面

女子本弱，但遭遇人生危機時，呂雉能爆發出驚天的力量，讓曾經的敵人刮目相看。

讓蘇軾和王弗感情長久的，從來都不是愛情，而是相處得舒服。

李清照能和岳飛、辛棄疾站在同一個舞臺上，絕不是因為前半生的婉約詞，而是一份不輸男兒的志氣。

年少不懂呂太后，讀懂已是傷心人

1

在人們的印象中，呂雉從來都不是正面角色，心狠手辣、殘忍歹毒、不守婦道……這些不好的詞彙統統都可以放在她的身上。可當一個女人褪去裙裾霓裳，穿上男人的鋼鐵鎧甲時，就證明了一件悲傷的事情：她的眼淚早已流乾。

年輕時的呂雉也曾有一顆少女心。她有一個美麗的夢想：一個蓋世英雄，踏著七彩祥雲來到她的面前，溫柔地說一句「跟我走吧」。為了這個夢想，她拒絕了很多求親者，有富二代、官二代、創業者、軍人……這些世人眼中的成功人士，統統沒能進入她的法眼。

直到有一天，父親告訴她：「有個叫劉邦的中年男人，你去看一眼。」呂雉來到後院，看到一個三十多歲的中年男人。他落拓不羈，卻有股豪邁的氣質。劉邦就不用說了，能娶到比他小十五歲的富家女，再挑，就不怕遭雷劈？

他們確認過眼神，知道遇見了對的人。

一套流程走完之後，他們組建了自己的小家庭。年輕的少婦懷著對未來的憧憬，踏踏實實地經營著自己的小日子。

劉邦是基層公務員，所以需要經常出差，於是呂雉就承擔了大部分的家務：伺候公婆，撫養幼兒，甚至連種田都是她親自出馬，但她從來沒叫過苦和累。一雙兒女就放在田邊的簍子裡，她手裡耕著地，眼裡看著孩子，心裡想著丈夫。我彷彿能看到她滿眼的笑意。

這時的呂雉，是幸福的。

劉邦是個色痞，這不是我汙蔑偉大的漢高祖，司馬遷在《史記》中就說他：好酒及色。「酒」暫且不論，單說「色」這項愛好。

劉邦年輕時沒有明媒正娶的老婆，跟村口開小酒館的曹寡婦勾搭成奸。他還不遵守計劃生育政策，一口氣折騰出一個大胖兒子，叫劉肥。

婚前苟且的生活，在婚後也安分了一陣子。

西元前二〇九年，劉邦開始創業，他的人生開始進入上升期，於是，他再也管不住身體裡的荷爾蒙，見一個愛一個，愛一個生一個。劉邦娶了戚夫人、薄夫人等一堆夫人，生了劉如意、劉長、劉恒等一堆兒子。

在萬惡的封建社會，成功男人三妻四妾也算正常，何況劉邦是大漢帝國的開國皇帝。呂雉想了想，還是忍了。

可她畢竟是正室夫人，在法律和道德的雙重保護下，劉邦竟然要把他們共同的家庭財產轉移到戚夫人和劉如意這對母子名下。呂雉的心情有多糟，可想而知。

她很想跟戚夫人鬥個天昏地暗，奈何老公全力維護，實在不好下手。那麼多狐狸精真的是愛劉邦這個糟老頭子？別騙自己了，謊話說多了自己都快感動哭了。如果劉邦還是沛縣的居委會主任，哪個姑娘會倒貼著給他生孩子？她們看中的無非是那份豐厚的家產。

呂雉發現了一條鬥「小三」的正確道路：必須變得更加強大，讓「小三」們無可奈何。

2

要想在這場「家庭內部戰役」中獲得勝利，呂雉必須要有一個重要的大殺器：兒子。如果沒有兒子繼承產業，那拋頭顱、灑熱血打下的江山要留給誰？

幸運的是，劉邦開始創業的前一年，他們就有了正經的嫡子劉盈。在那個年代，私生子劉肥是沒有資格繼承家業的，所以正妻呂雉所生的劉盈在日後是皇位第一繼承人，這是呂雉穩固地位的最重要因素。

兒子年紀雖小，但命運多舛。大漢帝國剛成立，走上人生巔峰的劉邦就不喜歡他了：「不類我。」短短三個字就想廢掉劉盈的太子身分，換上他最喜歡的小兒子劉如意。呂雉慌了：如果劉盈被廢掉，在群狼環伺的後宮，她絕對會被吃得骨頭渣子都不剩。

這時，老戰友張良給她出了個主意：「商山四皓是有名的賢人，如果你能請他們來輔佐太子，那陛下即便想換人，也要掂量掂量分量。」

呂雉放下所有的尊嚴去求「商山四皓」，只為他們能出山保護自己的兒子。此時的呂雉只是一個可憐孩子的母親。

不久後的一次宴會上，劉邦好奇地問：「劉盈，你後邊怎麼站了四個老頭？」聽過劉盈的回答、張良的附和，劉邦終於確認：太子羽翼已豐。從此以後，劉盈的太子地位才真正穩固下來。

婚前的女人，是被人萬般寵愛的天使；婚後的女人，是只能寵愛兩個男人的大媽。老的拈花惹草，小的少不更事，呂雉只能用她柔弱的肩膀，扛起艱難的生活。

3

毫無疑問，劉邦和呂雉還是有感情的。一日夫妻還有百日恩呢，何況他們還是幾十年的老夫老妻。但他們的身分早已不再是當年的百姓，而是掌握帝國命運的皇帝和皇后，其中牽扯了無數人的利益，這也讓純粹的感情變了性質。

無數經驗告訴我們：「只有感情動人、利益誘人的合作關係，才是世界上最牢不可破的關係。」而呂雉完全符合這項要求。在劉邦還在基層混飯吃的時候，呂雉就把家務料理得清清爽爽。他的朋友遍布沛縣，她就做好飯招待；他工作很辛苦，她就努力耕田；他犯事藏匿於大山，她就經常去送衣服。一對貧賤夫妻，硬是把苟且的生活過得有滋有味。

在大漢帝國成立以後，面對遍地的諸侯王，劉邦愁得睡不著覺。呂雉作為正室妻子，理所當然地承擔起自己的責任。你不是害怕韓信造反嗎？我幫你殺了；你在沛縣功臣面前唱紅臉，我就幫你唱白臉；你負責正面形象，我負責替你背黑鍋。不論在生活上還是事業上，呂雉永遠是那個能夠幫劉邦分擔的人。

4

愛情可以拋開生活去談，但婚姻不能，因為婚姻就是生活。戚夫人就一直活在愛情裡。她年輕漂亮，還給劉邦生下活潑可愛的兒子劉如意。劉邦把所有的寵愛都給了她，她也確實遇見了愛情。

他們一起聽音樂、看舞會、喝酒、享樂，像極了大學裡的初戀故事，滿腦子都是美好的幻想，從來不在意生活的複雜。

劉邦已年近六十，在那個年代算高壽，沒幾年就要去見列祖列宗了。他十分想給這段美好的感情畫上一個圓滿的句號，想把畢生奮鬥的成果，全部送給心愛的女人和可愛的兒子。可當他拿著存摺、房產證、股權認購書親手遞給戚夫人和劉如意時，卻發現他們根本接不住。不僅戚夫人接不住，其他的如薄夫人、趙姬、石美人統統接不住。

地位的不同、境界的差距、能力的不足，決定了她們只能談感情，不能走入生活。女人的命運，絕不是一張漂亮臉蛋能夠改變的。如果不能落實到柴米油鹽的生活裡，再好的感情也會被敗光。

這時，呂雉伸出粗糙的雙手，大大方方地接過他們共同的奮鬥果實，說一聲再見，道一句珍重：劉邦，我們來生再會。

5

兒子做了大漢帝國的新皇帝，自己從苦難挫折中掙來至高的地位，呂雉在這場家庭戰爭中贏得了最後的勝利。

考慮到劉盈的年紀只有十六歲，也可以說，大漢帝國這片錦繡江山，從此由呂雉說了算。當初那群圍繞在劉邦身邊的鶯鶯燕燕，此刻全都匍匐在呂雉腳下。如果讓呂雉寫一本《鬥小三培訓教材》的話，估計她只會寫七個大字：打鐵還須自身硬。

當你變得強大了，敵人就弱了；你精神獨立了，依賴就少了；你經濟自主了，底氣就足了；你能力增長了，選擇就多了。

不要怕誰來跟你爭搶，只要你不服輸，全世界都會給你讓路。

諸葛亮和黃月英：顏值是婚姻的最低標準

1

三國時期流傳著這樣一句話：「莫作孔明擇婦，正得阿承醜女。」意思是不要學諸葛亮選擇老婆的辦法，最終只能娶了黃承彥的醜女兒。

諸葛亮和黃月英的婚姻，被當時的人編成段子嘲笑了很多年。群眾的理由很充足。諸葛亮身長八尺，遠遠望去猶如松柏，還讀了一肚子書，才華橫溢，屬於婚戀市場中很吃香的優質對象。另外，荊州牧劉表是他叔叔諸葛玄的故舊，他姊夫是荊襄望族之一的蒯祺，隨便打個招呼就能解決編制問題。有這樣的條件，諸葛亮娶媳婦找個美女並不難，結果他卻娶了一個醜丫頭，你說奇不奇怪？

這就是群眾說風涼話的動機。明明是自己喜歡美女，卻偏偏沒有優越的條件，然後就把自己帶入到諸葛亮的角色中，哀其不幸，怒其不爭。這和古代老漢一樣，以為皇帝每頓飯都吃油潑辣子麵，種地用金鋤頭……真是貧窮限制了想像。

對於諸葛亮來說，一張好看的臉蛋只是加分項，有的話最好，沒有也無所謂，其他條件才是婚姻的基礎，顏值不是婚姻的唯一標準。

2

諸葛亮到底圖什麼？要知道，諸葛亮不是一個馬前潑水[65]的小男人，風花雪月和紅袖添香等風雅之事不在他的考慮範圍之內。他從二十多歲起就刻苦學習政治、經濟、軍事等專業知識，積極和青年才俊交朋友，也非常留心時事。

他對自己的定位是管仲、樂毅。這兩位是春秋、戰國時期的宰相和大將軍，屬於執掌國家大政、改變歷史走向的人物。由此可見，諸葛亮要的是事業。

瞭解諸葛亮的人生目標，有助於分析他的擇偶觀。既然諸葛亮要的是事業，那麼想俘獲他的心，僅靠一張美貌的臉是遠遠不夠的，而是需要一些額外的條件。

黃月英有什麼競爭優勢呢？她的爸爸叫黃承彥，是荊州知名的學者之一，在文化界的排名基本能到前三甲。名流晚宴、慈善拍賣、參政議政等，都少不了黃承彥等名流學者的支持。他雖然沒有財富和權力，但影響力很大。她的媽媽出身於荊襄蔡氏，是荊州勢力最龐大的家族。更關鍵的是，劉表的夫人是蔡氏的親妹妹，大將軍蔡瑁是蔡氏的親哥哥。換句話說，劉表和黃承彥是連襟。

這就是黃月英的競爭優勢，父親是文化界極具影響力的學者，母親是頂級家族的大小姐，舅舅是荊州的大將軍，姨父是荊州一把手。除去自身的聰慧和才華，僅僅看這些外部條件，黃月英也是荊州地區首屈一指的姑娘。

說來說去，難道諸葛亮是攀高枝嗎？當然不是。這就牽扯到婚姻中的核心需求了。有的人玩心大，就喜歡找能一起玩的，讓他找一個實驗室女博士肯定不行，三句話都說不到一起；有的人是吃貨，那麼

65 出自錢鐘書的《圍城》，比喻夫妻離異，無法挽回。

會做飯就是擇偶的核心需求；有的人性格安靜，就不喜歡找愛折騰的人。

諸葛亮的人生追求是事業，他當然要選擇對自己事業有幫助的婚姻，至於美貌、情趣等都得往後排，而黃月英恰恰是他最需要的女人。

諸葛亮娶了黃月英，就可以逐漸把文化界、政界、軍界的人脈和資源過渡到自己手中，做他事業發展的助推器。對於從山東流亡到荊州的諸葛亮來說，當地的資源恰恰是他最缺乏的，就算有經天緯地之才，沒有資源又有什麼用？當地的人脈和資源，才是他的核心需求。

滿足了人生最重要的核心需求，美貌與否重要嗎？如果不能幫諸葛亮的事業進步，就算有一張紅顏禍水的臉，他都嫌你煩。

對於野心不大的男人來說，能娶豪門小姐就已經跨越階層了。以後在老婆娘家的扶持下，安排一個好職位，然後穩步晉升，最後混到主簿、太守的職位退休，人生也是美滿啊。

這就是能力有限不會利用資源的，諸葛亮才不會這麼玩。他沒有滿足於階層躍升的快感，而是把人脈和資源當作槓桿，利用時事變化撬動更大的風雲，然後讓一切為自己服務。

劉表的二公子劉琮娶了蔡夫人的侄女，所以蔡夫人和蔡瑁都不喜歡大公子劉琦，時刻都想扶持劉琮繼位。劉琦跑去向諸葛亮問計，諸葛亮就對他說：「你不如和父親申請做太守，在外邊避避禍吧。」於是，劉琦就去做了江夏太守。

後來，江夏成了劉備的避難所，偶然嗎？再陰暗一點地分析，他把劉琦打發出去，荊州自然就成了蔡氏的江山，而諸葛亮和蔡氏是什麼關係，他和劉備豈不是如魚得水？甚至讓他們兄弟二人禍起蕭牆，劉備是不是就有了火中取栗的機會？一石三鳥，諸葛亮真是太厲害了。

在以後的蜀國人才庫中，荊州人士一直是諸葛亮的嫡系。如果沒有黃月英的關係，諸葛亮憑什麼能籠絡這些精英？所以說，諸葛亮的千秋偉業和劉備的人生轉折，起碼有一部分功勞要記在黃月英的名下。

3

那麼黃月英圖什麼？作為荊州地區家世條件首屈一指的大小姐，她想找什麼樣的男人沒有，為什麼偏偏選中沒有存款、沒有地盤的諸葛亮？

這就要看她到底需要什麼樣的男人。能接受諸葛亮的，並且心甘情願做他的助手，和他一起榮辱與共的，一定是和諸葛亮志同道合的女人。這種女人見慣了巨大的財富、煊赫的權勢、世間人情的冷暖，甚至還有常人見不到的陰暗面，她們的長輩就是參與者，普通男人根本入不了她們的法眼。

普通男人所驕傲的一切，都是她們祖上經歷過的，再不濟也是經常能接觸到的。物質基礎的高度提高了黃月英需求的高度，她不局限於眼前的小圈子，而是抬頭看向星辰大海。黃月英需要的是能帶她看更廣闊世界的男人，或者是一起攜手闖蕩世界的男人。

雖然諸葛亮婚前的人脈資源並不多，也沒有職位和前程，還喜歡吹牛，但是諸葛亮沒有的東西，黃月英都有。而諸葛亮治國安邦的能力，恰恰是黃月英不擅長的。

這樣一來，事情就簡單了。諸葛亮出能力，黃月英出資源，兩人組成小家庭，攜手在亂世闖蕩一輩子，也看了一輩子星辰大海。

豪門貴女那麼多，想做黃月英卻很難。諸葛亮是在用性命博取江山，功成名就只是偶然，身死族滅才是常態。這就需要妻子有一顆強大的心臟，既能和丈夫一起吃苦受累，也能在輝煌時謹小慎微；既要忍受獨守空房的寂寞，也得待人接物滴水不漏。難啊！

4

婚姻中的很多東西都比顏值有價值。除了資源和人脈，黃月英還有一個有趣的靈魂，她能在諸葛亮工作之餘，和他聊聊詩書文學，讓他放鬆疲憊的身心。她很可能還懂一點時事。當諸葛亮工作起來不要命，事無巨細都是一把抓，或許還會為一些拿不准的事情愁眉苦臉時，黃月英可以稍微勸諫一下：「我覺得可以這樣……」

當然，以上內容都是我腦補的，因為黃承彥說他倆「才堪相配」，諸葛亮的才華就不用說了，以此來看，黃月英也不會差到哪裡去。而且諸葛亮的個人道德極好，他跟著劉備轉戰西南，最後出任丞相整整十四年，去世後居然家無餘財，只有十五頃土地和八百株桑樹，關鍵是他沒有納過妾。黃月英也可以說：「我沒有看錯人。」

他們這一輩子生活得很幸福，除了復興漢室江山，人生大規劃都一步步地實現了，回到家中也不缺乏小確幸。他們真是神仙眷侶呀！

獨孤家的皇后們

1

要聊獨孤皇后，就不可不知獨孤信。

出生在北魏末年的獨孤信，天生就是「高富帥」。在亂世中，這是巨大的本錢。那時，北魏被「六鎮起義」搞得焦頭爛額，北方大地的農民起義軍也在搞武裝遊行。他們的目標不同，動機和訴求也不同，於是相互攻伐不休。獨孤信加入了一支農民起義軍，這支軍隊最終被政府軍擊敗、收編，他也重新成為官府的人。

獨孤信特別能戰鬥，也特別講義氣，但真正讓他出人頭地的，是兩次陰錯陽差的出差。

2

五三四年，大將軍賀拔岳在長安被殺，他的哥哥恰好是獨孤信的老領導，於是一項光榮的使命落到了獨孤信的肩上：「我決定派你為代表，去長安撫慰軍心。」

可當獨孤信來到長安時，賀拔岳的軍隊已經選出了新領導，新領導恰恰是他的兒時玩伴——宇文泰。兩人是光屁股長大的朋友，於是，宇文泰委託獨孤信帶信給皇帝，請求得到皇帝的任命。

經過一番波折，獨孤信到了洛陽。但是他發現出事了：皇帝被丞相高歡欺負得受不了，跑去找宇文泰了。於是，獨孤信騎馬去追皇帝，終於在瀘澗追上了。皇帝感動哭了，認為他是護駕的忠臣，於是就帶他一起去找宇文泰。

從此以後，獨孤信的運氣來了。皇帝把他當成自己人，掌握實權的丞相又是鐵哥們，獨孤信從此走上了光輝大道。

若干年後，宇文泰設置了八個柱國大將軍，統領一切事務。無論有什麼事情，他們幾個人一商量，基本就定了。而獨孤信就是其中的一位柱國大將軍。

3

獨孤信不僅仕途好，生孩子的能力也比常人高出一籌。他一共生了七個女兒、七個兒子，其中有三個女兒分別做了北周、隋、唐的皇后。換句話說，以楊廣、李淵領銜的隋唐皇帝、親王、公主等人，都得叫獨孤信一聲外公。

然而，獨孤信女兒的命運都挺苦的。大女兒十幾歲時，獨孤信把她叫到身邊：「閨女啊，爹給你定了一門親事，是宇文泰的大兒子，改天就把事辦了吧。」生在公侯之家，聯姻是她逃不脫的宿命，幸不幸福，願不願意，重要嗎？

幸好，她的丈夫宇文毓很優秀，不到二十歲就到地方做官，勸課農桑、興修水利，政績和風評都很好。如果不出意外的話，他們將平平淡淡地生活下去，為老百姓做點好事，然後經營好自己的小日子。

一切的意外都來自宇文護。宇文泰臨終前因為自己的兒子年幼，強敵在側，人心不安，所以決定把權力移交給侄子宇文護。後來，宇文護治理內外大事，安撫文武百官，人心才逐漸安定下來。

五五七年，宇文護扶持宇文泰第三子——宇文覺登上皇位，建立北周。他自己總攬朝政大權，引起大將軍趙貴、獨孤信等人的不滿，於是宇文護處死了獨孤信。

半年後，宇文護覺得宇文覺不聽話，於是就殺了他，迎立宇文毓為帝。這段時間以來，獨孤大姑娘太慘了，先是父親被處死，然後是丈夫被選中當皇帝，人生的大起大落也不過如此。

獨孤大姑娘受不了刺激，只做了三個月皇后就撒手人寰，沒留下一男半女。三年後，宇文毓被宇文護殺死，時年二十七歲。那麼，獨孤大姑娘去世的時候只會更年輕，也就是剛剛大學畢業的年紀。唉，正是如花一般的年紀！

4

獨孤四姑娘，生前生後都是沒有存在感的人。她的丈夫叫李昞，是「八柱國」之一李虎的兒子，門當戶對的婚姻。但有點可惜，夫妻倆身體都不好，李昞只活了三十七歲，還沒來得及建功立業。

四姑娘也是個藥罐子，如果生活在現代，她就是那種恨不得天天住在醫院的老病號。身體不好就需要人照顧，偏偏四姑娘的脾氣還不好，說好聽點就是不苟言笑、持家嚴謹，說不好聽點就是經常找碴，搞得兒媳婦們都不願意來照顧她。只有李淵的媳婦孝順，為了照顧她的生活起居，經常忙得一個月都不換衣服、不洗澡，這足夠「感動南北朝」了。很可惜，婆媳二人都沒能看到兒孫成功的那一天。

六一八年，李淵登基為帝，開國建唐。他追謚母親獨孤氏為元貞皇后，追謚妻子竇氏為太穆皇后。四姑娘生前淒淒慘慘，死後卻哀榮備至，不知在九泉之下，她是否有一絲欣慰？

5

命運最好的獨孤皇后是七姑娘獨孤伽羅。

五五七年，獨孤伽羅也結婚了，她的丈夫是大將軍楊忠的兒子楊堅。那年，她十四歲，他十七歲。

那天，紅燭搖曳，照映出獨孤伽羅瘦小而堅定的身影。就在楊堅伸手要掀起紅蓋頭之時，她小聲地說：「有兩件事，我希望你能答應。」楊堅說：「夫人，你說。」獨孤伽羅說：「第一，只愛我一人；第二，有事一起扛。」

她希望能參與丈夫的事業，當困難來臨時，他們可以共同面對，而不是做一個不能把握自己命運的看客。這種氣質，就是正室的風範。

得妻如此，夫復何求？楊堅鄭重地許下承諾：「一生一世一雙人。」在此後的一生中，楊堅在大部分情況下都能信守諾言。

在重大時刻，他們又是戰友。

五八〇年，周宣帝去世，留下太后楊麗華帶著八歲的小皇帝，坐在權力鬥爭的火山口。楊麗華是楊堅的女兒，於是，周宣帝的兩位寵臣召楊堅進宮輔政，女兒也在輿論上給予絕對的支持。楊堅一躍成為北方最大的權臣。

走到這一步，楊家已是騎虎難下。甘於權臣的地位，將永遠是別人的眼中釘，皇帝長大後也會除之而後快。二把手永遠是最難做的。宇文護的教訓就在眼前哪。

如果想活命，就要當皇帝。可皇帝要是那麼容易做，那遍地都是皇帝了。這種事一般人幹不成，幹成的一定不是一般人。

不管做權臣還是當皇帝，風險都很大。當楊堅在宮中糾結猶豫時，獨孤伽羅從家裡送來一封信：「大事已然，騎獸之事，必不得下，勉之。」意思是說：「別糾結了，我們已經沒有退路了，只能一條道走下去。」

這樣的奇女子能讓多少男子汗顏，真真是了不起。

第二年，楊堅就稱帝建立大隋，封獨孤伽羅為皇后。當年在屠刀下瑟瑟發抖的小夫妻，如今讓天下人都高攀不起。

6

很多人都說，獨孤伽羅能夠和楊堅並稱「二聖」，並且參與朝政，是因為「悍妒」，可見是個女強人啊。可事實上，那個年代的女人地位確實很高。

「永嘉南渡」以後，游牧民族帶著鐵騎和牛羊南下，也把草原上女人掌家的風俗帶入了中原。《顏氏家訓》中就說：「鄴下風俗專以婦持門戶，爭訟曲直，造請逢迎，車乘填街衢，綺羅盈府寺，代子求官，為夫訴屈。此乃恒代之遺風乎？」

獨孤信、宇文泰都是鮮卑人，他們的家族和朝廷都保持了這種優良傳統。直至唐朝宮廷，皇后的權力都是極大的。唐憲宗為了過得輕鬆點，甚至都不敢立皇后，只求能自由約會。所以獨孤伽羅和楊堅共理朝政，李世民和長孫皇后舉案齊眉，甚至李治都把武則天當作自己的代言人，都是此類傳統的延續。

蘇軾與王弗：讓夫妻感情長久的，不只是愛情

1

一〇五四年，大宋帝國平靜得如一潭死水。此時不會有人注意到，四川眉山湧動著一股春潮。十八歲的蘇軾文采斐然，走路生風，受到當地女子的追捧。

不久後，蘇軾的老師請他到家裡吃飯，語重心長地說：「小蘇啊，我特別欣賞你。我有一個女兒叫王弗，你願意做我的女婿嗎？」

天大的好事啊，蘇軾立刻就同意了。不久後，蘇軾就和王弗結了婚。大紅的蓋頭下，新娘清秀的臉龐露出嬌羞，新郎還沒有標誌性的大鬍子，他們互相凝視著對方。

少年夫妻的婚姻就像初戀一樣甜蜜，不論將來的結局如何，都將在兩人心頭刻下最深的痕跡。

2

眾所周知，能娶到老師女兒的男人都不一般。

婚後第三年，蘇軾就帶著一篇名叫《刑賞忠厚之至論》的文章，敲開了帝國文壇的大門。文壇大家歐陽修看到後，不禁稱讚道：「讀軾書，不覺汗出，快哉！快哉，老夫當避路，放他出一頭地也。」

在歐陽修的提攜下，蘇軾一時名聲大噪。他每有新作，立刻就會傳遍京師。相比蘇軾的熱鬧，王弗

總是很理性。結婚後，她只是照顧公婆、劈柴做飯，把小家庭經營得有聲有色，從來不對別人的事指手畫腳。

有時候蘇軾也在想：「這該不會是個傻姑娘吧？」王弗也不反駁，只不過會在蘇軾背書卡住時，接著背誦下一段罷了；在蘇軾不懂其他書時，出手指導一下而已。後來他才反應過來：「我媳婦兒是個才女啊。」

一〇六一年，蘇軾被任命為鳳翔府判官，他帶著王弗一起去陝西任職。剛收拾好職工宿舍，王弗就拉著丈夫的手說：「相公啊，我們出門在外沒背景、沒親戚，你工作時可要小心點啊。不要亂說話，也不要亂收錢，好不好？」

「娘子，你放心吧，我心裡有數。」蘇軾把胸脯拍得「砰砰」響，可王弗還是不放心。於是，當蘇軾與人談話時，她就躲在屏風後面聽。等客人走後，她再把剛才的談話內容重複一遍，為丈夫分析其中的利弊：「此人對你只會阿諛奉承，是沒節操的小人。」「此人好勇鬥狠，趕緊離他遠遠的。」「此人是拉你下水的，千萬要把持住啊。」

不論對方是軍中武夫還是地方小吏，王弗都能看出他的目的和用意，然後給蘇軾提出合理的建議，女諸葛也不過如此。最才的女，最賢的妻，王弗是也。

3

如果人生分四季的話，蘇軾沒有一絲準備就從陽春三月來到數九寒冬。

一〇六五年，蘇軾被召回朝廷。剛剛辦好任職手續，相伴十一年的王弗就撒手人寰。第二年，父親蘇洵也去世了。他和蘇轍護送兩人的棺槨，回到人生旅程的起點——眉山。曾經的甜言蜜語猶在耳邊，如今卻已是陰陽兩隔。從此以後，再也沒人能給蘇軾出謀劃策，他將獨自面對餘生的顛沛流離。三年守孝期滿後，蘇軾回到開封。當時正值王安石變法拉開大幕，大宋帝國早已不是二十年前的平和世界。

他立刻開炮：「我實名反對變法。」蘇軾有自己的理由：變法的本意是很好的，但是太激進了，容易引起黨爭，況且，老百姓也不一定能享受到變法的好處。

可變法的列車一旦發動，就註定停不下來，因為這輛車的司機是宋神宗和王安石。你蘇軾說停就停，那我們算什麼？皇帝和宰相不要面子的嗎？蘇軾說：「既然我跟你們不是一路人，那我就到外地去吧，盡自己的能力做一點有用的事。」於是，蘇軾再次上路，在杭州、密州、徐州等地做官，只是身邊再也沒有了王弗的身影。

4

一〇七五年，密州，蘇軾加班到深夜才走出衙門，回頭看了一眼，登上馬車回家。

或許是孤獨、寂寞、寒冷的夜，或許是顛沛流離中再沒有懂他的人，那一夜，蘇軾思緒萬千。他做了一個奇怪的夢。夢中，他和弟弟跟隨父親坐上小船，順流而下走出四川，回首看層巒疊嶂，他發誓要混出個人樣來，讓母親和妻子過上好日子。再回頭，父母親、妻子的影子越來越模糊。蘇軾想要抓，卻什麼也抓不住，直到他們的影子漸漸消失……

後來，他「至君堯舜上」的理想也沒能實現。他得罪了皇帝、宰相、大臣。看不到仕途希望的他，只能灰溜溜地離開東京。當初誇獎自己的那些人，如今恨不得在他身上踩上幾腳。人性本就如此，蘇軾也看淡了。他只是希望在困頓時，能有個人說說話，讓自己不那麼孤單。

這時，王弗的身影逐漸清晰。她還是十六歲時的清秀模樣，正在眉山老家的梳妝檯前畫眉、塗唇……

唇紙飄落，她抬頭看向窗外：「相公，好看嗎？」蘇軾想說些什麼，卻感覺喉嚨被卡住，一點兒聲音都發不出來，只有兩行淚滑落在日漸滄桑的臉上。

王弗也看著他，眼角的笑意逐漸散去：「相公，我不在你身邊的日子，你也要照顧好自己，不要讓我擔心，好不好？」「好……」

夢醒，枕濕，月明。蘇軾披衣而起，望著天上的明月，好像能看到千里之外的眉山，那裡有王弗的墳塋，緊鄰他的父母。他想起剛才的夢，鋪開宣紙，寫了一首《江城子》：

十年生死兩茫茫，不思量，自難忘。
千里孤墳，無處話淒涼。
縱使相逢應不識，塵滿面，鬢如霜。
夜來幽夢忽還鄉，小軒窗，正梳妝。
相顧無言，唯有淚千行。
料得年年腸斷處，明月夜，短松崗。

5

蘇軾是一個樂天派，每天酒肉不離手，笑口常開。雖然沒有固定資產和存款，但他依然活得很開心。可內心深處，始終有一個角落，那裡有他最溫馨的日子和最深愛的人。每當難過時，他就到那個角落看一看，和王弗說說話，然後站起來繼續生活。

話說回來，王弗能讓蘇軾念念不忘的，絕不僅僅是因為他們是彼此的初戀，而是在他們十一年的相守中，彼此都是對方不能缺少的人。蘇軾有才學又上進，是小家庭的希望。王弗善解人意，能彌補丈夫的短處。所謂「婚姻合適」和「相處舒服」，不過如此。

巾幗不讓鬚眉的李清照

1

一一〇〇年，宋朝的夏天有點熱。在城外的一棟大別墅中，一群文藝界的老男人在聚會。他們圍坐在一起，粗重的喘息聲顯示出氣氛的緊張。在熱烈的目光中，一張白紙緩緩展開，露出了三個大字——《如夢令》：

昨夜雨疏風驟，濃睡不消殘酒。
試問捲簾人，卻道海棠依舊。
知否？知否？
應是綠肥紅瘦。

所有人都愣住了，詞還能這麼寫？尤其是「綠肥紅瘦」這幾個字，簡直絕了！一個文藝前輩滿臉苦笑：「這樣的詞，我一輩子都寫不出來。」其他人也一臉茫然，頹然地倒在椅子上，思考著人生。

這首詞的作者叫李清照，當時才十七歲，就把一大把文藝前輩「打」翻在地。其實李清照能取得這樣的成績一點兒都不意外。她的父親李格非是蘇軾的學生，母親王氏是狀元王拱辰的孫女。這樣的書香門第，培養出來的女孩子怎麼會差？

其他孩子在玩泥巴、扮家家酒時，她在讀書彈琴；同班同學遇到難題無處請教時，她出門左拐就是狀元郎外公的家。就連她交往的朋友也是腹有詩書的同輩，絕不會是胸無點墨的普羅大眾。她的名字也很有特色，出自王維的詩：「明月松間照，清泉石上流。」合二為一，就是「清照」。良好的家教和卓絕的基因，造就了驚豔絕倫的天才少女。

就在寫出《如夢令》的兩年前，李清照就已經嶄露頭角。那時她十五歲，父親李格非拿著朋友張耒寫的《讀中興頌碑》：「閨女，給你看看什麼叫詩，好好學著點。」李清照拿起來一看，覺得不太對勁：「如果不是唐玄宗荒唐誤國，何用郭子儀中興唐朝？為什麼不追根溯源，尋找原因呢？」她提筆就對張叔叔的大作進行深刻批判：

君不見驚人廢興傳天寶，中興碑上今生草。
不知負國有奸雄，但說成功尊國老。
誰令妃子天上來，虢秦韓國皆天才。
花桑羯鼓玉方響，春風不敢生塵埃。
……
嗚呼，奴輩乃不能道輔國用事張后專，乃能念春薺長安作斤賣。

最後兩句的意思是：你們不能只看到唐朝的中興，而不管宋朝的奢靡啊。一手「借古諷今」的絕活兒深得韓愈、蘇軾的真傳。

2

生活在宋朝的女子，沒有選擇追求者的機會，父母會幫她們辦理好一切。

李清照的父母給她選定的丈夫叫趙明誠。他是李格非的學生，父親趙挺之位居吏部侍郎的高位，可謂門當戶對。對這位父母口中的青年才俊，李清照很是好奇。每當夜深人靜之時，她就會想像未來夫君的模樣。

沒過多久，趙挺之就帶著趙明誠來提親了。「好機會，我倒要看看你長得什麼模樣。」她在院子裡的秋千上晃啊晃，心中惴惴不安。「吱呀」一聲，大門開了，一位目若朗星的才子迎面走來。李清照瞬間有種不一樣的感覺。她捂著發燙的臉頰，跳下秋千就往屋子裡跑。可她的腳步還是慢了下來，好奇、憧憬、慌張……初次悸動的少女心推著她走向院裡的青梅樹，鼻子聞著青梅的香味，眼睛卻不住地看向走過的趙明誠。後來李清照回憶這一刻時，依然是滿滿的春心蕩漾，就像那首《點絳唇》：

蹴罷秋千，起來慵整纖纖手。
露濃花瘦，薄汗輕衣透。
見客入來，襪剗金釵溜。
和羞走，倚門回首，卻把青梅嗅。

最好的婚姻就是：你來了，恰好我也在等你。

3

十八歲的李清照和二十一歲的趙明誠結婚了。從前是兩個人各玩各的，現在是兩個人一起玩。先不考慮生孩子的事，玩夠了再說。事實上，他們一輩子都沒有生孩子。

閒來無事的時候，他們倆就喜歡打麻將。那時候的麻將叫打馬，李清照特別喜好這種遊戲。到底有多喜歡呢？她在晚年時總結經驗，寫了一部《打馬圖經》，其中有這麼一句話：「予性喜博，凡所謂博者皆耽之，晝夜每忘寢食。但平生隨多寡未嘗不進者何？精而已。」

凡是賭博類的遊戲，李清照都玩，而且基本沒怎麼輸過。如果生活在現代，估計她能橫掃澳門和拉斯維加斯，老闆都要哭暈在廁所。

月上枝頭的時候，美酒來一杯。

歷史上，以喝酒成名的男人不少，曹植「樂飲過三爵，緩帶傾庶羞」，李白「呼兒將出換美酒，與爾同銷萬古愁」；但女人以喝酒留名青史的，李清照是獨一份，以至於她留下的詩詞中，有一半都與酒有關。

在她的內心中，喝酒賭博從來都不是男人的專利，女人玩起來也一樣溜，誰說女子不如男？娶了這麼一位才女回家，趙明誠感覺壓力很大。當時他在外地遊學，就收到妻子寄來的一封信：

薄霧濃雲愁永晝，瑞腦消金獸。

佳節又重陽，玉枕紗廚，半夜涼初透。

東籬把酒黃昏後，有暗香盈袖。

莫道不消魂，簾卷西風，人比黃花瘦。

這首詞太好了！為了挽回自己的家庭地位，他決定寫一首更好的。就這麼在屋裡悶頭寫了三天，他終於寫出了五十首《醉花陰》。趙明誠把自己的詞和李清照的信混在一起，請朋友陸德夫幫忙看看。結果，陸德夫鄭重其事地告訴他：「只有這三句不錯，『莫道不消魂，簾卷西風，人比黃花瘦』。」

在朝廷黨爭的打擊下，李格非被罷官。一一〇七年，趙挺之也撒手人寰。偌大的開封城再也沒有趙、李兩家的立足之地，於是，李清照跟隨趙明誠回到青州老家。在「歸來堂」中，他們度過了一生中最快樂的時光，連李清照都「甘老是鄉矣」。

每天吃過飯後，他們就坐在歸來堂烹茶消食。李清照記憶力特別強，凡是讀過的書都能過目不忘。於是在烹茶的間隙，她就會說「某事在某書、某卷」，甚至在第幾頁、第幾行都說得一清二楚，然後就讓趙明誠猜「對還是不對，猜對先喝茶哦」。

李清照如彎鉤般的笑眼充滿狡黠，讓趙明誠如痴如醉。可顯然他的智商不夠，每次輪到他喝茶時，基本都沒什麼滋味了。看著丈夫窘迫的模樣，李清照忍不住大笑，以至於茶杯都翻倒在地。這時，趙明誠就會溫柔地看著她，憨憨一笑。

4

一一二七年，金兵來，開封破，靖康恥。

如果人生分為四季的話，四十四歲的李清照直接從盛夏來到數九寒冬。宋徽宗父子和三千多名嬪妃、官員，被當作豬狗一般押往五國城，太平百年的中原大地再次升起狼煙。那些平時指點江山的士大夫，如今紛紛醜態畢露。束手無策、舉手投降的有之，不顧家國、東奔西跑的有之，為求活命，典妻賣子的有之。

從小以「女中巾幗」自詡的李清照驕傲了半輩子，清高了半輩子，如今看著那些大宋朝男人的醜態，才真正理解了花蕊夫人的那句詩：「十四萬人齊解甲，更無一人是男兒。」

更讓她感到絕望的，是丈夫趙明誠的軟弱。當金兵南下後，趙明誠被任命為江寧知府，統籌這座虎踞龍盤的戰略要地，這可謂是重用。可當李清照帶著十五車文物古籍南下後，看到的卻是趙明誠在叛亂中棄城而逃。男子漢大丈夫，李清照寧願他戰死沙場，也不願他苟且偷生。

上至朝廷，下至官員，都渾渾噩噩地活在一片混沌中。同樣是從江南起家，西楚霸王能直搗咸陽，縱橫八荒，如此霸氣的男人，才是李清照心中的英雄。

生當作人傑，死亦為鬼雄。
至今思項羽，不肯過江東。

在寫下《夏日絕句》後，李清照就想明白了。當初的愛慕都是真的，現在的不齒也是真的，從此以後，祝你歲月無波瀾，敬我餘生不悲歡。

矛盾嗎？一點兒都不矛盾，反而很真實。從來都沒有一如既往的愛與恨，只有世事變遷的抉擇。年輕時愛慕如是，流離時憎恨如是，孤苦時懷念亦如是。

5

一一二九年，趙明誠病逝於建康。他什麼都沒有留下，錢財、房產、子女統統沒有，只有十五車文物古籍陪伴著李清照，最後留下的話還是上次告別時的叮囑：「遇到危險時先扔雜物，再扔衣被、書畫、古器，至於那些祭祀禮器，你要與他共存亡，千萬別忘了。」

言猶在耳，人卻沒了。這些古董文物，是他們半生的寄託。在開封時，他們就把有限的錢財投入到無限的收購中。趙明誠甚至經常去典當鋪，冬天當夏衣，夏天當冬衣，手裡有幾個錢就去大相國寺淘寶。在青州時，他們一路遊山玩水，一路買古董，以至於家裡堆滿了各種古董文物。中原大亂後，李清照帶來的其實只是一部分，剩下的不是被燒毀，就是丟失。

在亂世中，一個女人帶著十五車文物古籍到處逃難，想想都知道有多艱難。就這麼一路跑，一路丟，文物越來越少，李清照活得越來越艱難。

一一三二年，實在不知所措的她只能嫁給張汝舟，選擇一個不是那麼堅實的肩膀，也好過孤苦無依的漂泊。直到人生過半，李清照才明白，任你風華絕代，任你驚才絕豔，世間最難越過的，其實是生活。柴米油鹽醬醋茶的蹉跎，真的可以消磨一個人的所有趣味。都說壯志難酬，其實「活著」本身已經很艱難了。

這一次李清照看走了眼，張汝舟不是好人。他只不過是覬覦李清照那些為數不多的文物古籍和李清照可能會有的錢財。結婚後他才發現，李清照不讓他碰文物，她身上也沒錢。那麼能娶到李清照，也是值得吹噓半輩子的事了吧？可從她的眼神中就可以發現：「她根本不愛張汝舟。」

不過是世道不太平，一個孤苦無依的女人需要依靠，才讓他「撿漏」。狹隘的自尊心讓張汝舟經常對李清照家暴。曾經被蘇軾、王拱辰、趙明誠捧在手心裡的寶貝，在張汝舟眼裡卻一文不值。

李清照本是驕傲至極的人，何曾受過這種委屈——離婚。在那個年代，不論是什麼原因，只要女人提出離婚，都得先坐三年牢。坐牢就坐牢，如果在困頓中連內心的驕傲都磨滅了，那就永遠走不出泥潭。恰好，張汝舟還有一些劣跡。朝廷規定：如果考不上科舉，達到一定的考試次數，就能做個小官。張汝舟的官就是謊報科舉次數換來的。在起訴離婚時，李清照把張汝舟也告發了，結果就是，張汝舟被撤職，李清照也入獄。

好在李清照的人際關係不錯，經過親朋好友的上下打點，關了九天她就被釋放了。晚年的李清照，孤苦無依地過了二十四年。她有多苦？看她寫的《聲聲慢》就知道了：

尋尋覓覓，冷冷清清，淒淒慘慘戚戚。
乍暖還寒時候，最難將息。
三杯兩盞淡酒，怎敵他、晚來風急！
雁過也，正傷心，卻是舊時相識。

滿地黃花堆積，憔悴損，如今有誰堪摘？
守著窗兒，獨自怎生得黑！
梧桐更兼細雨，到黃昏、點點滴滴。
這次第，怎一個愁字了得！

淒風苦雨的黃昏後，只有一個孤獨的女人在喝著苦酒。天色漸漸黑了，屋子裡只有一盞如豆的油燈無聲地訴說黑夜的寂寞和人生的無常。

命運最殘酷的地方就在於，它把最好的東西一件件送給你，然後再無情地一件件拿走。國破、家亡，為她遮風擋雨的大傘一個又一個離開她，最後只剩下李清照在荒涼的人世間苦熬。

6

晚年的淒慘歲月折磨著李清照，卻也成全著她。一一一七年，趙明誠已經大體完成《金石錄》的編纂，李清照「亦筆削其間」。在江南定居後，孤苦無依的李清照又思念起亡夫趙明誠，遂決定完成《金石錄》最後的編纂工作。十幾年間，她帶著字帖、禮器奔走在江河山川之間，不厭其煩地登門拜訪老先生們，請他們鑑定文物的真偽和種種疑問。

一一四三年，李清照終於將《金石錄》校閱完成，進獻朝廷。這本書一出，立刻震驚南宋朝野，被譽為「歷代金石研究之集大成者」，成為研究中國金石的必讀之作。

而李清照最不同尋常之處，是她讓男人無地自容。在那個兵荒馬亂的年代，朝廷一力退避，不敢有半分收復之意，宋高宗也被金兵的「搜山檢海捉趙構」嚇破了膽，不甘於國破家亡而奮起抗爭的唯有岳飛、韓世忠、趙鼎等寥寥數人。其實，不甘心的人還有一個女子——李清照。

一一三三年，朝廷派韓肖胄和胡松年出使金國。在他們出發的那一天，李清照穿戴整齊來到城門前為二人送行。她舉起酒杯，作了一首《上韓公樞密》：

三年夏六月，天子視朝久。
凝旒望南雲，垂衣思北狩。
如聞帝若曰，岳牧與群後。

賢寧無半千，運已遇陽九。
……
子孫南渡今幾年，飄零遂與流人伍。
欲將血淚寄山河，去灑東山一抔土。

以一介女子之身，吐壯懷激烈之言，當真讓天下男子汗顏。李清照憑什麼和岳飛、辛棄疾、陸游站在同一個舞臺上？當然不是前半生寫的春花秋月婉約詞，而是這份巾幗不讓鬚眉的志氣。

陸游和唐婉：寫下宋朝最動人的情詩

1

一二〇五年，陸游已經整整八十歲了，看著鏡中雞皮鶴髮的老人，他有些不敢相信：「怎麼就老了呢？時間都去哪兒了？」

時間哪兒也沒有去，它只是藏在心頭，藏在深情凝望的地方。而那個地方叫沈園，離陸游住的地方不遠。他每次進紹興城時，都要登上城頭眺望半天，久久不肯離去。那裡曾經是他和前妻唐婉相會的地方，也是訣別的傷心地。

陸游在睡夢中又來到沈園。他的心情很忐忑，腳步聲就像鼓點一樣敲打在他的心頭：「會見到她嗎？」唐婉並沒有來，只有梅花和流水在招呼著遊覽的客人，就連牆上的《釵頭鳳》也快看不清了。

五十五年不見，唐婉，你還好嗎？景還是當年的景，人已非當年的人。清晨醒來，陸游摸了摸被淚水打濕的枕頭，在日記本上寫下兩首詩：

路近城南已怕行，沈家園裡更傷情。
香穿客袖梅花在，綠蘸寺橋春水生。
城南小陌又逢春，只見梅花不見人。

玉骨久成泉下土，墨痕猶鎖壁間塵。

只有三年的婚姻，他們卻選擇用一生去守望。唐婉鬱鬱而終，陸游銘記終生。世上最動人的情感不是終日耳鬢廝磨，而是把她刻在心頭，任他滄海桑田，任他斗轉星移，我依然記得你。

2

一一四四年，兩位退休老幹部聯姻了。原淮南東路轉運判官陸宰派人帶著一支頭釵去鄭州通判唐閎家提親：「我兒子英俊瀟灑、學富五車，你看可好？」唐閎說：「我女兒知書達理，很般配！」一門親事就這樣定了下來。

那年陸游二十歲，唐婉十七歲。他們一起遊山玩水，一起喝酒、唱歌，面酣耳熱的時候，就一起回書房作詩填詞，才子佳人，真是羨煞旁人。

在結婚前，陸游參加過兩次科考，可結果都不太理想。就算他很有才，但每次都沒考中，於是母親就幫他安排了婚事。既然不能立業，那就先成家吧。沒想到，陸游和唐婉感情太好了，母親大人看在眼裡，急在心裡。她覺得兒子早已喪失了事業的進取心，沉溺在男歡女愛中不能自拔。

陸家原本是農民出身，是讀書改變了祖上的命運。況且這時的陸宰早已退休，沒權、沒錢，只有保留下來的人脈。如果陸游拋棄了學業，家族很快就會掉落到社會底層。他的母親是個要強的女人，她絕不能忍受自己的兒子將來受人白眼，讓人家指指點點。

陸游和唐婉正沉浸在歲月靜好的夢境中，壓根兒沒看到母親噴火的眼神。他們越是這樣，陸游的母親就越是堅定了要拆開他們的信念。三年後的一天，一封離婚協議書擺在唐婉面前，理由光明正大：不能生育。

是啊，不孝有三，無後為大。母親相信，這條理由足以堵住悠悠之口，其實主要是堵住唐家人的嘴。作為唐婉的姑姑，陸游母親又如何不心疼侄女？但兒子的前程事關家族榮耀，也是自己將來的保障。

陸游也是有脾氣的人，他從小習文、練武、讀兵書，到頭來連媳婦兒都保護不了，那要這身子有何用？家裡不讓住是吧，您看不慣是吧，那我們就到外邊租房子住，您眼不見，心不煩，也別再干擾我們。

歷來婆媳鬥爭，獲得勝利的基本都是婆婆。理由就不用說了，斷了你的經濟來源，我看你去哪兒租房子。

不過，那封離婚協議書，陸游最終還是簽了字。再美滿的鴛鴦，也扛不住婆婆的大棒。

唐婉，再見。

3

後來，陸游又結婚了。新媳婦姓王，雖然沒有唐家的資本雄厚，但好在沒幾年就生了兩個大胖兒子，也沒唐婉那麼多矯情事，安安分分地相夫教子。

唐婉也結婚了，丈夫叫趙士程，是朝廷認證的趙家宗室。如果不出意外的話，兩人會沿著各自的生活軌跡繼續走下去，可波折還是發生了。

一一五一春天，天氣很好。二十七歲的陸游心情苦悶，讀書多年卻沒有考取功名，國家淪喪卻不能隻手扶社稷，就連最愛的女人都沒能保護好，自己真沒用啊！春光明媚的紹興，在他眼裡卻是一片灰暗。

也許是冥冥之中的指引，陸游來到沈園，他和唐婉以前經常遊玩的地方。他走著走著，來到一座亭子中，突然眼前一亮，彷彿觸電一般：「那是唐婉？她怎麼會在這裡？」唐婉也看到了他，瞬間淚目。他們沒有說話，一切盡在不言中。

沒過多久，趙家的僕人送來幾碟小菜，還有陸游最愛喝的黃縢酒。一起來的還有唐婉。她在徵得丈夫趙士程的同意後，親自來向陸游敬酒，也算是正式跟往事告別。

一杯敬過往，一杯敬明天，一杯敬自由。三杯黃縢酒下肚，唐婉擦了一下眼角的清淚，轉身而去，留下陸游在花亭中凌亂。他想起過往的一幕幕甜蜜和幸福，再看看如今：你已是別人的妻子，我也是別人的丈夫。我們有緣無分。陸游來到花亭的一面白牆上，用石子刻下了一首《釵頭鳳》：

紅酥手，黃縢酒，滿城春色宮牆柳。
東風惡，歡情薄。
一懷愁緒，幾年離索。
錯、錯、錯。

春如舊，人空瘦，淚痕紅浥鮫綃透。
桃花落，閒池閣。
山盟雖在，錦書難托。
莫、莫、莫！

4

以後的幾年，陸游過得很不好。一一五四年，他去參加科舉考試，再一次落第。倒不是學問不好，而是得罪了宰相秦檜。前一年的鎖廳試，秦檜是給主考官打過招呼的，要求把自己的孫子秦塤錄取為第一名。結果主考官陳之茂看不慣秦檜的賣國做派，就沒搭理他，照樣把才華橫溢的陸游錄取為第一名。

可秦檜是誰啊？翻遍史書也是大名鼎鼎的奸臣啊。那年的科舉，秦檜點個頭就把陸游給除名了。一心想著「習得文武藝，貨與帝王家」的陸游，只能頂著「小李白」的帽子四處遊蕩，跟人喝酒寫詩，縱論天下。紹興、杭州、錢塘……到處都留下了陸游落魄、傷心的腳步。

一一五六年，突然有人告訴他一個消息：「趙夫人走了。」自從四年前沈園一別，唐婉的心情也一落千丈。當年的生活，恐怕是每個女子都盼望的幸福吧，可命運就是不能容忍完美，美好的姻緣偏偏被拆散。

這四年來，唐婉跟沒事人一樣強顏歡笑，只有在寂靜的夜晚，她才知道自己的心裡有多苦。忍了四年，她終於忍不住了。在一個秋風蕭瑟的下午，她來到與陸游最後見面的沈園花亭。沒人知道她在那裡想了什麼、說了什麼，只知道她看到了陸游的詞，並且在旁邊和了一首《釵頭鳳》：

世情薄，人情惡，雨送黃昏花易落。
曉風乾，淚痕殘。
欲箋心事，獨語斜闌。
難、難、難！

人成各，今非昨，病魂常似秋千索。
角聲寒，夜闌珊。
怕人尋問，咽淚裝歡。
瞞、瞞、瞞！

常年的鬱鬱寡歡，讓唐婉回去就一病不起，最終撒手西去。當初雖然分手了，但即便不見面也能有個念想。如今可倒好，陰陽兩隔。沒想到那次偶然的見面，竟然是最後一面。這一年，陸游三十二歲，唐婉二十九歲。

5

沈園成了陸游心中的一根刺。它一生都長在陸游的心尖上，功業未建的惆悵沒有把它拔掉，金國鐵騎沒有把它拔掉，甚至一生的顛沛流離都沒有把它拔掉。或許，陸游壓根兒不捨得拔掉這根刺。這是他的青春歲月，這是他們的純真年代。

自從唐婉去世以後，陸游一次又一次回到沈園。

六十三歲時，有人送來一對菊花枕，他又想起年輕時，和唐婉采菊做菊枕的往事，不禁感物傷懷。

采得黃花作枕囊，曲屏深幌閉幽香。
喚回四十三年夢，燈暗無人說斷腸。

六十七歲時，他去了。看到當年寫《釵頭鳳》的那面牆還在，只是破了半壁，字跡也不太清晰了。

壞壁醉題塵漠漠，斷雲幽夢事茫茫。
年來妄念消除盡，回向蒲龕一炷香。

說是「消除盡」，也不過是安慰自己罷了，要不然在唐婉去世四十年之後，他怎麼還會再來寫下《沈園二首》？

陸游晚年時，每到春天必定去沈園憑弔唐婉。直到他去世前一年，八十五歲的陸游再次遊覽沈園，回到家後寫了最後一首懷念唐婉的詩，叫《春遊》：

沈家園裡花如錦，半是當年識放翁。
也信美人終作土，不堪幽夢太匆匆。

三年的幸福婚姻，唐婉懷念了一輩子，陸游守望了一輩子。只恨太匆匆，陸游和唐婉夢斷沈園。